Beck'sche Reihe

Länder

BsR 866

W0211842

BSR

Bulgarien ist eines der unbekanntesten und gleichzeitig faszinierendsten Länder der postkommunistischen Welt. Gerald Knaus zeigt die reiche kulturelle Tradition Bulgariens, seine Naturschönheiten und seine Rolle in der europäischen Geschichte. Zugleich eröffnet er einen Zugang zum politischen, wirtschaftlichen und gesellschaftlichen Wandel dieses Landes, das seinen Platz im neuen Europa sucht.

Gerald Knaus, geb. 1970, studierte Politik und internationale Beziehungen. Lehrtätigkeiten in Czernovitz (Ukraine) sowie in Sofia und Varna (Bulgarien). Derzeit ist er Gesandter des World University Service in Sarajevo.

GERALD KNAUS

Bulgarien

VERLAG C. H. BECK

Mit 14 Abbildungen und zwei Karten

Abb. 1–7, mit freundlicher Unterstützung des Bulgarischen Fremdenverkehrsamtes
Abb. 8–14, mit freundlicher Unterstützung von Evgeni Dainov, The Insider, Sofia

Die Deutsche Bibliothek – CIP-Einheitsaufnahme

Knaus, Gerald:
Bulgarien / Gerald Knaus. – Orig.-Ausg. – München : Beck, 1997
Beck'sche Reihe ; 866 : Länder
ISBN 3 406 39866 9

Originalausgabe
ISBN 3 406 39866 9

Umschlagentwurf: Uwe Göbel, München
Umschlagabbildung: Rila-Kloster
© Jürgens Ost und Europa Photo, Berlin
© C. H. Beck'sche Verlagsbuchhandlung (Oscar Beck), München 1997
Gesamtherstellung: C. H. Beck'sche Buchdruckerei, Nördlingen
Gedruckt auf säurefreiem, alterungsbeständigem Papier
(hergestellt aus chlorfrei gebleichtem Zellstoff)
Printed in Germany

Inhalt

Einleitung: Ein Land im Abseits 9

I. Landschaften und Städte 16

Mythische Landschaften 16
Ruse und die Donauebene 17
Veliko Tărnovo und das Balkangebirge 20
Sofia 24
Rila und Pirin-Makedonien 28
Plovdiv und Thrakien 29
Das Schwarze Meer und Varna 32
Die Dobrudža 35

II. Von den Thrakern zum modernen Bulgarien 38

Zwischen Steppe und Bosporus 38
Antike und frühmittelalterliche Chanate 40
Orthodoxe Reiche 45
Bulgarien unter osmanischer Herrschaft 54
Die bulgarische Wiedergeburt 61
Bittere Unabhängigkeit 68

III. Im Schatten des Kommunismus:
Bulgarische Politik von 1945 bis heute 76

Machtübernahme und Stalinismus 77
Die Ära Živkov 78
Perestroika und Pseudostroika 81
Das Erwachen der Opposition 85
Das erste Scheitern der Antikommunisten 91
Die Rückkehr der Sozialisten 96

Hybris der Macht: Das Scheitern des „linken Übergangs“ 1995–1996 102
Winterwende 105

IV. Die bulgarische Wirtschaft 109

Der Weg in die Perspektivelosigkeit 109
Bedingungen der bulgarischen Wirtschaftspolitik: Ein schwieriges Erbe 113
Das „ökonomische Gedächtnis“ der Bulgaren 116
Einstieg in die Weltwirtschaft 120
Verschleppte Reformen: Privatisierung und Bürokratie 124
Bankensystem in der Krise 131
Probleme der Landwirtschaft 133

V. Bulgarien in der Welt 138

Neuorientierungen 138
Bulgarien und Rußland 141
Bulgarien und seine Nachbarn 143
Hürdenlauf nach Europa 149

VI. Nationale Identität und nationale Minderheiten . . 155

Staat und Nation 155
Kommunismus und Nationalismus 157
Türken und Pomaken in Bulgarien 160
Roma – die vergessene Minderheit 163

VII. Kultur und Gesellschaft 168

Anlehnung an den Westen 169
Kulturelle Nomenklatura 172
Kultur in der Krise 177
Eines der besten Bildungssysteme der Welt 181
Die Konstruktion einer offenen Gesellschaft 184
Orthodoxe Kirche und religiöse Kultur 188

Danksagung 197

Anhang

Zeittafel 199
Bulgarien auf einen Blick 202
Literaturhinweise 203
Bulgarien im Internet 206
Zu Schreibung und Aussprache 207
Register 208
Karten 215

Einleitung: Ein Land im Abseits

Dieses Buch wendet sich an jene, die sich durch das bestehende schablonenhafte und vage Wissen herausgefordert sehen, mehr über ein faszinierendes europäisches Land zu erfahren. Wer sich privat, geschäftlich oder aus Interesse an einer politisch unruhigen Region mit Bulgarien beschäftigt, einem Land mit 8,9 Millionen Einwohnern im Herzen des Balkan, soll Anhaltspunkte zum Verständnis finden. Auch dem aufgeschlossenen Reisenden, der Interesse hat, über die Schwarzmeerküste hinaus das Land zu erkunden, soll es Anregungen geben. Wer in einem klapprigen Taxi auf einer holprigen Straße vom Sofioter Flughafen ins Stadtzentrum fährt, um dort vor einem eleganten „Wiener Kaffeehaus" einen Tanzbären an einem Nasenring vorgeführt zu bekommen, darf nicht vorschnell alte Vorurteile bestätigt wähnen – die intellektuell lohnende Entdeckungsreise beginnt hinter den Klischees und oberflächlichen Eindrücken.

Die Faszination des Landes, der Städte und Landschaften liegt zum einen darin begründet, daß Bulgarien als zentrales Balkanland einer der vielfältigsten Kulturlandschaften Europas angehört. Ein Spaziergang durch das abendliche Plovdiv, ein Streifzug durch die engen Gassen Veliko Tărnovos mit ihren Ausblicken auf den Jantrafluß, eine Fahrt in winterliche Gebirge bis zum prachtvoll gelegenen Rilakloster oder ein Blick auf die von Schneegestöber umgebene goldene Kuppel der Nevski-Kirche in Sofia: All das zählt zu den schönsten Eindrücken der an Schönheit reichen Balkanhalbinsel. Alte Fischerstädte am Schwarzen Meer, hochgelegene Bauerndörfer der Rhodopen, zurückgezogene alte Klöster und verzierte Minarette frühosmanischer Moscheen stehen vor einer dichten, fruchtbaren Landschaftskulisse. Es sind dies Eindrücke, die zum Nachdenken verführen: über das europäische Bild seiner Peripherie, Ursachen gesellschaftlicher Entwicklung und Quellen kultureller Identität, auch über die Umstände interkultureller Befruchtung und interethnischen Hasses. Denn Bulgarien ist durch und durch Kulturlandschaft; seine Städte und Landschaften inspirierten Legenden und Geschichten verschiedener Welten und sind so ein ungehobener Schatz für den aufmerksamen Besucher. Die östliche Donau ebenso wie die Küste des Schwarzen Meeres waren wie Netze, in denen sich die aus allen Himmelsrichtungen kommenden Einflüsse verfingen. Bulgarien war historisch als kleines Land gezwungenermaßen immer auch ein offenes Land.

Darin liegt ein zweiter Grund für die Faszination eines Besuchs: Wer mit dem „neuen Bulgarien" der zivilen Organisationen, mit Ökonomen, Kulturschaffenden, Menschenrechtlern, jungen Sozialwissenschaftlern oder Studenten in Kontakt kommt, wird in Diskussionen über die „Zugehörigkeit zu Europa" verwickelt, die nicht theoretische, sondern eminent praktische Auswirkungen haben. Ihnen dankt auch der Autor: Präsident Želev, Minister und Politiker aller politischen Parteien, Journalisten in Print- und Funkmedien, private Unternehmer und staatliche Manager, Universitätsprofessoren und Studenten haben in langen Gesprächen im Laufe der letzten Jahre mit dem Gast offen die Herausforderungen für ihr Land diskutiert. Gleichzeitig haben sie auf seine vielen Schönheiten aufmerksam gemacht.

Im 19. Jahrhundert zählte das Land zur europäischen Peripherie, zu jener unruhigen Kleinstaatenwelt Südosteuropas, die zur „dritten Welt" Europas geworden war. So wie der englische Botschafter in Konstantinopel 1876 sich nicht veranlaßt sah, die pro-osmanische englische Politik in Frage zu stellen, nur weil „einige Baschibazuks einige wertlose und unglückliche Bulgaren ermordet haben", so war auch nach dem Zweiten Weltkrieg der westliche Protest gegen die kommunistische Machtübernahme gering. Die Anerkennung der kommunistischen Regierung in Sofia verlief 1946 parallel zur Hinrichtung des letzten großen politischen Gegners der Kommunisten, des

Agrariers Nikola Petkov. Danach wurde Bulgarien abgeschrieben. Letztlich, schrieb der englische Historiker Richard Crampton, würden die westlichen Mächte ihre Beziehungen zu Moskau wegen dieses abgelegenen, kleinen und in westlichen Augen unpopulären Staates nicht noch verkomplizieren. In den folgenden Jahrzehnten trat Bulgarien kaum in Erscheinung: ein stabiles kommunistisches Land, das als inoffizielle 16. Republik der Sowjetunion galt. Gerüchte über Verwicklungen des Geheimdienstes in Dissidentenmorde im Ausland (der berühmte vergiftete Regenschirm in London, mit dem 1978 der Dichter Markov ermordet wurde) und in das Attentat auf den Papst 1981 sowie die Unterdrückung der Türken in den 80er Jahren haben Bulgarien einen neuen, düsteren Ruf beschert: als Ort „unwahrscheinlicher und unverifizierbarer Intrigen" (Claudio Magris), als „kommunistisches Byzanz" (Robert Kaplan).

Auch das Ende des Kommunismus hat daran nicht viel geändert. Als 1996 ein Spezialist für thrakische Kultur zum Präsidentschaftskandidaten der Bulgarischen Sozialistischen Partei gewählt wurde, meinte der bulgarische Politikwissenschaftler Ivan Krăstev mit Sarkasmus, ein Spezialist für ausgestorbene Völker und thrakische Begräbnisse sei gerade das Richtige für Bulgarien. Denn zum einen sei man Zeuge des Begräbnisses der bulgarischen Wirtschaft, und zum anderen zähle Bulgarien sechs Jahre nach dem Ende des Kommunismus erneut zu den verschwundenen europäischen Völkern. Der Ethnologe verlor zwar die Wahlen im November 1996, aber an der Randlage Bulgarien änderte dies nichts. Bulgarien bleibt eines der unbekanntesten Länder des ehemaligen Ostens: Bulgarische Literatur ist kaum übersetzt, Ereignisse der bulgarischen Geschichte haben sich nicht im europäischen Bewußtsein verankert. Bulgarien fehlt auch eine organisierte Diaspora, wie sie die Griechen in der neuen Welt und andere südslawische Völker in Europa besitzen.

Reiseschriftsteller über Bulgarien

Barbarisch, dunkel, rückständig – dies waren für eine lange Zeit die Standardformulierungen der Bulgarienreisenden. Lady Mary Montague, 1717 von Wien aus auf dem Weg nach Konstantinopel, bemerkte in Bulgarien vor allem die Behausungen der slawischen Bauern: Hütten aus Schlammziegeln, welche in der Sonne gebacken werden. Einige Jahrzehnte später suchte der französische Konsul auf der Krim, Charles de Peyssonnel, die Ufer der Donau auf, an denen „Reste all jener Barbaren, die in Panonnien gelebt hatten," sich abgelagert hatten. In seinem der Königlichen Akademie in Paris 1765 vorgelegten Werk „Historische und geographische Beobachtungen der barbarischen Völker, welche die Ufer der Donau und des schwarzen Meeres bewohnen" beschrieb er einem aufgeklärten europäischen Publikum, was er vorfand: „In diesen Ländern, die das schwarze Meer umgeben, findet man die Spuren der Völker von Kolchis und des asiatischen Skythiens, der Hunnen und Awaren, der Alanen und ungarischen Türken, der Bulgaren und Petschenegen." Und auch der 1785 von Konstantinopel durch Bulgarien reisende Graf d'Hauterive sprach von „Barbaren", als er am Straßenrand gepfählte Diebe sah: Bei Wilden wie diesen Bauern, griff er in die Diskussionen der Aufklärung ein, helfe eben nur Brutalität, da sie noch immer halbe Tiere seien, unfähig irgendetwas Vernünftiges zu äußern.

Mit dem Beginn der Romantik und der Entdeckung des europäischen Orients gesellte sich das Bild von der Exotik der „europäischen Türkei" dazu; so schrieb der französische Lyriker und Diplomat Alphonse de Lamartine einen Teil seiner „Voyage en l' Orient" in Plovdiv. Die Beschreibung des türkischen Bades, die Lady Montague aus Sofia zurückgebracht hatte, diente dem Franzosen J. A. D. Ingres als Quelle für seine Bilder nackter Frauen in türkischen Bädern. Der österreichische Reiseschriftsteller Felix Kanitz, der Bulgarien 1875 bereiste, bezeichnete es als das unbekannteste Land Osteuropas, in dem die „Gräber verschwundener Völker" die Meilensteine seiner Reise bildeten: So waren die Landkarten, die er aus Westeuropa mit sich führte, unvollständig und oft irreführend. Bulgarien blieb unbekannt.

Seit 1989 gewinnt Bulgarien seinen Ruf als mysteriöses, abgelegenes, aber auf eine gewisse Art authentisches Balkanland wieder: Bulgarien ist „ein Land jenseits der Peripherie", schrieb die Amerikanerin Eva Hoffman 1993, mit der „Würde, die darin liegt, sich mit niemandem zu vergleichen".

Sofioter Intellektuelle sahen ihr Land nach 1990 schon am Ende seiner langen Isolation. Als ich im Frühjahr 1994 nach einem Jahr Lehraufenthalt in der Ukraine nach Bulgarien übersiedelte, traf ich in verrauchten Hinterzimmern im Zentrum von Sofia auf eine kompetente neue Generation und deren ehrgeizige Pläne, Bulgarien zu „europäisieren": Leiter neuer Forschungsinstitute, Redakteure und Leitartikler, Berater führender Politiker und des Präsidenten, Mitarbeiter bei internationalen Organisationen und Kulturschaffende. Noch im Sommer 1994 – mit einem Seitenblick auf Ex-Jugoslawien – versicherten Sozialwissenschaftler und Dichter dieser Sofioter „zivilen Gesellschaft", daß man Bulgarien nicht mit seinen Nachbarn vergleichen könne. Stolz wurde darauf verwiesen, daß das nationalistische Virus nicht auf Bulgarien übergegriffen hatte und daß die Financial Times in ihrem Überblick Bulgarien eine „Insel der Stabilität" auf dem Balkan nannte. Die Küste des integrierten Europa schien in Sichtweite, ein guter, wenn auch schwacher Wind blähte die Segel des Reformschiffs. Man hoffte. Doch man vergaß dabei oft – ein bezeichnender Fehler – daß Bulgarian nicht nur aus Sofia bestand und daß die Hoffnungen und Anliegen einer jungen Elite nicht automatisch die einer alternden, verunsicherten Bevölkerung waren. Heute ist die Frage legitim, ob der Übergang in Bulgarien nicht eigentlich gescheitert ist.

Anzeichen gibt es: Die wachsende internationale Isolation, die sich darin zeigt, daß in der EU- und NATO-Debatte über die Osterweiterung Bulgarien in westlichen Hauptstädten meist einfach „vergessen" wird; die Ereignisse des Jahres 1996, ein annus horribilis, als sich im ganzen Land wieder Brotschlangen bildeten, die Zeitungen sich mit Hiobsbotschaften über die kommende Ernte überschlugen und das Land wie schon 1990 vor dem Winter zitterte. Einige Erfolge des „Übergangs" können sich sehen lassen: Die Festigung eines demokratischen politischen Systems und das langsame Reifen einer pluralistischen Gesellschaft zählen zu den wichtigsten. Werden diese Errungenschaften genügen und die Grundlage für eine prosperierende Gesellschaft legen können? „Eine solche Krise gab es noch nie", titelte die seriöse Wochenzeitschrift „Kapital" angesichts der Wirtschaftsdaten im Herbst 1996. Und eine Gruppe führender Ökonomen und Sozialwissenschaftler des Landes traf sich im Sommer 1996 für ein Wochenende in einer Hütte auf dem Berg Vitoša, um bei einem geschlossenen Symposium über „Katastrophenszenarien für Bulgarien" nachzudenken. Ihr Fazit: das Militär wird nicht in die Politik eingreifen, aber sonst ist alles – wieder einmal – offen.

Die verwirrenden politischen Entwicklungen seit 1989 (mit sechs verschiedenen Regierungen) sowie der Zusammenbruch der bulgarischen Wirtschaft haben das Image eines Nachzüglers im Südosten nur noch verstärkt. So nannte der ehemalige deutsche Bundeskanzler Schmidt in einem Interview 1996 das Assoziationsabkommen der EU mit Bulgarien als Beispiel für eine törichte EU-Außenpolitik von 15 Regierungschefs, die nichts im Kopf haben: „Und dann müssen sich im übrigen die Regierungssprecher darüber klar sein, ob sie wirklich meinen, daß Bulgarien Mitglied der Europäischen Union werden solle." (Profil, 18.3.96). Selten sind die Stimmen, die darauf hinweisen, daß die Entwicklung dieses strategisch wichtigen Balkanlandes von gesamteuropäischem Interesse ist. Selten auch sind Versuche, über die Gräben jahrhundertealter Vorurteile hinweg den Dialog mit der lebhaften zivilen Gesellschaft des an Europa orientierten „neuen Bulgarien" zu fördern. „Wir werden zur Insel", erklärte eine führende politische Journalistin mit einem Anflug von Verzweiflung im Herbst 1996, „wir werden zu einem Bahnhof, in dem kein Zug mehr hält."

Bulgarien im Umbruch befindet sich in einem Südosteuropa, in dem Grenzen aller Art neu zu ziehen und kulturelle Identitäten neu zu definieren sind. Nicht Gewinn von Territorium ist der mögliche Preis, sondern Wohlstand und Integration in eine stabile Staatengemeinschaft. Nicht die militärische Niederlage erscheint als Gefahr, sondern unaufhaltsamer wirtschaftlicher Niedergang, die Auflösung des Rechtsstaates und wachsende Isolation. Ein Besucher wird nicht lange brauchen, um die tiefe Orientierungslosigkeit der bulgarischen Gesellschaft zu erkennen: Die Hoffnungen, die von der kommunistischen Partei für

Jahrzehnte geweckt wurden, haben sich nicht erfüllt. Die angeblich so moderne Wirtschaft entpuppte sich als Potemkinsches Dorf, die „hochtechnologischen Produktionsstätten" schmelzen unter den neuen Wirtschaftsbedingungen wie Eis in der Sonne. Aber auch die Hoffnungen des Überganges sind enttäuscht worden, die der Dissident und Philosoph Želju Želev als neuer Präsident im Oktober 1990 als Ziel formulierte: Bulgarien müsse sein Bild in den Augen der Welt ändern, „nicht durch Deklarationen und Reden, sondern indem wir zeigen, wie sehr sich das bulgarische Volk für die Demokratie einsetzt. Wir müssen den politischen Kreisen im Westen zeigen, daß die Menschen Bulgariens einen dramatischen Kampf für die Werte der Demokratie und um die Wiederbelebung ihrer Wirtschaft führen. Wir müssen die Aufmerksamkeit der Welt auf Bulgarien ziehen und Sympathie für unser Land erwerben, um zu versuchen uns auch der politischen, finanziellen und technologischen Hilfe für den Übergang der staatlichen Planwirtschaft zu einer freien Marktwirtschaft zu versichern." Bulgarien, so der Präsident, müsse um seinen Platz in einem neuen Europa kämpfen, um als europäische Tochter anerkannt zu werden.

Der Besucher wird Zeuge, wie eine Kultur nach ihrer Seele sucht. Über mangelnde Offenheit hat ein wohlwollender Besucher nicht zu klagen: Der erste Gedanke des 1915 im Wirbelwind des Ersten Weltkrieges nach Bulgarien kommenden Kriegskorrepondenten John Reed galt den Menschen, nicht den Verwirrungen der internationalen Diplomatie: „Es ist wunderbar, wieder die einfachen, offenen, ehrlichen Gesichter von freien Menschen zu sehen", jubelte er. Bulgarien „ist das einzige Land, das ich kenne, in dem man jeden auf der Straße ansprechen kann und eine herzliche Antwort bekommen wird ... und wo ein Verkäufer, der sich beim Wechselgeld irrt, bis zum Hotel kommt, um zwei Cent zurückzugeben." Vieles von dieser Herzlichkeit hat selbst die gegenwärtig schweren Zeiten überlebt.

I. Landschaften und Städte

Mythische Landschaften

Immense grüne Wälder sind ein Merkmal der bulgarischen Landschaft: dichte Wälder reich an Wild, berühmte Jagdgebiete für Rothirsche, Wildschweine und selbst Wölfe. Man kann sich gut vorstellen, daß die Nymphe Echo, die vom Götterberg Olymp südlich der makedonischen Ebene verbannt wurde und in den Norden kam, in den bewaldeten Bergen auf den Jüngling Narzissus stieß, um sich nach dessen Tod an einem der blauäugigen Balkanseen in Tränen aufzulösen. Antike Mythen sind noch heute mit dieser Landschaft verknüpft: Das Rückgrat Bulgariens, das Balkangebirge, hieß bei den Griechen Haemos, benannt nach jenem jungen Mann, dessen Liebe zur schönen Rhodope die Eifersucht des Zeus herausforderte. Zeus verwandelte das Liebespaar zu Stein, und zwischen das Haemosgebirge und die wilden Rhodopen legte er einen Fluß (die Marica) und eine Ebene (Thrakien). Das Haemosgebirge war später die Heimat des Nordwindes, während die Rhodopen im Süden zur Heimat des unglücklichen Sängers Orpheus wurden. Das Piringebirge im Westen des Landes war wiederum der Sitz des slawischen Donnergottes Perun, das slawische Gegenstück zum griechischen Zeus. Die Suche nach Nahrung und vor allem nach Fisch brachte sehr früh griechische Kolonialisten an die bulgarischen Küsten, und diese bezogen die bulgarische Landschaft in ihre Mythologie mit ein. Moesien, Thrakien und Makedonien wurden später römische Provinzen, aber Götter bewohnten sie, lange bevor römische Ingenieure ihre Straßen verlegten.

Der Haemos der Antike, das Balkangebirge, heißt bei den Bulgaren *stara planina*, das „alte Gebirge". Südlich davon liegt jenes Thrakien, das einst den Bulgaren bei der Zuteilung von

Land als Stück des Paradieses geschenkt worden sein soll. Östlich senkt sich das Gebirge zur Küste des Schwarzen Meeres, zum Meer der Argonauten. Im Norden schließlich liegt die Donauebene, das antike Moesien, auch das eine fruchtbare Landschaft, an einem der großen Verkehrs- und Kulturwege Europas, offen nach Osten, zur Dobrudža hin, und daher immer Einfallstraße der wandernden Völker der eurasischen Steppe. Die Berge boten dagegen relative Sicherheit, und in unruhigen Zeiten verlegten sich die Bauern auf die Viehzucht, die auch in höheren Lagen eine Möglichkeit zum Überleben bot.

Es ist eine antike Landschaft, die sich dem Reisenden zeigt, aber es ist keine ägäische Landschaft: Im Landesinneren mit seinen kalten, schneereichen Wintern wird man keine Olivenbäume sehen, das Klima ist kontinental, nur an der Küste des Meeres und im Gebiet um Melnik fühlt man sich an das Mittelmeer erinnert. Dies machte zu allen Zeiten das Reisen schwierig, beschränkte es auf einige, seit der Antike bekannte Wege, die auch der heutige Reisende benutzen wird: die *via diagonalis* der Römer beispielsweise, die heutige Route des Orientexpreß. Seit Jahrtausenden führt sie Reisende von Belgrad über Niš nach Sofia, dann durch die Pforte des Trajan nach Thrakien, an der ehemaligen Tatarensiedlung Pazardžik vorbei nach Plovdiv, nach Edirne, schließlich nach Istanbul. Ein zweiter von Heeren und Händlern vielbereister Weg führte von Edirne (Adrianopel) zum niedrigsten Punkt der Balkanberge in der Nähe des Schwarzen Meeres, dann weiter über die Donau in die nördliche Donauebene der Walachei und der Moldau.

Ruse und die Donauebene

Beginnen wir unsere Reise an der Donau (bulg. Dunav), in der durch Elias Canetti auch dem Mitteleuropäer vertrauten Stadt Ruse (früher Rustschuk): Hier legten vor der Jugoslawienkrise die Donaukreuzfahrtschiffe an, von hier verlief die erste Eisenbahn Bulgariens im 19. Jahrhundert nach Varna. Nach 1878 war dies die größte Stadt im bulgarischen Staat, ein Handelszentrum größer als Sofia oder die mittelalterliche Hauptstadt Tărnovo, in der klassizistische Häuser und Fassaden des Jugendstils noch heute an die einst hier lebenden Händler und Bankiers erinnern. Das Aussehen der bulgarischen Wohnhäuser änderte sich in den letzten Jahrzehnten des 19. Jahrhunderts unter dem Einfluß mitteleuropäischer Stile, und vor allem in Ruse und Sofia waren viele Architekten der Habsburgermonarchie beschäftigt. In dieser Zeit war Ruse eine Stadt der Zukunftsvisionen: Hier versuchte der energischste Reformer des Osmanischen Reiches, Ahmed Midhat Paša, eine blühende und loyale osmanische Donauprovinz zu schaffen, hier kamen nationale Revolutionäre mit Hoffnungen auf einen bulgarischen Aufstand über die Donau. Die Bankiers des Stadtzentrums blickten nach Wien und hofften auf eine mit Europa verbundene Wirtschaft. Heute spiegelt sich eine melancholische Stadt in der hier besonders breiten Donau: Türken, Juden, Griechen und Armenier haben die Stadt verlassen, und weder die ehrgeizigen Träume der osmanischen Reformer noch jene der bulgarischen Revolutionäre haben sich erfüllt. Auch bedürfen viele der Bauten des letzten Jahrhunderts dringend einer Restaurierung.

Der Kriegsreporter John Reed mußte 1915 mit dem Schiff die Donau überqueren, dort, wo seit den 50er Jahren eine 2 km lange „Brücke der Freundschaft" die genuesische und dann osmanische Festung Giurgiu auf der rumänischen Seite mit Ruse verbindet. Diese Brücke ist die einzige auf über 470 km gemeinsamer Grenze, und daher ist sie ein Symbol für Bulgariens Randlage in Europa und die kühlen Beziehungen zwischen den Nachbarn. Seit Jahren wird über den Bau einer zweiten Donaubrücke verhandelt, aber es konnte keine Einigung über einen Standort erzielt werden. Viele Einwohner von Ruse waren auch nach dem Fall des Kommunismus noch nie in Rumänien und fürchten sich vor dem Reisen im Nachbarland („Land der Zigeuner" raunt man in beiden Ländern und blickt mit Herablassung auf den anderen). Oft kommt es zu Verstimmungen über Umweltbelastungen von jenseits der Grenze: Die Bulgaren halten Bukarest die chemischen Abgase aus Giurgiu vor, die Rumänen verweisen auf das bulgarische Atomkraftwerk Kozloduj an der Donau. Anstatt zu verbinden, trennt der gemeinsame Fluß.

Elias Canetti: Eine Kindheit in Rustschuk

In Ruse lebte auch der spätere Literaturnobelpreisträger Elias Canetti (1905–1994), der die Stadt mit den Augen eines Kindes vor allem als farbenfroh in Erinnerung hatte: „Außer den Bulgaren, die oft vom Land kamen, gab es noch viele Türken, die ein eigenes Viertel bewohnten, und an dies angrenzend lag das Viertel der Spaniolen, das unsere", schrieb er, „Es gab Griechen, Albanesen, Armenier, Zigeuner. Vom gegenüberliegenden Ufer kamen Rumänen." Und: „Alles was ich später erlebt habe, war in Rustschuk schon einmal geschehen." Man blickte nach Wien, Canettis Mutter schwärmte vom Burgtheater, Canettis Vater las die „Neue Freie Presse", die aus der vier Tagesreisen flußaufwärts entfernten Metropole kam. Aber Ruse war immer auch eine Stadt der Geheimnisse, in der bulgarische Bauernmädchen dem jungen Canetti Werwolfgeschichten erzählten, und in der einmal wöchentlich Zigeuner auf Besuch kamen, „im farbigen Rustschuk das Farbigste", vom Kind Canetti fasziniert betrachtet. Diese sind geblieben, und auch heute kann man an manchen Abenden am Bahnhof von Ruse ankommen und aus dem Bahnhofsrestaurant die laute Musik eines ausgelassenen Hochzeitsfests einer Romafamilie hören. Auch in Ruse leben sie in ihrem eigenen Viertel (Mahala), direkt hinter dem Bahnhof.

Quelle: Elias Canetti, „Die gerettete Zunge – Geschichte einer Jugend"

Das UN-Embargo gegen Jugoslawien hatte die Verbindungen nach Mitteleuropa über Belgrad unterbrochen, und so rollt der Handel verstärkt über die „Brücke der Freundschaft", macht also den Umweg über Rumänien. Jahrhundertealte, vom Kommunismus gemiedene Handelsstraßen erwachten zu neuem Leben: Aus den Weiten Rußlands und der Ukraine führen die Wege über die Donau bei Ruse in die Metropole am Bosporus, in den Basar von Istanbul. Textilien und Teppiche werden von Zehntausenden furchtlosen Händlern in großen Säkken mitgeführt, klapprige Busse mit deutschen Aufschriften und ukrainischen Nummerntafeln bilden lange Schlangen. Das alles ist Abbild neuer Wirtschaftsbeziehungen rund um das Schwarze Meer.

Immer schon war die Donau Transportweg von Kultur im weitesten Sinne, verband sie die Welten des Schwarzen Meeres und Mitteleuropas. Immer war die Ebene in Friedenszeiten bedeutendes Agrarland, mit weiten Obst- und Getreidefeldern. Eine Landschaft des Friedens war sie freilich selten. Von Vidin im Westen bis Silistra im Osten ist die Donau eine Grenze, reich an alten Befestigungen: Über 400 Festungen soll laut Prokopius allein Kaiser Justinian erneuert oder aufgebaut haben. Vergeblich, denn an der Donau rebellierte die byzantinische Armee, als sie 602 einen kalten Winter fern von ihren Familien verbringen sollte, und wurde abgezogen. Nachfolgende Herrscher machten die Donau wieder zur Grenze. Viele Festungen sind noch heute beeindruckend, wie in Belogradšik, Vidin und Nikopol. Dazu kommt eine seit der Antike bezeugte Geschichte von Auswanderungen, Umsiedlungen und Vertreibungen verschiedener Völker: Tataren aus der Krim und Zirkassier aus dem Kaukasus ließen sich nieder, Türken bevölkerten Inseln in der Mitte des Flusses. Eine dieser Inseln, Belene, wurde zum berüchtigtsten Straflager des stalinistischen Bulgarien. In der Provinz von Nikopol lebte Wulfila der Gote, der die Bibel ins Gotische übersetzte und so „ein Vater der deutschen Literatur“ (Claudio Magris) wurde.

Doch die Goten und Zirkassier sind verschwunden, und auch den Touristen wird die Ebene nicht lange halten: Es lokken das Schwarze Meer oder die bewaldeten Balkanberge mit dem nahen Tărnovo. Wer von Ruse direkt nach Sofia will, kann auch mit dem Zug fahren und wird die Berge erst weit im Westen durch eines der schönsten Täler der Balkanhalbinsel, das Iskărtal, durchqueren.

Veliko Tărnovo und das Balkangebirge

Das Balkangebirge oder „alte Gebirge“ (*stara planina*) bildet das Herzstück der bulgarischen Geographie. Hier befanden sich die ersten Zentren bulgarischer Kultur und Staatlichkeit in Pliska und Preslav, wo heute nur noch wenige Reste eine Ahnung von der Vergangenheit vermitteln. In den hier gelegenen Städten und Klöstern hoffte das Bulgarien des 19. Jahrhunderts seine Seele zu finden. Für viele Jahrhunderte verlief hier die Grenze zwischen Bulgarien und Byzanz.

Im Gebiet um Šumen werden Hirsche und im Winter auch Wölfe gejagt. In Šumen selbst, einer Stadt mit einer wichtigen, seit der Antike benutzten Festung, befindet sich die Tombul-Moschee aus dem 18. Jahrhundert, umgeben von vier Höfen mit noch immer genutzten Schulen. In der Nähe der hoch gelegenen Festung, die zu den mächtigsten Bulgariens zählte, steht das Denkmal der „1300 Jahre Bulgarien"-Feier von 1981, dessen starre, überlebensgroße Helden der Geschichte zu beeindrukken versuchen. Sehenswerter ist der nicht weit von Šumen gelegene, in den Felsen gemeißelte „Reiter von Madara", der von einem Hund begleitetet mit einem Löwen kämpft. Hier war das wichtigste Heiligtum der Protobulgaren im 8. und 9. Jahrhundert. Davor befand sich hier ein thrakisches Nymphenheiligtum, dann im 14. Jahrhundert ein wichtiges Felsenkloster. Es gibt allerdings keine Gewißheit, wann das Reiterbild entstand und wen es darstellt: Manche sehen in ihm den berüchtigten Chan Krum, der im frühen 9. Jahrhundert die Grenzen des Landes erweiterte. Wahrscheinlicher ist, daß wir es mit Chan Tervel zu tun haben, der am Anfang des 8. Jahrhunderts Bulgarien regierte. Nicht weit von hier liegt Preslav, die Hauptstadt König Simeons, des größten mittelalterlichen Herrschers. Den Quellen nach war es eine beeindruckende Stadt mit monumentalen Gebäuden, heute sind nur noch Grundrisse zu sehen.

Ganz anders aber die Perle des Balkangebirges, das mittelalterliche Tărnovo: Zwar ist auch das Zweite Bulgarische Reich längst untergegangen, doch die stolze Architektur der ehemaligen Hauptstadt und ihre atemberaubende Lage verströmen das Selbstbewußtsein eines bedeutenden Kulturzentrums. Ihre kulturelle Blüte erlebte die Stadt im 13. und 14. Jahrhundert, nach dem 4. Kreuzzug der Lateiner, bei dem die katholischen Kreuzritter das orthodoxe Byzanz erobert hatten. Der bulgari-

Abb. 1: Der Geist der nationalen Wiedergeburt prägte auch die Architektur: weißverputzte Fassaden mit Holzverzierungen, breite Dächer, vorstehende Obergeschosse (hier in Trjavna im Balkangebirge).

sche König Ivan Asen II. nannte die Stadt stolz Carigrad und sah in ihr einen Nachfolger für das in die Hände der Kreuzritter gefallene Ostrom. Kaufleute aus Ragusa und Genua ließen sich nieder, Künstler kamen aus allen Teilen der orthodoxen Welt. Die kulturelle Blüte endete erst mit der Eroberung durch die Osmanen: Die Bevölkerung der lange belagerten Stadt wurde verschleppt, die mittelalterliche Stadt zerstört.

Ruinen blieben zurück, und vor der berauschenden landschaftlichen Kulisse genügen sie der Phantasie zur Wiedererschaffung des mittelalterlichen Zentrums. Gleichzeitig hat der Wohlstand des 19. Jahrhunderts eine der schönsten Städte im Stil der „bulgarischen Renaissance" geschaffen. So eilt der Stadt ihr guter Ruf zurecht voraus. Bergbäche – vor allem die Jantra – haben Teile des Balkangebirges herausgewaschen und sich in Schleifen um die Hügel gelegt, an denen alte Häuser einander wie Zuschauer in einem Amphitheater über die Schulter blicken. Die Stadt selbst besteht aus drei Hügeln und dem Stadtzentrum mit Häusern aus dem 19. Jahrhundert: Der Festungshügel (Carevec), die mittelalterliche Residenzstadt des Adels (Trapesica) und der „Heilige Berg" (Sveta Gora), wovon heute nur noch Ruinen übrig sind. Nikola Fičev, einer der berühmtesten Architekten der „bulgarischen Renaissance", baute im Auftrag der osmanischen Verwaltung das Verwaltungsgebäude, den Konak, sowie eine Herberge nach dem Vorbild Istanbuler Gasthöfe. In diesem Konak wurde die erste Verfassung des modernen bulgarischen Staates angenommen. Im engen Flußtal zu Füßen der Festung findet man Kirchen von großer geschichtlicher Bedeutung, wie die Demetrioskirche, 1185 erbaut, 1913 durch ein Erdbeben zerstört und 1981 für die 1300-Jahr-Feier wiederaufgebaut. Auch auf dem Festungshügel hat man 1981 unbekümmert die Mauern wieder nachgebaut, ging es doch darum, die mittelalterliche Größe anschaulich darzustellen. Die politische Inspiration kam von der kulturell engagierten und einflußreichen Tochter Živkovs, der Kulturministerin Ljudmila Živkova.

Von Tărnovo gelangt man über den Šipkapaß auf die südliche Seite des Balkangebirges und über das Rosental (aus drei Tonnen Blüten wird ein Kilo Rosenöl gewonnen) zu einigen der schönsten Balkanstädte wie Koprivština und Panagjurište. Diese gehörten zu den wohlhabenden Vojnik-Dörfern, deren Bewohner gegen Steuerprivilegien in Kriegszeiten besondere Dienste leisteten. Handwerk und auch Textilbearbeitung für die Versorgung der osmanischen Armee erlaubten es hiesigen Zünften, Schulen zu finanzieren und begabte Studenten ins

Ausland zu schicken. Hier war die bulgarische Erneuerungsbewegung besonders stark, und Koprivštica und Panagjurište waren Zentren des Aprilaufstandes von 1876. Die eleganten Häuser von Koprivštica, das in einem 1000 m hoch gelegenen Tal liegt, zählen heute noch zu den schönsten des Balkan. Wirtschaftlich bedeutete die spätere Selbständigkeit jedoch den Verlust traditioneller Märkte: Aus den Zentren des Handwerks wurden Museumsstädte, zur Freude der Touristen.

Arbanasi

Besonders zu empfehlen ist ein Besuch des wenig außerhalb der Stadt gelegenen Ortes Arbanasi, einer Ansammlung kleiner Kirchen mit wertvollen Fresken zwischen den großen Hausburgen ehemaliger Kaufleute. Von ehemals über 1000 Gebäuden sind noch an die 100 sehenswerte Häuser und Kirchen erhalten. Bei einem Fresko („Benennung der Tiere") in der Christigeburtkirche beachte man, wie treffend das Kamel gemalt wurde, sind doch Kamele auf westlichen Gemälden vor dem 18. Jahrhundert meist mißratene Pferde. Das erstaunt nicht, die Bürger von Arbanasi waren mit Karawanen vertraut. Das Dorf war in seiner Blütezeit im 17. Jahrhundert ein wichtiger Markt, in den aus dem ganzen Osmanischen Reich Händler kamen, die vor allem mit Vieh und Tierprodukten handelten.

Sofia

Sofia ist in jeder Hinsicht das Zentrum Bulgariens: Wie schon John Reed bemerkte, lebt und arbeitet jeder, der in diesem Land mächtig ist, „in einem Radius von fünf Häuserblocks".

In der Zeit vor dem Ersten Weltkrieg gingen ausländische Journalisten in das „Grand Café de Bulgaria" gegenüber dem Königspalast und baten den Empfangschef, doch bitte den Premierminister oder einen Minister anzurufen. Sonst wartete man einfach im Café, bis sie von selbst dorthin kamen. Das Grand Café ist heruntergekommen, aber ähnliches kann nach dem Ende des Kommunismus immer noch leicht passieren:

Daß man an einem Abend im gleichen Restaurant einen sozialistischen Minister zur Tür hereinkommen und am Nebentisch den Rektor einer privaten Universität im Gespräch mit dem Mäzen George Soros sitzen sieht, während einen Tisch weiter der ehemalige Premierminister mit seiner Frau speist. Der „Russische Club" im Zentrum ist so ein Treffpunkt. Verdächtig sind hingegen Lokale, in denen bullige Männer im Jogginganzug (die sogenannten „Ringer", auf die wir noch zu sprechen kommen) mit tragbaren Telephonen auf dem Tisch mißtrauisch um sich blicken. Auch sie gehören mittlerweile zum Stadtbild Sofias.

„Eine Spielstadt aus Rot und Gelb" nannte ein Journalist das Sofia des 19. Jahrhunderts. Das sind die dominierenden Farben der Architektur von Petko Momčilov, einem der besten bulgarischen Architekten vom Beginn des Jahrhunderts. Leider sind nicht alle Gebäude in gutem Zustand, auf dem Dach seines 1910 erbauten Bades wachsen bereits Bäume. Dennoch ist für die meisten traditionellen Sofioter, die in den alten Vierteln der Stadt leben, die Hauptstadt der einzige lebenswerte Ort in ihrem Land. In eleganten, seit 1991 als Privateigentum restituierten Wohnungen versichern sie, daß die Umstände in Bulgarien sich erst verbessern werden, wenn Land und Stadt nicht mehr von „Bauern" regiert werden, die unter dem kommunistischen Regime in die Stadt kamen. Von der Provinz aus gesehen ist Sofia hingegen ein Monster, wo sich leichtes Geld ohne Schweiß machen läßt und wo man nie wissen kann, ob man am Abend wieder lebendig nach Hause kommt. Eine unberechtigte Furcht, wenn man nicht den Fehler macht, ein wertvolles Auto in der Stadt zu parken. Konflikte zwischen Hauptstadt und Provinz gibt es in fast allen Ländern, aber selten sind sie politisch so bedeutend wie in Bulgarien.

Dabei ist die Metropole Sofia eine junge Stadt, fast alle ihre Bewohner sind erst in den letzten fünf Generationen zugezogen. Sie war unter den Osmanen ein Verwaltungszentrum, aber keine große Handelsstadt, und so hatte sie 1878 gerade 12000 Einwohner. Noch in der Mitte des 19. Jahrhunderts war Sofia eine typisch osmanische Stadt auf antiken Fundamenten.

30 Moscheen bestimmten das Stadtbild neben türkischen Bädern und dem Verwaltungsgebäude *(Konak),* dem einzigen zweistöckigen Gebäude der Stadt. Erst nach der Unabhängigkeit begann des Wachstum. Die Moscheen wurden zu Kirchen umgewandelt, neue Kirchen errichtet, der Konak überbaut und zu einem bescheidenen Schloß gemacht. Die Bujuk-Moschee war nun Staatsdruckerei, auch die Moschee des berühmten Architekten Selim eine Kirche. Soldaten wurden angesiedelt, dann Verwaltungsbeamte, schließlich Flüchtlinge aus der ehemaligen osmanischen Provinz Makedonien.

Die Vorgabe für Architekten im Stadtzentrum war klar: Es ging darum, eine würdige europäische Hauptstadt zu errichten. Ausländische Archtitekten wurden gerufen und Prestigebauten errichtet. Dem Besucher präsentieren sich diese Bauten bei einem Spaziergang entlang dem Boulevard des „Befreiers". Die Architektur des vorosmanischen Sofia ist von eher historischem Interesse, wie die frühchristliche St. Georgskirche im Innenhof des Hotels Sheraton oder die unscheinbare St. Sofienkirche aus der Zeit Justinians in der Nähe der Nevski-Kirche. Ein Spaziergang durch das Zentrum von Sofia ist ein Spaziergang durch die Identitätsfindung des modernen Bulgarien. Der mit goldenen Steinen gepflasterte Boulevard des Befreiers *(Osvoboditel),* der an den russischen Zaren Alexander II. erinnert, beginnt bei der monumentalen Fassade der größten Universität des Landes. Auf ihm wandert man zum Parlament und zum Befreierdenkmal, das den Zaren selbst darstellt. Das beeindruckendste Denkmal für die russichen Befreier sieht man jedoch hinter dem Parlament aufleuchten: die Nevski-Kirche mit ihrer großen goldenen Kuppel, auf einem Hügel zu Beginn dieses Jahrhunderts fertiggestellt. Von dort kommt man zum Gebäude der Heiligen Synode (das höchste Organ der bulgarischen Kirche), auch von Momčilov entworfen. Um dieses Gebäude kam es vor wenigen Jahren zu handgreiflichen Auseinandersetzungen zwischen den zwei Flügeln der orthodoxen Kirche (s.S. 190). An einer weiteren „russischen" Kirche vorbei stößt man beim Offizierskasino wieder auf den Hauptboulevard. Als nächstes sieht man das heruntergewirtschaftete Grand Hotel und den bescheidenen Königspalast, heute eine Museum.

Was geschieht mit dem Dimitrov-Mausoleum?

Gegenüber dem Königspalast steht einer der interessantesten Bauten der Stadt: das Dimitrov-Mausoleum, in dem der einbalsamierte Körper des stalinistischen Führers ruhte. Der unscheinbare Klotz, nach Dimitrovs Tod in kürzester Zeit errichtet, wurde 1990 zum Magnet für Demonstranten. Eine studentische „Zeltstadt der Wahrheit" wuchs zu seinen Füßen aus dem Boden, Graffiti bedeckten seine weißen Mauern. Die sterblichen Reste Dimitrovs wurden im Juli 1990 entfernt, der große, weithin sichtbare rote Stern auf der Spitze des Parteigebäudes nebenan wurde nach Tumulten, bei denen das Haus Feuer fing, entfernt. Die Spuren des Brandes sind noch zu sehen. Eine Kommission aus Architekten, Künstlern und Journalisten wurde eingesetzt, um zu entscheiden, was aus dem Dimitrov-Mausoleum werden solle, nachdem der Körper des Politikers umgebettet worden war. Die Vorschläge, die Gruft und das weitverzweigte Labyrinth unterirdischer Gänge zu nutzen, reichten vom Kino bis zur Lagerhalle für das Nationalmuseum. Die Anregung, ein öffentliches Bordell einzurichten, wurde verworfen (die roten Lichter aus der kommunistischen Zeit wären erhalten geblieben, hatte man der Kommission erklärt), dafür 1991 ein Schild „Bin verreist" angebracht. Man lachte über die Götter der Vergangenheit, den sowjetischen Soldaten beim monumentalen Befreierdenkmal wurden die Helme blau angemalt, vor dem Mausoleum selbst fanden 1992 Rockkonzerte statt. Aber der Geist Dimitrovs ließ sich nicht so leicht entfernen wie sein Körper. Nach den Wahlen 1994 und einem Sieg der BSP wurde das Mausoleum von Graffiti gereinigt, weißgewaschen und erneut bewacht: eine leere Hülle als Symbol der Sinnkrise der politischen Kultur.

Ein Vakuum der Werte zeigen die großen stalinistischen Gebäude auf, die sich am Ende des Boulevards in den Himmel recken: das Präsidium, das alte Parteigebäude, das Regierungsgebäude und das Zentrale Allgemeine Kaufhaus, in dem heute fast nur noch ausländische Marken angeboten werden. Hier im Zentrum des alten Sofia haben die Luftangriffe der Alliierten 1944 dem Nachkriegsregime die Möglichkeit geboten „aufzuräumen“. Politische Gefangene wurden zur Arbeit eingesetzt und Bauten errichtet, die sich heute laut einem Kunstführer der DDR „durch eine gute Kenntnis der klassischen Form und ein hohes professionelles Können“ auszeichnen. Tatsächlich sind sie im Detail solider als der abbröckelnde Ceauşescu-Palast in Bukarest, aber in der Philosophie unterscheiden sie sich nicht. Da ist es schon viel besser, sich noch eines der schönsten Gebäude des alten Sofia, die sefardische Synagoge des österreichischen Architekten Grünanger, anzusehen, die seit ihrer Restaurierung 1996 wieder im alten Glanz erscheint. Oder man besucht das durchaus sehenswerte Historische Nationalmuseum im von Steinlöwen bewachten Justizpalast. Am besten aber ist es, nach dem Spaziergang mit einem Sofioter Bekannten eines der vielen neuen Kaffeehäuser aufzusuchen, mit dem besten Apfelstrudel des Balkan und einem verläßlich guten Kaffee.

Rila und Pirin-Makedonien

Touristen werden das berühmte Rilakloster besuchen wollen, das sich von Sofia aus leicht in einem Tagesausflug besichtigen läßt. Rila entstand unter dem Einfluß des Hl. Ivan Rilski, der sich um 931 in die Einsamkeit der Berge zurückgezogen hatte, sieben Jahre seine Höhle nicht verlassen haben soll und dann eine Klostergemeinschaft schuf. Ein Turm aus dem 14. Jahrhundert ist noch erhalten, aber sonst überdauerten aus dem bulgarischen Mittelalter nur Beschreibungen und Legenden. Das Kloster von heute ist im wesentlichen ein Werk des letzten Jahrhunderts, aber darum nicht weniger beeindruckend: In wunderbarer Übereinstimmung mit der Landschaft des Piringebirges vermitteln die hohen Klostermauern jene Geborgenheit, die die Klöster zu den geschätzten Bewahrern bulgarischer Kultur gemacht hat. Tausende Gläubige versammeln sich hier seit 1989 – orthodoxe Religiosität darf wieder offen gelebt werden – an jedem 19. Oktober, um bei den vor den Altar gelegten Reliquien des Heiligen zu beten.

Von hier ist es nicht weit nach Pirin-Makedonien, dem letzten zu Bulgarien gekommenen Teil des Landes. Makedonien war bis 1913 das „Osmanische Reich im Kleinen", ein Gebiet vieler Völker und blutiger, sich gegenseitig ausschließender Ideologien. Bulgarien führte um Makedonien vier Kriege, aber nur ein kleiner Teil blieb nach dem zweiten Balkankrieg 1913 bei Bulgarien. In der Zwischenkriegszeit war diese Region ein Staat im Staat, ein Rückzugsgebiet einiger der berüchtigtsten Terroristen Europas, die den Anschluß des übrigen Makedonien an Bulgarien herbeibomben wollten. Heute ist das Tal der Struma bekannt für seine Badekurorte und die moderne Kirche der blinden Seherin Vanga in Petrič (s. S. 195).

Unweit von Petrič liegen Sandanski, Heimat des thrakischen Sklaven Spartakus – man errichtete ihm zu Ehren jedenfalls ein Denkmal im Stadtzentrum – und Melnik. Melnik, die kleinste Stadt Bulgariens, ist ein Symbol des Niedergangs des alten Makedonien: Die Stadt hatte im letzten Jahrhundert mehrere Tausend Einwohner, mit 72 Kirchen. Heute leben nur noch knapp 600 Einwohner hier, und statt der über 3500 Häuser stehen weniger als 100. Die ehemals hier lebenden Griechen haben die Stadt verlassen, ebenso die Türken.

Plovdiv und Thrakien

Von Sofia kann man einen Abstecher nach Samokov machen, bekannt für die Bairakli-Moschee, eine der schönsten des Landes, und die Schnitzereien in der Metropolitenkirche. Dann aber geht es durch das Trajanstor vorbei an der ehemaligen Stadt Tatar Pazardžik, dem im 15. Jahrhundert gegründeten „Tatarenmarkt", in die Hauptstadt Thrakiens, nach Plovdiv. Mit 379000 Einwohnern ist Plovdiv nach Sofia die zweitgrößte Stadt des Landes – das Philippopolis der Antike, von Philipp von Makedonien, dem Vater von Alexander dem Großen, auf dem von ihm eroberten thrakischen Pulpudeva erbaut. Plovdiv – den wenigsten Westeuropäern ein Begriff – ist jedoch eine der malerischsten Städte Südosteuropas, für die man sich Zeit

Abb. 2: Plovdiv, das Philippopolis der Antike: Das Theater aus dem 2. Jahrhundert wurde restauriert, 3000 Zuschauer können die zahlreichen Veranstaltungen besuchen.

nehmen sollte. Eine Taxifahrt oder ein Spaziergang auf den höchsten Hügel der Stadt bietet einen guten ersten Überblick. Wo heute zwei Denkmäler der russischen Befreier von 1878 und 1944 gedenken, stand früher ein Apollotempel. Der Blick auf die Stadt schweift über die roten Dächer, den Uhrturm und die Minarette der Moscheen aus dem 15. Jahrhundert. Weitere schöne Ausblicke bieten sich beim eindrucksvollen Amphitheater aus der Zeit Mark Aurels, das sich an den Hügel der Altstadt lehnt; von hier ist an den meisten Tagen das mächtige Rhodopengebirge erkennbar. Plovdiv war immer eine vielfältige und auch kulturell gemischte Stadt. Der starke osmanische Einfluß ist trotz der Zerstörung vieler Gebäude greifbar: Bäder sind erhalten, ebenso Moscheen. Im 17. Jahrhundert beschreiben Reisende eine Stadt mit 53 Moscheen, 70 Schulen, Karawansereien und einem Markt mit über 800 Läden. Die erhaltene Džumaja-Moschee wurde wohl noch unter Sultan Murad erbaut, einige Jahrzehnte vor dem Fall Konstantinopels. Auch die Imaret-Moschee wurde vor 1453 errichtet.

Abb. 3: Traditionelles Brauchtum hat sich in Bulgarien vor allem in den abgelegenen Gebieten erhalten, wie hier bei einer Hochzeit der Pomaken im Rhodopengebiet.

Der Stolz der Bulgaren sind die typischen bunten Häuser mit vorspringendem Obergeschoß, Residenzen der reichen Kaufleute. Hier läßt sich der Geist des 19. Jahrhundert am besten einfangen. Man sollte die Häuser auch von innen besichtigen, was sich mit Angenehmem verbinden läßt: In manchen haben sich Kunstgalerien eingerichtet, andere sind zu Gasthäusern geworden. Ein guter Tip ist das auf den antiken Stadtmauern im Plovdiver Stil errichtete „Paldin" oder das in der Nähe des Stadttors gelegene „Alafrangite". In einem der schönsten Häuser, dem Mavridihaus, hielt sich Lamartine auf, als er seine „Reise durch den Orient" niederschrieb.

Wir haben schon vom Amphitheater aus die Rhodopen gesehen, das Gebirge des der Sage nach hier geborenen Orpheus, dem im Rhodopen-Skiort Pamporovo ein Denkmal gesetzt wurde. Heute sind die Rhodopen das Siedlungsgebiet der Pomaken, der bulgarischen Muslime, rund um Kărdžali lebt ein weiterer Teil der türkischen Minderheit. Wenn man die Zeit hat, sollte man unbedingt den Besuch des Bačkovoklosters südlich von Plovdiv einplanen. Es wurde von einem georgischen Adligen im byzantinischen Reich gegründet und war ein Zentrum der georgischen Exilkultur im 11. und 12. Jahrhundert.

Heute ist es eines der anmutigsten bulgarischen Klöster, und die Darstellung des Weltgerichts des berühmten Malers Zaharij Zograf ist nur ein guter Grund, hierher zu kommen.

Das Schwarze Meer und Varna

Das Schwarze Meer war seit der Antike ein Tor, durch das verschiedene äußere Einflüsse das Land erreichten, von den ionischen Griechen bis zur russischen Marine. In der homerischen Zeit nannten die Griechen es das „feindliche Meer", aufgrund der winterlichen Stürme und der Wildheit der am Festland lebenden Stämme. Aber nachdem griechische Kolonien rund um die Küste das Meer vertrauter gemacht hatten, wurde es „*euxenos*", gastfreundlich. Die Griechen kamen auf der Suche nach Nahrung und vor allem nach Fisch. Obwohl das Schwarze Meer unter einer Tiefe von 150 Metern biologisch tot ist (aufgrund des hohen Anteils von H_2S ist es das größte tote Gewässer der Welt), war es an der Oberfläche immer ein ausgesprochen fischreiches Gewässer. Gegen den Uhrzeigersinn schwammen große Fischschwärme jedes Jahr die Küsten entlang um das Meer herum, wurden gefangen, in den griechischen Städten getrocknet und exportiert. Dieser Fischreichtum (der dazu führte, daß Kaviar im Byzanz des 14. Jahrhunderts das Essen der Armen war) ist seit einigen Jahren in akuter Gefahr, durch Umweltverschmutzung und Überfischung des Meeres.

Bulgarische Städte wie Varna, Nesebăr und Sozopol gehen auf antike Stadtgründungen zurück: Odesos, Mesembria und Apollonia. Diese Städte traten von Anfang an in engen Kontakt zu den thrakischen Stämmen im Landesinneren.

Das Schwarze Meer ein totes Meer

Allein die Donau schwemmt jährlich 1,2 Mio Tonnen schwermetallhaltige Stoffe ins Schwarze Meer, darüber hinaus pro Jahr 50 000 Tonnen ausgelaufenes Öl. Dieses Öl hätte einen Wert von 7,2 Millionen Dollar – genug, um ein Hilfsprogramm zu finanzieren. In Istanbul werden die Abwässer einer täglich wachsenden 10-Millionen-Metropole in den Bosporus geleitet. Die Artenvielfalt des Meeres und der seit der Antike berühmte Fischreichtum sterben langsam aus: Von 26 in den 60er Jahren gefischten Arten kommen heute nur noch sechs in ausreichend großen, den Fischfang lohnenden Mengen vor. Man schätzt, daß es heute zwei Drittel weniger Delphine gibt als noch in den 60er Jahren. 1989 war die Bucht von Odessa mit toten Fischen bedeckt. Zwischen 1989 und 1991 verschlang eine am Schiffsrumpf aus anderen Meeren importierte Tierart, Mnemiopsis, das Plankton, das auf 1/600 seines normalen Wertes fiel. Zur Rettung des ökologischen Gleichgewichts wurde ein Netzwerk „SOS Schwarzmeer" gegründet, aber es fehlt an den notwendigen Mitteln und dem politischen Interesse. Die Zukunft des Schwarzen Meeres wird aber nicht nur von den verarmten Anrainerstaaten des Meeres abhängen, die derzeit – wie die Ukraine – nicht einmal die früher hervorragenden meereswissenschaftlichen Institute bezahlen können, sondern vom Interesse anderer europäischer Staaten, vor allem der Donauländer.

Später haben sich weitere Völker, von den Römern bis zu den Osmanen, angesiedelt, und die Händler des gesamten Schwarzmeerraumes hatten dort Niederlassungen. Die größte unter ihnen, Varna, gehörte zu jenen „sehr merkwürdigen und sehr interessanten" Städten, die typisch für die Schwarzmeer-Region waren, wie Odessa, Batumi, Suchum und natürlich Konstantinopel selbst. Die bulgarische Küste war stets den Einflüssen der jeweils dominierenden Schwarzmeermacht ausgesetzt. Die Russen schickten, immer wenn sie ihren Einfluß in Bulgarien geltend machen wollten, Kriegsschiffe nach Varna, wie beispielsweise 1886, als sie Druck auf einen ihnen nicht genehmen Premierminister ausübten. Zu Beginn des Jahrhunderts gab es antigriechische Krawalle in den Küstenstädten, und 1924 kam es zwischen Bulgarien und Griechenland zu einem Abkommen über einen Bevölkerungsaustausch: Aus dem griechischen Thrakien und Makedonien kamen Bulgaren, Griechen verließen das Land oder nahmen bulgarische Namen an. Damit ging an der bulgarischen Schwarzmeerküste eine zweieinhalbtausend Jahre alte griechische Kultur zu Ende.

In den letzten Jahrzehnten gewann der Tourismus zunehmend an Bedeutung für die ganze Küstenregion. Die schönsten Städte liegen jedoch abseits der bekannten Badeorte und lohnen unbedingt einen Ausflug, wie Sozopol und vor allem Nesebăr, bekannt für den polychromen Dekorationsstil seiner vielen Kirchen. Nesebăr liegt auf einer Halbinsel, die nur durch einen schmalen Damm mit dem Festland verbunden ist. Reste der griechischen Mauer sind noch erhalten. Im 7. Jahrhundert war die Stadt ein wichtiges Zentrum des Schwarzmeerhandels, obwohl sie im Mittelalter mehrmals die Zugehörigkeit zwischen Bulgarien und Byzanz wechselte. Noch heute findet man auf der Halbinsel, zwischen Häusern des 18. und 19. Jahrhunderts versteckt, elf mittelalterliche Kirchen. Besonders schön sind die Pantokratorkirche und die Johannes-Aleiturgetos-Kirche. Unter den Osmanen behielt Nesebăr lange einen griechischen Bischof und war ein Zentrum griechischer Kultur. Heute lebt die Stadt vom Tourismus, und vor allem Tagesausflügler von den Strandbädern bevölkern ihre engen Straßen während der Saison.

Varna ist mit 314000 Einwohnern nach Sofia und Plovdiv die drittgrößte Stadt des Landes, Zentrum einer bedeutenden Fremdenverkehrsregion und der wichtigste Hafen des Landes. Der Tourist wird sich wohlfühlen: Schöne Strände, Gärten entlang der Strandpromenade und eine vor allem im Sommer sehr belebte Fußgängerzone vermitteln eine fröhliche Atmosphäre. Eine Besichtigung wert sind vor allem die Ruinen der römischen Bäder auf einer Fläche von 7000 m², Zeugen der antiken Handelsstadt. Im Schiffahrtsmuseum wird besonders der russischen Kampagne gegen Schiffe der Osmanen im Befreiungskrieg gedacht. Varna war immer auch Marinehafen und während des Krimkrieges 1854 war es als osmanische Garnisonsstadt ein Stützpunkt der englischen Flotte.

Die Dobrudža

Die Dobrudža, Land des Getreides, des Mais und der Sonnenblumenfelder, hat in der Literatur häufig den Ruf eines Ortes des Exils, der Verlorenheit und der Einsamkeit. In den Worten des englischen Reisenden Sacheverell Sitwell „bewegt sich die Donau von der Zivilisation ins Nichts, hin zur tatarischen Steppe". Dieses Bild erklärt die Faszination vieler Besucher für diesen Landstrich zwischen der Donau und dem Schwarzen Meer. In der Zeit Justinians hieß die Dobrudža Scythia Minor, nach den Skythen des nördlichen Schwarzmeergebietes. Anfangs Teil der römischen Provinz Moesia fiel sie dann an das Erste Bulgarische Reich und wurde Ende des 14. Jahrhunderts für kurze Zeit unabhängig. Einer Überlieferung zufolge geht ihr Name auf ein kumanisches Herrschergeschlecht zurück, gemäß einer anderen auf Dobrotica, einen unabhängigen Bojaren. Bereits nach dem Tod von dessen Nachfolger wurde der Landstrich Teil des Osmanischen Reiches.

In unserem Jahrhundert wurde die Dobrudža zur Bühne für sogenannte „zivilisierte" ethnische Säuberungen. Bis 1940 war auch für diese Region ein Bevölkerungsgemisch aus Bulgaren, Tataren, Rumänen, Griechen, Armeniern und Juden charakteristisch. 1783, nach der Eroberung der Krim durch Rußland, wanderten Krimtataren ein. Nach dem Rückzug des Osmanischen Reiches wurde diese Vielvölkerwelt zum Zankapfel zwischen Rumänien und Bulgarien.

1909 waren immerhin noch 14,3 % der Bevölkerung in der Norddobrudža Bulgaren. Nach 1913 verlor Bulgarien die Süddobrudža bis zum Zweiten Weltkrieg an Rumänien: Rumänen machten dort gerade 2 % der Bevölkerung aus, bei 42 % Bulgaren und 47 % (!) Muslimen verschiedener Ethnien. In Varna und Ruse bildeten sich irredentistische Verbände, die unter den 40 000 Dobrudžaflüchtlingen Anhänger rekrutieren konnten.

Die rumänische Nationalitätenpolitik der Zwischenkriegszeit war wenig subtil: Land wurde enteignet und Rumänen aus anderen Landesteilen angesiedelt, das öffentliche Leben streng romanisiert. Von den 1913 in der Süddobrudža bestehenden 600 bulgarischen Schulen bestanden 1930 gerade noch vier. 1934 wurden durch Vertrag zwischen Rumänien und der Türkei ca. 10 000 Muslime in die Türkei umgesiedelt. Die muslimische Kultur in der Dobrudža verschwand damit, auch in der Süddobrudža, die 1940 wieder zu Bulgarien kam. Auch kam es zwischen Bulgarien und Rumänien zu einem Bevölkerungsaustausch: 100 000 im Süden lebende Rumänen wurden im Norden angesiedelt, dafür verließen 61 000 Bulgaren den rumänischen Norden, um sich im Süden niederzulassen. Damit wurde das Dobrudžaproblem „gelöst", die Bevölkerungen getrennt. So blieb es nach dem Zweiten Weltkrieg bei der heutigen Teilung: in die rumänische Norddobrudža mit der Hauptstadt Constanţa und in die bulgarische Süddobrudža mit den Orten Silistra an der Donau und Balčik am Meer.

Bei einer derartigen Geschichte mangelt es nicht an Spuren der verschiedenen Völker: So sind nördlich von Varna bei Obrohište Reste eines großen ehemaligen Derwischklosters zu finden. Bis zu 100 Derwische sollen hier gelebt haben. Nachdem im 19. Jahrhundert der letzte Derwisch das Kloster verließ, wurde es zu einem von bulgarischen Bauern verehrten Ort, an dem am Tag des heiligen Georg Schafe geschlachtet werden. Die Reste einer Grabanlage eines islamischen Heiligen sind noch zu sehen. In der Umgebung leben auch heute noch Gagausen, ein christliches Turkvolk.

Balčik, der wichtigste Ort an der Küste, hieß in der Antike zu Ehren des Weingottes Dionysopolis und war in der Zwischenkriegszeit Teil Rumäniens, obwohl die Bevölkerung überwiegend aus türkischsprechenden Tataren bestand. Zu sehen ist heute noch ein Lustschlößchen zu Ehren der rumänischen Königin Maria. Dieses Schloß wurde in den 20er Jahren erbaut, und es ist eigentlich eine Villa mit einem kleinen Minarett und einem Garten. Die Faszination, die die aus England stammende rumänische Königin für den Islam verspürte, änderte aber nichts daran, daß die Tataren in die Türkei geschickt wurden. 1940 wurde dafür das (gebrochene?) Herz der rumänischen Königin aus der Kapelle geholt und nach Rumänien geschickt. Heute erfreuen sich die Besucher an der Villa mit dem Minarett und blicken hinunter auf die Touristen aus aller Welt, die am Strand in der Sonne liegen.

II. Von den Thrakern zum modernen Bulgarien

Zwischen Steppe und Bosporus

Bulgariens Entwicklung von der römischen Epoche bis zum Ende des 19. Jahrhunderts war vom Gegensatz zwischen dem nördlichen und dem südlichen Ufer des Schwarzen Meeres geprägt: Während im Norden die Pontische Steppe der Ukraine und das über das Wolgagebiet und Turkmenistan bis nach China verlaufende Grasland die Heimat nomadischer Völker bildeten, war im Süden die Hauptstadt am Bosporus das Zentrum von Reichen, die Asien und Europa verbanden. Die östliche Balkanhalbinsel, mit ihren offenen Ebenen an der Donau und in Thrakien, wurde oft zur Grenze, regelmäßig zum Schlachtfeld. Herodot erzählt, wie die Armeen des Perserkönigs bei der Verfolgung der Skythen, die nördlich des Meeres ihr Steppenreich hatten, durch Bulgarien marschierten, sich diese aber einfach weiter in die Steppe zurückzogen. Später folgten die Römer, die die Grenze ihres Reiches im östlichen Balkan gegen Invasionen aus dem Norden zu befestigen suchten, dann als ihre Erben das Oströmische Reich. Und so wie das Turkvolk der Protobulgaren am Ende des 7. Jahrhunderts n. Chr. von der nördlichen Steppe aufbrach, um sich zwischen Donau und Balkangebirge auf byzantinischem Territorium niederzulassen, waren immer wieder kriegerische Nomaden am Horizont des Graslandes aufgetaucht, um wenig später ihre Pferde am Ufer der Donau zu tränken. Auf die Skythen folgten zwischen dem 5. und dem 13. Jahrhundert Hunnen, Awaren, Kumanen, Petscheneggen und Tataren. In die Fußstapfen der Byzantiner traten schließlich die Osmanen, die vom Süden her Bulgarien eroberten und das Schwarze Meer zu einem osmanischen Meer machten.

„In der ewigen Bewegung der Epochen und Kulturen haben die Sagen in Symbolen und Überlieferungen das Urbild des bulgarischen Prinzips aufbewahrt, repräsentiert im Bild des ewig vorwärtsstürmenden Reiters", schrieb Ljudmila Živkova, Tochter des Parteichefs und zur Mystik neigende Vorsitzende für Kunst und Kultur im Politbüro 1981 über den bulgarischen Charakter.

„Lange Zeiten von äußerer Unterdrückung haben die Leute niedergedrückt, bis zum nationalen Erwachen des 19. Jahrhunderts, von Prinz Bohumil dem Schüchternen angeführt und vom Dichter Hrovdat gefeiert, der 1848 auf seinem Pferd getötet wurde, als er in der Schlacht epische Verse deklamierte", persifliert dagegen der englische Dichter Malcolm Bradbury in seinem Roman „Rates of Exchange" das Geschichtsbild des südosteuropäischen Phantasielandes Slaka.

Die Stadt am Bosporus ist die zweite geopolitische Konstante der Region: Von ihrer Gründung bis zum Ende des Osmanischen Reiches stand die Geschichte des bulgarischen Raums im Schatten von Konstantinopel/Byzanz/Istanbul. Bis zum Ende des 6. Jahrhunderts war sie die Hauptstadt des römischen Balkan, in der Blütezeit der bulgarischen Reiche im 9. und 10. Jahrhundert der große Widersacher. Konstantinopel war nicht irgendeine Stadt, was die mächtigsten bulgarischen Chane des Mittelalters wußten: Sie verbarg hinter ihrem dreifachen Mauerring ein Machtzentrum selbst dann, wenn sie von Feinden eingeschlossen war, verfügte über eine zentralisierte Verwaltung und besaß einen diplomatischen Dienst, der im europäischen Mittelalter seinesgleichen suchte. Die mächtigsten bulgarischen Herrscher träumten davon, sich in dieser Stadt krönen zu lassen. Als die Krone des Basileios im 15. Jahrhundert dem Turban des Sultans Platz machen mußte, aus Byzanz Istanbul und aus Bulgarien ein Teil des osmanischen „Rumelien" („Rum" war Rom, hier: Ostrom) geworden war, wurde Bulgarien zum Hinterland der größten Stadt Europas, seine Wirtschaft war auf das engste mit der Versorgung der osmanischen Hauptstadt verbunden.

Istanbul war auch der große Preis in der Rivalität der Großmächte um die Beherrschung der Meerenge am Bosporus. Als am Ende des 18. Jahrhunderts russische Truppen an die

Nordküste des Schwarzen Meeres vorstießen, begann ein neues Ringen rund um seine Küsten, stellte sich die „orientalische Frage" nach der Zukunft des Osmanischen Reiches. Zaristische Truppen kämpften gleichzeitig an der Donau und in den Bergen des Kaukasus gegen die Osmanen, muslimische Flüchtlinge – Tataren von der Krim, Zirkassier aus dem Kaukasus – wurden in Bulgarien angesiedelt. Die osmanische Niederlage 1878 war der Wendepunkt in Bulgariens Schicksal. Aber der Traum, Istanbul zu erobern, war auch in der Neuzeit nicht erloschen: 1912 führte die bulgarische Offensive im Balkankrieg (erneut vergeblich) bis vor die Tore der Stadt.

Antike und frühmittelalterliche Chanate

Man kann die Betrachtung der bulgarischen Geschichte in den dunklen Räumen des Sofioter Nationalmuseums beginnen, vor den wertvollsten Schaustücken des Museums: den thrakischen Goldschätzen. Von der sichtbar reichen thrakischen Kultur wissen wir wenig, da die Thraker, ein indogermanisches Volk, keine Schrift besaßen. Sie wurden von Herodot in einem regelmäßig zitierten Satz als „nach den Indern zahlenmäßig größtes Volk" beschrieben, und treten bei Homer im Trojanischen Krieg als Kämpfer auf Seiten Trojas auf. Viele Gräber auf bulgarischem Boden sind erhalten, eines der schönsten in Kazanlak stellt in einem Deckengemälde mitfühlend ein Ehepaar dar, das vor dem Tod noch ein Abschiedsmahl zu sich nimmt. In die griechische Mythologie waren thrakische Elemente schon früh eingegangen, meist verbunden mit dem Mysterium von Tod und Wiedergeburt. Nachdem die Römer den Balkan von der Adria aus in Besitz nahmen, ließen sie ein thrakisches Königreich kurz fortbestehen, bevor sie die Region 44 bzw. 46 n. Chr. in römische Provinzen aufteilten.

Die Römer hinterließen ausgebaute Straßen und Städte, wie Serdica (Sofia) oder Trimontium (Plovdiv). Die wichtigsten Entscheidungen wurden unter Konstantin zu Beginn des 4. Jahrhunderts getroffen: die Gründung seiner neuen Hauptstadt (Konstantinopel), die die Region von der Peripherie des Reiches in sein Zentrum rückte, die Einführung des oströmischen *Solidus*, eine jahrhundertelang stabile Goldwährung in Südosteuropa, und schließlich die Etablierung des Christentums. Noch um 600 n. Chr. kontrollierte das Römische Reich den Balkan bis zur Donau durch geschickte Diplomatie und Schutzgeldzahlungen, den (beschränkten) Einsatz des Militärs und den Ausbau seiner Befestigungen.

Mittelalterliche Quellen

Wer sich mit der frühen bulgarischen Geschichte auseinandersetzt, steht schnell vor dem Dilemma, kaum verläßliche Quellen zu finden. Es gibt nur ungefähr 70 protobulgarische Inschriften, die länger sind als einige Worte. Selbst byzantinische Dokumente, die Bulgarien aus der Sicht meist feindlicher Berichterstatter beschreiben, sind rar. Die größte Sammlung vor dem 11. Jahrhundert geschriebener Texte (75 Stück) wurde in einem Kloster auf dem Athos gefunden: Aber nur einer der Texte dieser Sammlung stammt aus der Zeit vor dem Jahr 900. Berühmte Fragmente, wie die Schriften des byzantinischen Kaisers Konstantin Porphyrogennetos (913–59), sind die Ausnahme, Reste des verlorenen Schatzes byzantinischer Archive. Auf viele wichtige Fragen gibt es daher keine Antworten. Was für den Historiker ein Problem ist, ist für moderne Ideologen des Kommunismus und Nationalismus hingegen ein Segen, lassen sich doch so leichter Konflikte der Gegenwart in die entfernte Vergangenheit zurückprojizieren.

Mit dem Auftauchen der Awaren, einem Nomadenvolk aus der Steppe, genügte dieser Aufwand nicht mehr. Während Byzanz in lange Kriege mit den Persern und dann mit den Arabern im Nahen Osten verwickelt war, unterwarfen die Awaren den Balkan. 581 bemächtigten sie sich der Festung Sirmium (westlich von Belgrad) an der Save, der wichtigsten römischen Verteidigungsfestung. Der Weg über die Donau stand damit offen, und sowohl die Awaren als auch die nördlich der Donau lebenden Slawen konnten in immer größerer Anzahl das byzantinische Gebiet besiedeln. Slawische Stämme, ursprünglich wohl aus dem Gebiet zwischen Bug und Dniepr in der heutigen Ukraine stammend, waren dem Weg der Turkvölker zur Donau gefolgt. Nachdem 610 weitere römische Truppen vom

Balkan abgezogen wurden, um in Kleinasien gegen die Perser zu kämpfen, brachen die letzten Dämme: Wie eine Lavamasse begannen die neuen Völker die alten Trennlinien zu verwischen, die Thraker verschwanden, die lateinsprechenden Wlachen zogen sich in die Berge zurück, und die Slawen besiedelten die Ebenen. 626 belagerten – ein Alptraum für die Byzantiner – Awaren, Slawen, turkstämmige Bulgaren und ostgermanische Gepiden Konstantinopel gleichzeitig mit einer aus dem Osten kommenden persischen Armee. Die Belagerung blieb erfolglos, und in der Folge rebellierten slawische Stammesgruppen gegen den Awarenchan: Mit der Schwächung der Awaren entstand auf dem Balkan erneut ein Machtvakuum. Die letzte Erwähnung von Serdica (Sofia) stammt von 618, dann wird die Stadt 200 Jahre nicht erwähnt. Während Byzanz im Osten viele seiner fruchtbarsten Gebiete an die Omajadenkalifen verlor, profitierte ein weiteres Turkvolk von der instabilen Situation in Südosteuropa: die Protobulgaren.

Die Protobulgaren

Seit dem 6. Jahrhundert beherrschten Turkvölker das Wolgagebiet und die Ebene nördlich des Kaukasus. Die Gök Türk hatten in der Mitte des 6. Jahrhunderts eine ethnisch gemischte Föderation von Steppenvölkern von den Grenzen Chinas an das westliche Ende der ukrainischen Steppe geführt. 568 verhandelten sie bereits mit den byzantinischen Kaisern über eine gemeinsame Attacke gegen die Perser. 582 begann sich das türkische Reich nördlich des Schwarzen Meeres und des Kaukasus in mehrere Chanate zu spalten: Nach 630 waren die wichtigsten Stammesföderationen die der Bulgaren (der Name kommt wohl vom alttürkischen Wort für „vermischen") und der Chazaren. 670 griffen die Chazaren die bulgarische Föderation an. Einige Bulgaren wurden zu ihren Vasallen, andere wanderten die Wolga aufwärts und gründeten den (später islamischen) Staat der Wolgabulgaren. Die wichtigste Gruppe – eine byzantinische Quelle spricht dabei von 10 000 Bulgaren – wanderte unter Chan Asparuh in das Gebiet der unteren Donau und gründete mit den dort ansässigen Slawen einen Staat. Heute spricht man von „Protobulgaren", wenn man dieses Turkvolk meint, von „Bulgaren" aber erst nach der Assimilation der türkischen Elite durch die Mehrheit ihrer slawischen Untertanen.

Ein Vertrag zwischen ihrem Anführer, Chan Asparuh, und dem byzantinischen Kaiser 681 setzte die Praxis der oströmischen Diplomatie fort, durch Bezahlung Verbündete zu erhalten. Dieses Jahr wurde später zum Geburtsjahr des bulgarischen Staates ernannt, das man 1981 mit großem Aufwand feierte. Der Staat der Donaubulgaren nordöstlich des Balkangebirges war ein Staat der Steppennomaden, die sich langsam an das seßhafte Leben anpaßten. Laut aufgefundenen Inschriften ähneln die Titel der Herrscher denen in Zentralasien, der Titel „Chan" und die Verehrung des Himmelgott Tegris stammen direkt vom Chanat der Gök Türk. In Pliska in den Balkanbergen entwickelte sich das Winterquartier von einem Nomadenlager der Steppe zu einer Hauptstadt mit Steinbauten. Von Anfang an waren die Chane auch in die Intrigen der byzantinischen Außen- und manchmal sogar Innenpolitik involviert. So kam der byzantinische Kaiser Justinian II. mit militärischer Unterstützung des Chan Tervel an die Macht: Auf einem der Siegel des Chans stand „Mutter Gottes, Hilf dem Caesar Tervel", ein Titel, den ihm Justinian II. zum Dank verliehen hatte. Auch half das bulgarische Heer 717 den Byzantinern, als die Araber Byzanz belagerten.

Wichtige mittelalterliche Herrscher

Erstes Bulgarisches Reich		Samuil	986–1014
Asparuh	670–701	Zweites Bulgarisches Reich	
Tervel	701–718		
Krum	803–814	Asen I.	1187–1196
Omurtag	814–836	Kalojan	1197–1207
Boris I.	852–889	Ivan Asen II.	1218–1241
Simeon	893–927	Ivan Aleksandâr	1331–1393
Petâr	927–967	Ivan Šišman	1371–1393

Die meiste Zeit aber war Byzanz nicht glücklich mit diesem neuen Rivalen und versuchte sich seiner zu entledigen. Das bulgarische Chanat konnte sich vor allem dank seiner Lage nördlich des Balkangebirges behaupten, das die Grenze bildete und mit Festungen versehen wurde. Dieses war vom Süden schwerer zu überqueren als vom Norden. In den Jahrhunderten des Kampfes versuchten byzantinische Heere das Gebirge sowohl entlang der Küstenroute als auch über die Bergpässe zu überwinden, doch hatten sie selten Erfolg. Kaiser Nikophoros wagte sich 811 mit dem Ziel, den Bulgarenstaat auszulöschen, am weitesten vor. Die Byzantiner plünderten Pliska, wurden dann aber aufgerieben, der abgeschlagene Kopf des Kaisers diente dem bulgarischen Chan Krum als Trinkschale. Krum drang nun in das byzantinische Ostthrakien und Makedonien vor: Die byzantinischen Verluste ermöglichten die Unterwerfung der dort lebenden Slawen. Die verschleppten Christen und die Unterwerfung von ehemals byzantinischen Untertanen veränderten die Kultur des erstarkenden bulgarischen Staates, christliche Ideen breiteten sich aus. 812 fiel mit Mesembria (Nesebăr) die letzte byzantinische Festung am bulgarischen Ufer des Schwarzen Meeres, 813 fiel Adrianopel (Edirne). In dieser Zeit zerfiel auch das Awarenreich, das von den Franken unter Karl dem Großen und von den Bulgaren angegriffen wurde. Die Bulgaren hatten nun in der pannonischen Ebene eine gemeinsame Grenze mit dem Fränkischen Reich. Vom Schwarzen Meer bis zum Ohrid- und Prespasee und durch einen Korridor bis an die Adria, von Pannonien und den Karpaten bis zur Ägäis reichte nun der Einfluß der Bulgaren: Das Chanat unter Krum war die dominierende Macht auf dem Balkan geworden.

Dieses Chanat war ebensowenig ein Nationalstaat wie das „römische" Byzanz: Krum setzte Byzantiner in seiner Verwaltung und in seiner Armee ein, die offiziellen Dokumente waren in griechischer Sprache verfaßt. Das wichtigste Heiligtum bei Madara im Balkangebirge wurde unter Krums Sohn Omurtag ausgebaut, der auch die spätere Hauptstadt Preslav gründete. Dort verkündete eine griechische Inschrift: „Möge Gott dem göttlichen Herrscher ermöglichen, den Kaiser mit seinem Fuß solange hinunterzupressen, wie der Fluß Tiča fließt, und möge er den Bulgaren viele Gefangene bescheren." Doch im Norden tauchten neue, gefährliche Feinde auf: Die

Madjaren, die Kiever Russen und in den Bergen westlich des Morava-Flusses der junge serbische Staat, von Byzanz als Verbündeter im Rücken der Bulgaren unterstützt. Umso wichtiger wurde es für die innere Stabilität, die türkischen Bulgaren mit den griechisch-sprechenden „Römern" und den Slawen zu einer kulturellen Einheit zu verschmelzen. Eine Gelegenheit dazu bot die Übernahme des Christentums.

Orthodoxe Reiche

Im 9. Jahrhundert wurde das Reich der heidnischen Chane zu einem christlich-orthodoxen Königreich. Byzanz und Rom, der oströmische Kaiser ebenso wie der katholische Papst waren darum bemüht, ihre Einflußzonen zu erweitern, und Bulgarien wurde zum Streitobjekt eines komplizierten diplomatischen Ringens. Das Resultat dieses Ringens war die erste slawische orthodoxe Kirche, mit ihrer eigenen Schrift und den Nationalheiligen Kyrill und Method.

Die Hinwendung zum Christentum bedeutete anfangs eine weitere Hinwendung zur griechischen Sprache, doch die Schüler der Slawenlehrer Kyrill und Method legten den Grundstein für eine slawischsprachige Kirche. Die Brüder Konstantin (als Mönch „Kyrill") und Michael/Methodius stammten aus Thessaloniki, der zweitgrößten byzantinischen Stadt mit einer starken slawischen Minderheit. Konstantin sprach neben Hebräisch und Arabisch auch Slawisch. Seine erste Missionsfahrt führte ihn im byzantinischen Auftrag 860 zum Turkvolk der Chazaren, ohne Erfolg freilich, da diese wenig später zum Judentum übertraten. 863 begannen die beiden Brüder ihre Missionstätigkeit in Mähren. Sie hatten zu diesem Zweck eine der slawischen Phonetik angepaßte, im wesentlichen frei erfundene Schrift geschaffen, die Glagoliza, und die Grammatik vereinheitlicht, um die Bibel ins Slawische übersetzen zu können. Nach ihrem Tod wurden ihre Nachfolger jedoch von fränkischen Missionaren verjagt, und die slawische Liturgie wurde in Mähren verboten.

Bulgarien zwischen Rom und Byzanz

Rastislav, der Fürst des kurzlebigen Großmährischen Reiches, hatte sich aus Sorge vor dem zunehmenden Einfluß der Franken an Byzanz gewandt und um Entsendung von Missionaren gebeten. Die Franken hatten sich daraufhin mit dem bulgarischen Chan verständigt, der mit der römischen Kirche in Kontakt trat. Dies wiederum störte Byzanz, und während die Truppen von Chan Boris als Verbündete der Franken im Norden des bulgarischen Reiches gegen die Mährer kämpften, fielen oströmische Truppen im Süden ein. Boris bat um Frieden und ließ sich 865 von orthodoxen byzantinischen Priestern taufen; das Christentum wurde zur Staatsreligion erklärt. Die ersten griechischen Missionare kamen in das Land. Aber der Papst gab seine Versuche, in Bulgarien Einfluß zu gewinnen, nicht auf, und auch Boris spielte Rom und Byzanz gegeneinander aus, um mehr Selbständigkeit zu erlangen. 866 erschienen unerwartet Gesandte des bulgarischen Königs beim römischen Papst mit einem Brief, in dem Boris um Erläuterung einiger politischer und praktischer Fragen bat, darunter auch, ob Geschlechtsverkehr bei Christen sonntags erlaubt sei. Die wichtigste Frage war, ob Boris bei Anerkennung des Papstes einen unabhängigen Patriarchen haben könne. Der Papst bejahte ersteres und verneinte letzteres, und so wurde mit dem Kirchenkonzil von 869–870 Bulgarien vorerst endgültig in das Gebiet des Patriarchen von Konstantinopel aufgenommen. Bulgarien erhielt dafür eine autokephale Kirche mit einem halbautonomen orthodoxen Erzbischof, später zum eigenen Patriarchen aufgewertet. Die römischen Missionare, die sich noch im Land aufhielten, mußten nun gehen, und Bulgarien blieb mit einer kurzen Unterbrechung am Beginn des 13. Jahrhunderts (zur Zeit des vierten Kreuzzuges der Venezianer gegen Byzanz hatte sich Bulgarien noch einmal zum Katholizismus bekannt) Teil der östlichen Orthodoxie.

In Bulgarien aber schlug sie Wurzeln, denn diese Schüler wurden 886 vom bulgarischen König aufgenommen. Einer von ihnen, Kliment, entwickelte eine neue Schrift aus den griechischen Großbuchstaben und einigen glagolitischen Zeichen, die – nach dem Slawenlehrer „Kyrilliza“ benannt – zur Grundlage für die bulgarische und andere ostslawische Literaturen wurde. Noch heute feiern die Bulgaren jedes Jahr die Erinnerung an diese kulturelle Revolution.

Abb. 4: Die Slawenlehrer Kyrill und Method: Sie entwickelten die erste slawische Schrift, allerdings die Vorläuferin der hier auf einem Fresko im Kloster Drjanovo abgebildeten Kyrilliza.

König Boris setzte Kliment im kurz zuvor eroberten Westmakedonien als Verwalter ein: In den Schulen von Ohrid wurden nun Texte kopiert, übersetzt und Geistliche ausgebildet. Sieben Kathedralen ließ Boris errichten, darunter in Pliska die längste Kirche im Europa des 9. Jahrhunderts, außerdem förderte er die Entwicklung von Klöstern.

Die Schrift des Kyrill

In Simeons Zeit dürfte sich endgültig die einfachere (griechisch orientierte) Kyrilliza gegenüber der komplizierten Glagoliza durchgesetzt haben. Der Mönch Hrabr schrieb eine erhaltene Verteidigung der (von Kyrill entwickelten) slawischen Buchstaben: „Die slawischen Buchstaben sind heiliger und verdienen mehr Respekt, denn sie wurden von einem Heiligen geschaffen, während die griechischen Buchstaben von heidnischen Griechen erfunden worden waren. Wenn man einen griechischen Gelehrten fragt: ‚Wer hat eure Buchstaben erfunden und eure Bücher übersetzt, und wann geschah dies?', so wissen dies nur sehr wenige. Wenn man aber slawische Gelehrte fragt, dann wissen es alle, und sie antworten: ‚Der heilige Konstantin der Philosoph, er und sein Bruder Methodius haben unsere Buchstaben erfunden und die Bücher übersetzt' ... So, Brüder, hat Gott die Slawen erleuchtet." Das Problem der kulturellen und religiösen Rivalität zwischen Griechen und Bulgaren hat bis in das 10. Jahrhundert zurückreichende Wurzeln.

Das Christentum bildete nun die gemeinsame religiöse und kulturelle Basis für Protobulgaren und Slawen, das Slawische, die Sprache der heiligen Texte, wurde 893 zur offiziellen Kirchen- und Amtssprache, das türkische Protobulgarisch verlor an Prestige. Der Chan eines türkischen Nomadenheeres war in 200 Jahren zum christlichen, slawischen Zaren eines mächtigen europäischen Staates geworden.

König Simeon, der Sohn von Boris, war vielleicht die schillerndste Herrscherpersönlichkeit des mittelalterlichen Balkan. Einen Teil seiner Jugend verbrachte er in Konstantinopel (byzantinische Quellen bezeichneten ihn als „Halb-Griechen"), dann ein Jahrzehnt in einem Kloster. Dort leitete er ein großes Übersetzungsprojekt, es entstanden auch die ersten originalbulgarischen Werke. Simeon erhob Kliment, der immer noch an der Spitze der Mission in Makedonien stand, zum ersten Bischof des slawischen Ritus. Berühmt wurde Simeon wegen seiner Kriege gegen Byzanz, 913 erschien er vor den Toren Konstantinopels: Sein Ziel war nicht Beute, sondern die byzantinische Krone selbst. Der Kaiser war ein Kind, daher traf

Simeon den Regenten und Patriarchen der Stadt. Dieser krönte Simeon vor den Toren der Hauptstadt zum Kaiser der Bulgaren und versprach ihm, daß der Knabenkaiser Simeons Tochter heiraten würde. Aber das Abkommen wurde gebrochen, und Simeon nahm erbost den Krieg wieder auf. Er schickte sogar Boten zu den fatimidischen islamischen Herrschern in Nordafrika, um diese dazu zu überreden, ihre Flotte einzusetzen. Die byzantinische Diplomatie vereitelte diesen Plan, und so stand Simeon 923 erneut ohne Flotte vor den Mauern einer Stadt, die ohne Flotte nicht einzunehmen war. Seine Soldaten bezeichneten ihn als „Kaiser der Römer", doch obwohl Simeon 924 auch noch den größten Teil Serbiens annektierte, kam er der Kaiserkrone nicht näher. Der byzantinische Kaiser verspottete ihn in einem Brief: Simeon könne sich auch gerne „Kalif von Bagdad" nennen, wenn ihm das gefalle. 927 starb Simeon, ohne sein größtes politisches Ziel erreicht zu haben.

In der Steppe trug sich mit der Bildung des Kiever Staates eine Entwicklung zu, die von ähnlicher Bedeutung für die Geschichte Südosteuropas werden sollte wie der Aufstieg des Islam: Im Jahrhundert nach 850 wurde nördlich des Schwarzen Meeres der erste russisch/ukrainische Staat, die Rus, geschaffen. 950 waren seine Truppen stark genug, das Chanat der Chazaren zu überwältigen. Gleichzeitig begann der Prozeß der Aufnahme byzantinischer Kultur. Als Verbündete von Byzanz fielen 967 die Soldaten des Kiever Herrschers Svjatoslav in Bulgarien ein und errichteten in der Dobrudža ein Winterquartier. Der Herrscher überlegte sogar, die Hauptstadt des Kiever Reiches an die Donau zu verlegen: „Dort sind alle Reichtümer versammelt, Gold, Seide, Wein und verschiedene Früchte von Griechenland, Silber und Pferde von Ungarn und Böhmen, und aus Rus Felle, Honig, Wachs und Sklaven." Nur mit großer Mühe gelang es den Byzantinern, ihn nach einer dreimonatigen Belagerung der Donaufestung Silistra aus Bulgarien zu vertreiben. Für die russische Kultur war der Kontakt mit dem slawischen Christentum ein wichtiger Hintergrund für die spätere Bekehrung von Vladimir (dem Sohn von Svjatoslav). Bulgarien aber war als Folge der „Russenkriege" erneut zum byzantinischen Vasallenstaat geworden. Nur der Westen des Landes behielt seine Unabhängigkeit, der Patriarch von Preslav floh in die neue Hauptstadt Ohrid und wurde dort wieder als Patriarch eingesetzt. Doch die Rückeroberungen durch Byzanz setzten sich fort: 1014 unterlag die bulgarische Armee des Zaren Samuil, 14000 Männer wurden geblendet, nur jedem Hundertsten ein Auge gelassen. 1018 marschierte der byzantinische Kaiser Basileios in Ohrid ein. Dies war das Ende des sogenannten Ersten Bulgarischen Reiches. Damit war der gesamte Balkan erneut byzantinisch, griechischsprechende Bischöfe wurden in Bulgarien und Makedonien eingesetzt, und es dürfte zu einer systematischen Zerstörung slawischer Manuskripte gekommen sein.

Die Bogomilen

Im 10. Jahrhundert begann in Bulgarien das Zeitalter der Bogomilen-Bruderschaften. Ihr Gründer, der bulgarische Priester Bogomil, wurde beschuldigt, häretische Ideen zu verbreiten und unter anderem die Verehrung von Ikonen und Reliquien der Heiligen sowie den Glauben an göttliche Wunder abzulehnen. Die Bogomilen richteten sich damit gegen die etablierte Kirche, wurden als Ketzer verfolgt und endeten nicht selten auf dem Scheiterhaufen. Sie argumentierten in einer den Manichäern in Kleinasien ähnlichen Art und Weise, daß der Teufel alles Sichtbare geschaffen habe: Auf sein Geheiß trinken die Menschen Wein, essen Fleisch, schließen Ehen und akzeptieren Institutionen staatlicher und kirchlicher Art. Göttlich ist dagegen allein der Geist.

Es gibt verschiedene Beurteilungen dieser Bewegung, deren faszinierende, komplexe Theologie andere Häretiker, wie die Katharer und Albigenser in Italien und in Frankreich, direkt beeinflußte. Auch die Quellen der Inquisition in Westeuropa sprechen von einem „bulgarischen Ursprung" vieler häretischer Ideen. Der Historiker John V. A. Fine argumentiert, daß die Bogomilen in Bulgarien zwar nicht die große soziale Bewegung waren, als die sie vor allem in der sozialistischen Zeit gerne gesehen wurden, aber daß ihre kritische Theologie in ganz Europa beträchtlichen Einfluß hatte. Ein Problem auch hier: Es gibt wenige Dokumente, manchmal verschwinden die Bogomilen für ein ganzes Jahrhundert aus den Quellen. In Bulgarien sind sie bis zum Ende des 16. Jahrhunderts nachweisbar.

Doch auch Byzanz kam nicht lange zur Ruhe: Nach der ersten Attacke der seldschukischen Türken im 11. Jahrhundert dauerhaft angeschlagen, wurde das Reich durch die Angriffe der Katholiken zur Zeit der Kreuzzüge weiter geschwächt. Die Normannen griffen Thessaloniki an, 1204 eroberten die Kreuzritter die Stadt Byzanz zum ersten Mal in ihrer Geschichte und errichteten ein lateinisches Kaiserreich. Das bot Serbien und Bulgarien die Möglichkeit, das byzantinische Erbe unter sich aufzuteilen. 1189 eroberte der Serbenfürst Stefan Nemanja Kosovo, und der 1185 von den adeligen Brüdern Petăr and Asen im Gebiet von Tărnovo ausgerufene Aufstand der Bulgaren führte zu weiteren byzantinischen Verlusten. Dabei halfen den Brüdern Petăr und Asen einige aus Thessaloniki vor den Normannen gerettete Ikonen des heiligen Demetrios: dieser habe Thessaloniki verlassen, nun helfe er den Bulgaren. Kumanische Reiter, ein Nomadenvolk, dessen lockere Föderation von den Steppen in die Walachei hineinreichte, wurden mobilisiert. Diese vereinte Rebellion von Bulgaren, Wlachen (jene romanische Volksgruppe, die in Bulgarien in dieser Zeit in den Bergen dominierte) und Kumanen führte zur Etablierung des „Zweiten Bulgarischen Reiches“. Petăr und Asen lösten einander in der Zarenrolle ab, erbauten zu Ehren des heiligen Demetrios in der neuen Hauptstadt Tărnovo eine Kapelle und setzten erneut einen Erzbischof für Bulgarien ein.

Das entstehende Reich blieb politisch instabil: Viele der neuen Bojaren waren kumanischer Herkunft, die meisten ordneten sich nur widerwillig einem Herrscher unter. Zar Kalojan, der sich – diplomatisch geschickt – auf päpstliche Anordnung zum König krönen ließ, eroberte für Bulgarien Makedonien zurück. Aber schon 1207, ein Jahr nach der Ermordung des Zaren vor den Mauern Thessalonikis, hatte Bulgarien sein Territorium südlich des Balkangebirges verloren. Unter Ivan Asen II., einem energischen und charismatischen bulgarischen König, wurden Festungen in Thrakien, Makedonien und Albanien erneut erobert. Sein Reich wuchs, wurde zur beherrschenden Macht der Region, aber nach seinem Tod 1241 wiederholte sich der Verlust vieler Gebiete. Es fehlte die

Abb. 5: Vorosmanisches Nesebăr: Noch 11 von über 40 mittelalterlichen Kirchen sind erhalten – im Sommer ein beliebtes Ziel von Tagesausflüglern aus den Badeorten am Meer.

Kohäsion, die es ermöglicht hätte, neuen Gefahren entgegenzutreten. Damit verlor Bulgarien seine Stellung als südosteuropäische Großmacht, ein Erbe das – bis zur osmanischen Eroberung – der westliche Nachbar Serbien antrat.

Die kulturelle Blüte des 14. Jahrhunderts

Kulturell war das 14. Jahrhundert eine fruchtbare Zeit: Târnovo wurde zu einem „orthodoxen Rom" mit engen Beziehungen zur Welt der orthodoxen Klöster (dem Stoudios-Kloster in Konstantinopel, den Klöstern auf dem Berg Athos, dem Katherinenkloster im Sinai). Besonders Zar Ivan Aleksandâr (1331–1371) und der letzte Patriarch von Târnovo, Evtimij, waren Förderer dieser kulturellen Blüte. Es wurden viele Kirchen gebaut und mit Fresken (wie in der Bojanakirche bei Sofia) ausgemalt. Papier, über Varna importiert, ersetzte zunehmend das teure Pergament, und eine Vielzahl von Werken wurde übersetzt. Eine für die gesamte Orthodoxie wichtige Erneuerungsbewegung war der Hesychasmus, eine mystische Strömung, nach der Gottes Licht mit dem ganzen Körper erfaßbar werden sollte. Mönche richteten in einer an Joga erinnernden körperlichen Selbstdisziplin „die Augen auf das Herz" und rezitierten das „Jesus-Gebet", bei dem ein Satz immer wiederholt wurde (*hesychia* bedeutet auf griechisch „innere Ruhe"). Bulgarien war eines der Zentren des Hesychasmus, rund um Târnovo entstanden Höhlenklöster wie bei Ivanovo oder Madara. Einige der wichtigsten Theologen dieser Zeit, darunter Gregor von Sinai, ließen sich in Bulgariens Klöstern nieder. Aber auch Häresien verschwanden nicht: Bei einem Konzil 1360 wurde nochmals der Bogomilismus verurteilt, ebenso die „Adamiten", die in Erinnerung an Adam, den „ersten Menschen", keine Kleider trugen.

Aus dem Norden kam mit dem Auftauchen der Tataren (Mongolen) aus Asien eine neue Gefahr: Diese hatten den lockeren Kumanenstaat zwischen Wolga und Karpaten unterworfen und wurden zu Bulgariens direkten Nachbarn. 1240 eroberten die Tataren Kiev, 1241 fielen sie in Ungarn ein, Bulgarien mußte ihnen Tribut zahlen. Dazu kamen andere Feinde: Ungarische Truppen standen 1261 vor den Mauern

Tărnovos, die Byzantiner eroberten die Schwarzmeerküste zurück. Anarchie breitete sich aus, Tataren und Byzantiner kämpften auf bulgarischem Territorium, der Tatare Nogaj, Chan des Mongolenreiches „Goldene Horde", machte sich zum Herrscher über Vidin und Tărnovo. Ein bulgarische Zar, Teodor Svetoslav (1300–1321), der seine Jugend zuerst als Geisel in Byzanz und dann am Hof der Tataren verbracht hatte, dehnte im frühen 14. Jahrhundert seine Herrschaft bis zur Donaumündung aus und entwickelte ein gutes Verhältnis zur Goldenen Horde auf der Krim. Aber auch diese geriet nach 1342 in eine Krise. So war Bulgarien schlecht vorbereitet auf die nächste Gefahr, die türkischen Osmanen, deren kometenhafter Aufstieg das wichtigste Ereignis des Jahrhunderts war.

Bulgarien unter osmanischer Herrschaft

Der osmanische Staat war im seit den Seldschuken islamischen Kleinasien entstanden, wo der Gründer der Dynastie, Osman, 1258 geboren wurde. Gestützt auf turkmenische Reiter und religiöse Orden konsolidierten die Osmanen in Nordwestanatolien ihre Macht. 1346 zogen zum ersten Mal osmanische Soldaten auf den Balkan, auf Einladung des byzantinischen Kaisers, um diesem gegen einen Rivalen zu helfen, und mit der Besetzung der Festung Gallipoli 1354 begannen systematische Eroberungen in Südosteuropa. Sultan Murad I. erhielt eine Tochter des byzantinischen Kaisers zur Frau, der Sohn aus dieser osmanisch-byzantinischen Verbindung, Bajezid, war 1393 der Eroberer des bulgarischen Tărnovo. 1362 eroberte Murad Thrakien und Edirne, das zur neuen osmanischen Hauptstadt wurde, und besiegte in der Schlacht an der Marica eine serbisch-ungarische Armee. Der bulgarische Zar Šišman wurde sein Vasall, dessen Tochter in Murads Harem aufgenommen. In weniger als 20 Jahren nach der Eroberung von Gallipoli waren alle drei großen Balkanmächte (Bulgarien, Serbien und Byzanz) dem osmanischen Sultan tributpflichtig.

Die großen Sultane der Eroberungen		
Murad I.	1360–1389	Maricaschlacht, Eroberung von Südserbien und Makedonien, Tod auf dem Amselfeld
Bajezid I.	1389–1402	Eroberung von Thessalien, Bulgarien (Zerstörung von Târnovo), Sieg bei Nikopol
Murad II.	1421–1451	Eroberung von Thessaloniki, Sieg über die Kreuzritter bei Varna
Mehmed II.	1451–1481	Eroberung von Konstantinopel, Restserbien, Moldau, Bosnien, Albanien, Krim
Suleiman I.	1520–1566	Eroberung Ungarns und Südkroatiens, Belagerung von Wien

Dieser kometenhafte Aufstieg setzte sich fort: 1389 Sieg über den serbischen Fürsten Lazar auf dem Amselfeld, 1391 nahmen die Osmanen die Stadt Skopje ein, 1393 fiel die bulgarische Hauptstadt Tărnovo.

Bis zuletzt waren die christlichen Balkanherrscher zerstritten, beinahe jeder christliche Machthaber war bereit, wenn er sich Vorteile davon versprach, auf der Seite der Osmanen zu kämpfen. So standen in der Schlacht auf dem Amselfeld (Kosovo Polje) auf der Seite des Sultans auch ein bulgarischer Prinz und serbische Vasallen, während bulgarische Truppen bald bei inner-osmanischen Machtkämpfen in Anatolien involviert waren. Als Zar Šišman 1388 seine Gefolgschaft aufkündigte und besiegt wurde, mußte er auf Knien vor dem Sultan um dessen Segen bitten. Das nutzte ein anderer bulgarischer Fürst aus, um dem bulgarischen Zaren Varna zu entreißen – von christlicher Solidarität konnte selbst kurz vor der Eroberung Tărnovos keine Rede sein. Halbherzige Versuche der katholischen Christen, die Osmanen zurückzuschlagen, blieben stecken. Ein schlecht koordiniertes Kreuzritterheer unter Führung des ungarischen Königs erlitt 1396 bei Nikopol an der Donau eine vernichtende Niederlage. Als in der Mitte des 15. Jahrhunderts König Władysław von Ungarn und Polen erneut eine Invasion vorbereitete, wurde Sultan Murad II. von einem serbischen Vasallen gewarnt und die osmanische Armee von einer genuesischen Flotte nach Varna gebracht. Das christliche Heer erlag dort 1444 einem Überraschungsangriff, König Władysław wurde getötet, der berühmte Feldherr Hunyádi entkam nur knapp. So scheiterte der letzte Versuch, die Osmanen aus Bulgarien zu verdrängen.

Ein Grund für den dauerhaften Erfolg der Osmanen war auch die resignierte Akzeptanz durch die Mehrheit ihrer neuen Untertanen. Alle Balkanchristen und Juden konnten unter der Hoheit des Islam ihre Religion weiter ausüben und sich zu einem großen Teil selbst verwalten, dank des sogenannten *Millet*-Systems. Die orthodoxe Kirche mit dem Patriarchen in Istanbul an der Spitze regelte innerchristliche Angelegenheiten, die Christen zahlten eine Kopfsteuer und unterlagen symbolischen Einschränkungen, wurden aber nicht zum Heeresdienst herangezogen. Für die Bauern, den Großteil der Bevölkerung, änderte sich wenig, und die Steuerlast dürfte in der Zeit nach der Eroberung sogar gesunken sein. So wirkte das osmanische System als Bewahrer traditioneller Einstellungen: Dort wo die Osmanen mit Katholiken (wie Venedig) kämpften, standen die orthodoxen Christen meist auf der Seite der toleranteren Osmanen. Es war zwar eine „repressive Toleranz", aber um derentwillen flohen unter anderem viele sefardische Juden aus dem katholischen Westeuropa vor dem militanten Katholizismus in das Osmanische Reich, auch nach Bulgarien.

So war um 1400 eine neue Ordnung in Südosteuropa entstanden, die fast 500 Jahre dauern sollte: Bulgarien wurde zur „europäischen Türkei", der bulgarische Adel verschwand, die Städte nahmen ein islamisches Aussehen an. Landwirtschaftliche Methoden blieben mittelalterlich, und die Bauern blieben arm, doch bis zum Ende des 17. Jahrhunderts kann man kaum von der Rückständigkeit dieses Reiches sprechen, das von Eroberung zu Eroberung schritt und dessen Militärtechnologie zu den entwickeltsten Europas zählte.

Janitscharen und Devşirme

Es war den Osmanen gelungen, ein Problem zu lösen, an dem die anderen mittelalterlichen Balkanstaaten gescheitert waren: Sie verfügten für ihre Eroberungen über ein verläßliches Heer und eine loyale Verwaltung. Das Prinzip, das das osmanische Heer zur berüchtigtsten Streitmacht Europas machte, war einfach. Seit 1330 wurden Gefangene des Sultans zu professionellen Soldaten ausgebildet: „die neuen Streitkräfte" (*yeniçeri*), die Janitscharen. Sklavenhandel war in dieser Zeit eine der Haupteinnahmequellen der an der Schwarzmeerküste präsenten italienischen Handelsstädte wie Venedig und Genua. Da nach koranischem Recht Muslime nicht versklavt werden konnten, war die Nachfrage nach „Importen" in islamischen Ländern groß. Aber die Osmanen entwickelten das System weiter: Sultan Bajezid ließ die *Devşirme* einführen (von *devşirmek*, rekrutieren), christliche Knaben wurden in den eroberten Gebieten als Sultanssklaven ausgesucht, an den Sultanshof gebracht und streng islamisch erzogen. Zwischen 1 000 und 3 000 etwa 10jährige Buben wurden bei solchen „Knabenlesen", die vor allem in Bosnien, Bulgarien und Serbien stattfanden, zusammengebracht. Den Begabtesten standen Karrieren am Hof offen, sie wurden für den Palast- und Verwaltungsdienst ausgebildet. Die anderen wurden Soldaten, eine stehende Armee, die in der Mitte des 16. Jahrhunderts um die 14 000 Mann umfaßte. Viele Bulgaren sahen in der Devşirme eine der fürchterlichsten Strafen Gottes, waren doch die verschleppten Kinder durch die Bekehrung zum Unglauben auf alle Zeiten der Verdammnis unterworfen: Die Janitscharen bekamen den Ruf der fanatischsten und mutigsten Glaubenskrieger. (Es gibt aber auch Berichte von Muslimen, die versuchten ihre eigenen Kinder als Christen auszugeben, um ihnen eine Karriere als Janitscharen zu ermöglichen.) Diese waren das Rückgrat einer der besten Armeen ihrer Zeit und standen an der Spitze der Machtpyramide eines großen Reiches. Viele der mächtigsten Männer des frühen Osmanischen Reiches hatten somit eine slawische Muttersprache.

Am Höhepunkt osmanischer Macht unter Suleiman dem Prächtigen standen osmanische Schiffe im Kampf mit Portugiesen im Indischen Ozean, osmanische Truppen bei der Eroberung des „glücklichen Arabien" im Jemen und gleichzeitig bei der Belagerung von Wien. Im Staatsverständnis der Sultane waren diese legitime Nachfolger der byzantinischen Kaiser, und *Sultan-i-Rum* (Sultan von (Ost)Rom) war als einer ihrer Titel gebräuchlich. Sofia wurde zum Verwaltungszentrum der Provinz „Rumelien", und auch in Tărnovo ragten die Minarette der Moscheen in die Höhe.

Das „Türkische Joch"

In den Katastrophentheorien nationalistischer bulgarischer Historiker war die osmanische Eroberung mehr als nur eine politische Katastrophe: Sie stellte den Versuch dar, die bulgarische Nation als solche zu eliminieren und ist bis zum heutigen Tag schuld an der verlorengegangenen bulgarischen Größe. Typisch ist die Argumentation des stellvertretenden Direktors des Nationalmuseums, Božidar Dimitrov, der 1994 schrieb: „Laut Berechnungen bulgarischer Historiker zählte die Bevölkerung Bulgariens in den ersten Jahren der türkischen Fremdherrschaft (15. Jahrhundert) etwa 1 300 000 Menschen. Nur ein Jahrhundert später aber zählten die Bulgaren knapp 260 000, der demographische Bevölkerungszuwachs wurde durch Genozid, Turzisierung und Auswanderung liquidiert ... Die bulgarische Nation zählt heute etwa zehn Millionen Menschen und die ihr im 15. Jahrhundert bevölkerungsmäßig gleichen europäischen Nationen 60–80 Millionen Menschen."

Es ist interessant, dieses Geschichtsbild mit dem eines deutschen Balkanexperten zu vergleichen: „Die verfügbaren demographischen Daten signalisieren in der Tat noch für das 15. Jahrhundert einen kontinuierlichen Anstieg der städtischen Bevölkerung, an dem die christlichen Untertanen in gleicher Weise beteiligt waren wie die Muslime. Im Verlauf des 16. Jahrhunderts verdoppelte sich die Einwohnerzahl der osmanischen Balkanstädte." Hier stehen sich Mythos und Geschichtswissenschaft gegenüber.

Božidar Dimitrov, Bulgarien – Illustrierte Geschichte, Sofia, 1994.
Edgar Hösch, Geschichte der Balkanländer, C. H. Beck Verlag, München 1995.

Das Osmanische Reich und seine Bewohner waren abgeschnitten vom restlichen Europa. Erst die Verleihung von Handelsprivilegien, den sogenannten „Kapitulationen", seit dem 16. Jahrhundert ermöglichte Westeuropa den Kontakt mit der osmanischen Welt. In Friedenszeiten waren Quarantänebestimmungen ein Hindernis für Kontakt: So schrieb ein Reisender noch am Beginn des 19. Jahrhunderts über die osmanisch-österreichische Grenze an der Save: „Die Pest und die Furcht vor der Pest teilen die Leute. Alles Kommen und Gehen ist durch den Terror der gelben Flagge verboten. ... Das Überschreiten der Grenzen war das Eintauchen in einer komplett neuen Welt." Die Entfremdung der westlichen und östlichen Kirchen setzte sich in der Zeit der osmanischen Herrschaft fort. Die Bulgaren waren davon unter allen Balkanchristen am meisten betroffen, gab es doch keine bedeutende bulgarische Exilkultur außerhalb des Osmanischen Reiches.

Ab dem Ende des 17. Jahrhunderts geriet das Osmanische Reich in eine Krise, die sich sowohl in militärischen Niederlagen als auch im Zusammenbrechen der traditionellen osmanischen Institutionen zeigte. Mit der Offensive des Habsburgerreiches kehrten Kriege nach Südosteuropa zurück, der Balkan wurde zum Schlachtfeld zwischen der Hohen Pforte und ihren Rivalen Österreich und Rußland. Tatsächlich fiel das Reich nun auch wirtschaftlich (wie der Rest der außereuropäischen Welt) hinter dem atlantischen Europa zurück: Die Janitscharen wurden zunehmend korrupter, die Steuermoral brach zusammen, und lokale Machthaber konnten straflos ihre Gebiete ausbeuten. Für die Bauern Bulgariens bedeutete dies Unsicherheit und wachsende Abgaben, viele verließen die Ebenen und zogen sich in die Berge zurück.

Wendepunkte waren der Vertrag von Karlowitz 1699 mit Österreich und der Vertrag von Kücük Kaynarja 1774 mit Rußland: Danach wurden von diesen Mächten die ersten Überlegungen über die Aufteilung des osmanischen Erbes angestellt. Das Zarenreich wurde zu einem politischen und kulturellen Magneten für die Balkanvölker, und der Aufstieg der atlantischen Seemächte sollte auch England dank seiner Flotte zu einer dominierenden Macht in Südosteuropa machen. Die napoleonischen Kriege brachten schließlich die Ideen der Aufklärung sowie das Bewußtsein der Überlegenheit moderner europäischer Kriegsführung in das abgeschirmte Reich der Sultane. Dies verursachte eine tiefe Identitätskrise, in der die christlichen Eliten – von den Ideen der Romantik beflügelt –

Abb. 6: Der Hadži-Nikoli-Han in Veliko Tărnovo, 1858 nach dem Vorbild der großen Istanbuler Herbergen von Nikola Fičev erbaut.

von mittelalterlichen Reichen und einer neuen Unabhängigkeit träumten, während die Osmanen die alten Tabus in Frage zu stellen begannen. Das osmanische Gleichgewicht, das Erbe der großen Sultane des 15. und 16. Jahrhunderts, stand vor dem Zusammenbruch. Am Beginn des 19. Jahrhunderts bauten lokale muslimische Führer (Agas) überall in Südosteuropa autonome Herrschaftsbereiche auf. So beherrschte Pazvandoğlu von seiner Festung Vidin aus die gesamte bulgarische Donauebene. Mit der zunehmenden Zahl demobilisierter Soldaten nahmen auch die Banditen zu, und Anarchie breitete sich in weiten Landstrichen aus.

Die bulgarische Wiedergeburt

> „Oh, Uneinsichtiger und Schwachsinniger, weshalb schämst Du Dich, Dich Bulgare zu nennen, und liest nicht in Deiner Sprache und sprichst sie nicht? Oder hatten die Bulgaren kein Reich? So viele Jahre herrschten sie und waren ruhmreich und gerühmt auf der ganzen Erde."
>
> Paisij Hilendarski (1722–1773), geistiger Vater der bulgarischen Geschichtsschreibung

Unter dem wachsenden Druck der Großmächte und mit der Gefahr einer Zersplitterung konfrontiert, konnte auch das Osmanische Reich nicht stillstehen, und in der Mitte des 19. Jahrhunderts wurde Bulgarien ein Zentrum der osmanischen Reformversuche. Diese begannen mit den „*Gülhane*-Dekreten" von 1839 und dem Versprechen rechtlicher Gleichstellung von Muslimen, Christen und Juden. Für die nächsten drei Jahrzehnte sollte das Imperium mit Reformen ringen, mit dem „großen Spiel der Verbesserungen" in den Worten des englischen Botschafters Stratford Canning. Die *Hatt-i-Hümayun* von 1856, die die volle rechtliche Gleichstellung von Muslimen und Nichtmuslimen erneut vorsah (diese durften nun auch Waffen tragen) wurde gefolgt von einem neuen Handels- und Zivilrecht. Es gab Inspektionsfahrten in die Provinzen: So reiste der aus Loveč in Bulgarien stammende Cevdet Paša 1875 durch „Rumelien", um die politischen Zustände zu beurteilen. Er sah in der nationalen Agitation das Werk einer kleinen Gruppe von „Unruhestiftern", in Rußland ausgebildeter Priester und Lehrer. Aber auch er kritisierte die muslimischen Begs in Niš und Vidin, die ihre slawischen Bauern unterdrückten. Die *Tanzimat*-Reformen hatten sozusagen eine ähnliche Bedeutung (und ein ähnliches Schicksal) wie die russische „Perestroika". Viele der geplanten Reformen sahen auf dem Papier besser aus als in der Realität, und sie verfehlten ihr Ziel, die Loyalität der osmanischen Christen zu gewinnen und den internationalen Rückzug der Großmacht aufzuhalten.

Ahmed Midhat Paša (1822–1884)

Bulgarien war unter dem Reformer und späteren Großwesir Ahmed Midhat Paša (von pomakischem, das heißt bulgarisch-islamischem Ursprung) in den sechziger Jahren ein Zentrum der *Tanzimat*. Midhat Paša versuchte von Ruse aus die 1864 eingerichtete „Donauprovinz" (Donau-Vilayet) zu einem Reformmodell zu machen. Es wurden Agrarbanken eingerichtet, eine Provinzzeitung etabliert und die erste bulgarische Eisenbahnlinie mit englischem Kapital von Ruse nach Varna gebaut. Um die Korruption einzudämmen, legte Midhat Paša fest, daß die bulgarischen Verwalter in ihren Gemeinden jährlich gewählt werden sollten und ein fixes Einkommen für das Einsammeln von Steuergeldern erhalten müßten. Viele Bauten des berühmtesten Architekten der bulgarischen Renaissance (Kol'o Fičeto alias Nikola Fičev) wurden von der osmanischen Verwaltung in Auftrag gegeben. Kurz nach seinem 50. Geburtstag wurde Midhat Paša 1872 Großwesir, doch aufgrund seiner radikalen Ideen (so spielte er mit dem Gedanken einer föderalen Struktur für das Reich) wurde er nach drei Monaten wieder entlassen. 1876 war er Vorsitzender der Kommission, die die erste osmanische Verfassung schrieb, dann wurde er im Dezember nach dem bulgarischen Aufstand erneut zum Großwesir gemacht, einige Wochen später vom Sultan aber wieder ins Exil geschickt.

Die *Tanzimat*-Reformbewegung scheiterte, nicht nur aufgrund der „Unruhestifter", die sich weder von osmanischen Repressionen noch von den Reformen beeindrucken ließen, sondern auch wegen der sich zuspitzenden russisch-osmanischen Rivalität. Aber die Reformen waren der Hintergrund für die kulturelle Erneuerungsbewegung der „bulgarischen Wiedergeburt", eine Besinnung bulgarischer Städter auf ihre mittelalterliche Geschichte als Grundlage einer eigenständigen Identität.

Der Aufbau eines regulären osmanischen Heeres als Nachfolger der 1826 zerschlagenen Janitscharen hatte für Bulgariens Wirtschaft wichtige Folgen: Die notwendige Versorgung mit Uniformen stimulierte die Textilproduktion in vielen bulgarischen Städten. Dies erlaubte es den bulgarischen Zünften, eigene bulgarische Schulen zu bezahlen, die erste bulgarische Laienschule wurde 1835 im „Manchester Bulgariens", im Textilzentrum Gabrovo im Balkangebirge, eingerichtet. Auch halfen die Zünfte dabei, im ganzen Land „Leseräume“ einzurichten. Der erste dieser Leseräume wurde 1856 in der Handelsstadt Svistov an der Donau eröffnet, 1878 gab es bereits 131 „Leseräume“ als Zentren bulgarischer Kultur im ganzen Land. Große Mühen wurden unternommen, den Analphabetismus zu beseitigen, die ersten bulgarischen Bücher erschienen in Bukarest, Istanbul oder Belgrad. Auf Schulen in Istanbul und in Rußland traten junge Bulgaren in Kontakt mit neuen Ideen, vom Nationalismus über den Liberalismus bis zum Radikalismus russischer Sozialrevolutionäre. Bis 1878 waren über 500 Bulgaren mit Stipendien in Rußland gewesen, unter ihnen die Begründer des bulgarischen Sozialismus, Blagoev und Sakuzov, die sich im Priesterseminar in Odessa trafen.

Der Kampf um die bulgarische Kirche

Das kulturelle Erwachen – noch heute sichtbar in der selbstbewußten Architektur der Zeit – führte zu Forderungen nach bulgarischsprechenden Priestern, nach einer Kirchenverwaltung unabhängig vom griechischen Patriarchat und schließlich bei einer kleinen, aber wachsenden Gruppe zu Hoffnungen auf politische Autonomie. Bulgarische Exilgemeinden in Bukarest, Odessa und Istanbul spielten dabei eine führende Rolle, vor allem die 30 000 bis 40 000 Bulgaren in Istanbul. 1849 erlaubte der Sultan in einem Ferman die Eröffnung einer „bulgarischen" Kirche in Istanbul, die erste Anerkennung der bulgarischen Nationalität, gegen den erbitterten Widerstand des griechischen Patriarchen. Kirchenversammlungen legten in der Folge eine beinahe republikanische Verfassung für die bulgarische Kirche fest: Priester wurden gewählt, ein Rat aus Bischöfen und je zwei Delegierten jeder Diözese machte drei Vorschläge für den Exarchen (das Oberhaupt), unter denen der Sultan auswählen würde. 1870 kam es zur osmanischen Anerkennung des Exarchats; der griechische Patriarch erklärte die bulgarische Kirche für „schismatisch". Der nun anbrechende Streit über die Diözesen, die in Makedonien vom griechischen Patriarchat abfallen und unter den bulgarischen Exarchen gestellt werden sollten, stellte an Bitterkeit bald alle bisherigen Rivalitäten in den Schatten. Im Rahmen der Orthodoxie begann der nationale Kampf der Balkanchristen, der in Makedonien einen blutigen Höhepunkt erreichen sollte, noch vor dem Ende der osmanischen Herrschaft.

Die wenigsten der wohlhabenderen Bulgaren, die die kulturelle „Wiedergeburt" unterstützten, vertrauten auf revolutionäre Strategien: Sie waren in das osmanische System eingebunden und hofften (wie in der Frage des Exarchats) auf Fortschritte durch Verhandlungen. Tatsächlich hatten Versuche, durch Gewalt etwas zu erreichen, kaum Erfolge gezeigt. 1841 war die erste bewaffnete Gruppe von Brăila in Rumänien über die Donau gekommen, um einen Aufstand zu organisieren. Weitere Gruppen folgten, die sich zumeist in Belgrad oder Bukarest organisierten. Der spätere Nationalheld Vasil Levski (1837–1873), der auf eine in Bulgarien ausbrechende Revolte hoffte, reiste von Kloster zu Kloster durch das Land, um diese vorzubereiten, wurde jedoch verhaftet und in Sofia gehängt. Auch die „Stara Zagora-Revolte" von 1875 scheiterte, während der größte und bekannteste Aufstand 1876 niedergeschlagen wurde. Grausamkeit auf allen Seiten kennzeichnete diese Kämpfe, aber politische Resultate brachten sie kaum.

Erst die westliche Berichterstattung über die Massaker an der bulgarischen Zivilbevölkerung in den Rhodopen, in Koprivštica und Panagjurište 1876 erreichte die Mobilisierung der europäischen (vor allem englischen und russischen) Öffentlichkeit zugunsten der bulgarischen Christen. Vom Pamphlet des englischen Oppositionsführers Gladstone mit dem Titel „Die bulgarischen Schrecken und die Frage des Ostens" wurden in England in einer Woche 40000 Exemplare verkauft. Dies war wichtig, war doch klar geworden, daß ohne den Willen der Großmächte der Status quo in Bulgarien nicht verändert werden konnte. Noch wichtiger als die moralische Indignation in England war die wachsende Bereitschaft in Rußland, für Bulgarien in den Krieg zu ziehen.

Unter dem Druck der Panslawisten – also jener Kräfte, die eine kulturelle und politische Einigung aller Slawen unter russischer Führung propagierten – und der Ereignisse von 1876 drängte eine wachsende Koalition russischer Politiker (darunter der Thronfolger) auf einen Befreiungskrieg. Zunächst wurde eine Konferenz zur Bereinigung der Mißstände in „Rumelien" in Istanbul angesetzt, wo man sich unter Federführung des panslawistischen russischen Botschafters Nikolaj Ignat'ev traf. Die Konferenz scheiterte, und 1877 erklärte Zar Aleksandr II. den Osmanen den Krieg, „für die Orthodoxie und das Slawentum". Dieser vierte russisch-osmanische Krieg des Jahrhunderts dauerte mehr als 10 Monate und brachte dem Zarenreich mit an die 200000 Toten ungeheure Verluste, doch im Januar 1878 standen die Truppen des Zaren in Edirne und kurz darauf vor den Toren von Istanbul. Zur Bestürzung der Serben und Griechen setzte sich Rußland nun für ein großes Bulgarien ein, daß zur stärksten Macht auf der Halbinsel werden sollte. Die Grenzen dieses großen Bulgarien wurden im sogenannten Vorfrieden von San Stefano (einem Vorort von Istanbul) von der besiegten osmanischen Führung akzeptiert.

Die russisch-englische Rivalität auf dem Balkan

Rußland war im 19. Jahrhundert zum wichtigsten Machtfaktor in Südosteuropa geworden, doch für die Bulgaren interessierte es sich anfangs kaum. 1826 hatten sich England und Rußland darauf geeinigt, einen autonomen griechischen Staat zu schaffen, und in der Konvention von Akkerman im gleichen Jahr hatte das Zarenreich entscheidenden Einfluß auf die rumänischen Donaufürstentümer gewonnen. 1829 marschierte eine russische Armee durch Bulgarien, nahm Edirne ein und setzte dabei die Autonomie für Serbien durch. 1833 erschienen zum einzigen Mal in der Geschichte 30000 russische Soldaten auf Einladung des Sultans (der in einen inneren Machtkampf verstrickt war). Gleichzeitig wuchs die Sorge der anderen Mächte vor einer russischen Übermacht. Der Wille zur Bewahrung des Gleichgewichts im Schwarzen Meer hatte 1854 zum Krimkrieg geführt, bei dem England und Frankreich auf der Seite der Osmanen gegen Rußland gekämpft hatten. Das wichtigste russische Ziel, die Beherrschung des Bosporus und des Zugangs zum Mittelmeer, traf auf entschlossenen englischen Widerstand: Dies war ein Teil des „great game" (in den Worten des englischen Dichters Kipling), der bitteren, von Stellvertretern ausgetragenen russisch-englischen Rivalität zwischen Mittelmeer und China, bei der es um die See- und Landwege nach Indien ging. Die englische Einstellung zu einem unabhängigen Bulgarien hing damit von der Einschätzung des russischen Einflusses in diesem Bulgarien ab.

Abb. 7: Das selbstbewußte Bulgarien des 19. Jahrhunderts ist das romantische Bulgarien heutiger Besucher. Hier ein typisches Kaufmannshaus, mit dem Wohngeschoß im oberen Stock.

Der Vormarsch Rußlands war von den anderen Großmächten mit Sorge beobachtet worden. England hatte seine Flotte in das Marmarameer entsandt, um eine russische Besetzung Istanbuls zu verhindern. Auf dem Berliner Kongreß im Sommer 1878 wurde Bulgarien auf Druck Englands und Österreich-Ungarns (aber ohne Beteiligung bulgarischer Vertreter) wieder geteilt: So entstanden ein autonomes Fürstentum nördlich des Balkangebirges, eine halbautonome Provinz Rumelien mit einem christlichen Gouverneur und ein weiterhin osmanisches Makedonien. Im autonomen Fürstentum Bulgarien sollte Rußland neun Monate seine Armee stationieren dürfen. Der russische Kriegsminister, dessen Offiziere sich an den Aufbau der bulgarischen Armee machten, wollte aus Bulgarien einen Modellstaat für den Balkan machen: So erhielt das Land 1879 eine sehr liberale Verfassung, eine der fortschrittlichsten im damaligen Europa, die von einer Versammlung in Tărnovo akzeptiert wurde. Ein hessischer Adeliger, Alexander von Battenberg, der mit dem Zaren verwandt war, wurde als Fürst eingesetzt. Für das halbautonome Rumelien wurde ein Statut angenommen, daß alle Mängel internationaler Einmischung zeigte: Jede der Großmächte war für einen der Teile der Gesetze verantwortlich. So schrieb Italien die Finanzgesetze und Frankreich die Verwaltungsgesetze, Österreich etablierte das allgemeine Rechtssystem und die Russen die Miliz. Mit seinen 495 Artikeln war dieses Statut eine unmögliche Grundlage für eine vernünftige Verwaltung. Der erste christliche Gouverneur hatte einen deutschen Finanzdirektor, einen englischen Gendarmeriechef und einen französischen Milizchef an seiner Seite. 1885 kam es in Rumelien zu einem Aufstand, und schließlich wurde die Union zwischen Rumelien und Bulgarien erklärt. Der Versuch eines europäischen Protektorats in Südosteuropa war fehlgeschlagen.

Rußland fühlte sich von der spontanen Einigung vor den Kopf gestoßen und zog seine Offiziere von der jungen bulgarischen Armee ab. Daraufhin marschierte Serbien in Bulgarien ein, konnte aber überraschend von der bulgarischen Armee besiegt werden. Schließlich wurde der bulgarische Fürst von den Großmächten für fünf Jahre als Gouverneur von Rumelien akzeptiert, mit dem augenzwinkernden Einverständnis, daß diese Union permanent sein würde. Rußland erzwang im Gegenzug 1886 den Rücktritt von Fürst Alexander von Battenberg und schickte zwei Kriegsschiffe nach Varna. Ein neuer Fürst aus der Familie Sachsen-Coburg wurde gefunden, aber die bulgarisch-russischen Beziehungen waren wenige Jahre nach der Befreiung auf dem Gefrierpunkt angelangt.

Bittere Unabhängigkeit

Rechtlich blieb Bulgarien bis 1908 unter der Oberhoheit des Sultans, doch politisch begann das Land von 1878 an seinen eigenen Weg zu suchen. Als Folge des Berliner Kongresses war auf dem Balkan eine halbkoloniale Kleinstaatenwelt entstanden, deren politische Eliten den Bevölkerungen die Erfüllung irredentistischer Träume und wirtschaftliche Entwicklung versprachen: Diese Träume wurden im Falle Bulgariens bitter enttäuscht. In der kommunistischen Geschichtsschreibung setzte zwar mit der „Befreiung von der osmanischen Fremdherrschaft die Periode des entwickelten Kapitalismus im Lande“ ein, tatsächlich aber konnte davon keine Rede sein. Wirtschafts- und sozialpolitisch sahen die ersten Jahrzehnte der Unabhängigkeit den Druck einer wachsenden Bevölkerung auf nicht genügend wachsende Ressourcen. Eine „automatische“ Entwicklung des Landes hin zu modernen Produktionsmethoden gab es nicht. Zwischen 1880 und den Balkankriegen 1912/13 stieg die Bevölkerung von 2,8 Millionen auf 4,4 Millionen, doch das Land blieb eine Nation armer Kleinbauern. Der Anteil der Stadtbevölkerung in Städten über 2000 Einwohner sank in dieser Zeit. 4/5 der Gesamtbevölkerung waren kleinbäuerliche Besitzer, die politisch wenig Einfluß hatten. 1895 beklagte ein Bericht der bulgarischen Wirtschaftsgesellschaft eine niedergehende Landwirtschaft und eine stagnierende Industrie. Relativ erfolglos blieb auch die Suche nach institutionellen Regeln für die Austragung politischer Konflikte.

Die liberale Verfassung von 1879 wurde bereits vier Jahre später wieder aufgehoben, politischer Terrorismus etablierte sich, kleine Eliten nützten den Aufbau des Staatsapparates zur Sicherung ihrer Macht. Sie fanden sich in inhaltlich wenig differenzierten, fast ausschließlich auf Personen zugeschnittenen Parteien wieder, die sich durch ihre Beziehung zum Fürsten (nach 1908 König) und zu den Großmächten unterschieden. Auf die Quasi-Diktatur von Stefan Stambolov (1886 bis 1894) folgte eine de-facto-Diktatur unter Prinz Ferdinand. Diese dauerte bis zum Ende des Weltkrieges und war gekennzeichnet durch ausufernde Korruption.

Doch der größte Fluch, der auf dem unabhängigen Bulgarien lag, war verbunden mit dem Traum, „San Stefano-Bulgarien" wiederherzustellen. Nach der Vereinigung von Bulgarien und Rumelien 1885 galt die ganze Aufmerksamkeit der Elite dem Problem Makedonien, wo nicht nur die osmanische Armee, sondern auch christliche Konkurrenten die bulgarischen Hoffnungen vereiteln wollten. Griechenland und Serbien schickten ihrerseits Lehrer, Priester und Terroristen in das Vielvölkergebiet, um die Grenzen einer zukünftigen Ausdehnung festzulegen. Das Ende der osmanischen Herrschaft brachte so eine neue Runde von Kriegen, neues Wettrüsten und neue Feindschaften. Im ersten Balkankrieg 1912 waren Bulgarien, Griechenland und Serbien verbündet, doch während bulgarische Truppen Edirne eroberten, besetzten Griechen und Serben Makedonien. Nachdem keine Einigung über neue Grenzen in Makedonien erzielt werden konnte, erklärte Bulgarien 1913 den ehemaligen Verbündeten den Krieg. Dieser zweite Balkankrieg wurde zur nationalen Katastrophe: Nun kämpften auch Rumänien und das Osmanische Reich gegen Bulgarien. In Makedonien kam es zu Szenen, die denen im Bosnien der jüngsten Vergangenheit gleichen: Griechische Soldaten schrieben in ihren Briefen von ihrem Auftrag, „die Dörfer niederzubrennen und die Jungen zu massakrieren", um Spuren bulgarischer Besiedlung zu verwischen, die Serben schlossen 641 bulgarische Schulen und 761 bulgarische Kirchen in ihrem Teil Makedoniens, rund um Sofia bildeten sich Zeltstädte aus Flüchtlingen.

Makedonische Statistiken

Der Kampf um Makedonien wurde vor den Balkankriegen von nationalen Statistikern geführt und wird von Historikern und Akademien bis heute fortgesetzt. Man vergleiche dazu folgende „Untersuchungen" der Bevölkerung des osmanischen Makedonien (die griechischen Statistiken berücksichtigen als einzige nicht die osmanische Provinz Kosovo):

	Bulgarische Statistik, 1900	Griechische Statistik, 1904	Serbische Statistik, 1889
Türken	499 200	634 000	231 000
Bulgaren	1 181 000	332 000	57 600
Griechen	228 700	652 700	201 100
Serben	700	–	2 048 000
Walachen	80 700	25 100	69 600
Albaner	128 700	–	165 000
Juden	67 800	53 100	64 600
Roma	54 500	8 900	28 700
Diverse	16 500	18 600	3 500
Insgesamt	2 258 000	1 724 000	2 870 000

Quelle: Georges Castellan, „Histoire des Balkans", Fayard, 1991

Mit dem Ausbruch des Ersten Weltkrieges warben die Großmächte erneut um Bulgarien als Verbündeten. „Der Schlüssel zum Balkan ist Bulgarien", schrieb der amerikanische Kriegsberichterstatter John Reed 1915 beim Überqueren „der gelben Donau". Einige Tage, nachdem Reed Sofia erreichte, mobilisierte Bulgarien zum drittenmal in vier Jahren seine 900000 Mann starke Armee. Diesmal wollte es auf der Seite der Mittelmächte für das Ziel eines „Großbulgarien" kämpfen, doch 1918 zählte das Land erneut zu den Verlierern und mußte vor allem an Griechenland hohe Reparationen zahlen. Der menschliche Preis für die drei Balkankriege war enorm: 160000 Toten und 400000 Verletzten standen einer Gesamtbevölkerung von nur fünf Millionen gegenüber! Damit hatte Bulgarien zusammen mit Serbien die pro Kopf höchsten Verluste in ganz Europa.

Aleksandâr Stamboliski und die erfolgreichste Bauernpartei Europas

Die Bauerunion war als Reaktion auf die blutige Unterdrückung von bäuerlichen Protestkundgebungen 1899 gegründet worden und konstituierte sich bald als politische Partei. Hintergrund war die politische Gleichgültigkeit, mit der Probleme der Bauern in Sofia behandelt wurden. In den Wahlen von 1908 gewann die Bauerunion, geführt vom charismatischen Aleksandâr Stamboliski 100000 Wählerstimmen. Stamboliskis Vision war ein landwirtschaftlicher Modellstaat, mit Dörfern „frei von schmutzigen, verwinkelten Straßen und menschlichen Blutsaugern. Sie wären ausgestattet mit gesundem, trinkbarem Wasser, bewaldeten Parkanlagen, Telegraphen und Telephonen und elektrischen Lichtern. Sie hätten auch sehr entwickelte kooperative Organisationen und ein ausgebautes Bahnnetz." Parteien würden überflüssig, Bauern von Wucherern, Rechtsanwälten und Intellektuellen befreit. Eine friedliche Außenpolitik würde den teuren Staat überflüssig machen.

Stamboliski war ein konsequenter Kriegsgegner, und die Bauernunion wurde nach dem verlorenen Ersten Weltkrieg zur dominierenden politischen Kraft des Landes. Sie setzte eine Agrarreform durch, die die egalitäre soziale Struktur Bulgariens noch verstärkte: Damit waren 1926 80% der Bauern Bulgariens Eigentümer, nur 3 % landlose Arbeiter. Eigentum, so Stamboliski, sei nur bei gleichmäßiger Verteilung gerecht. Die landwirtschaftlichen Kooperativen erhielten günstige Kredite, die sie selbst verteilen konnten, und ein Arbeitsdienst für Städter wurde 1920 eingeführt, bei dem diese in Zelten auf dem Land leben und bei öffentlichen Projekten mitarbeiten mußten. Stamboliskis Mißtrauen gegen den „Fremdkörper" Stadt bleibt bis heute ein Kennzeichen bulgarischer Politik. Bei den Wahlen von 1923 erreichte die Bauernunion 53,9 %, doch kurz darauf wurde Stamboliski, der sich für eine Verständigung mit Jugoslawien eingesetzt hatte, bei einem Putsch von radikalen Makedonen ermordet. Seine Partei wurde danach von konservativer Seite unterdrückt.

Die Hoffnungen der politisch bewußten Bulgaren waren auf die nationale Einheit als Lösung aller Probleme fixiert gewesen. Bereits vor den Balkankriegen begann aber unter Intellektuellen, die nicht Aufnahme in den höheren Staatsdienst fanden, die Suche nach alternativen Visionen. Es waren vor allem Lehrer, die sich für sozialromantische Ideen offen zeigten, für die Ideen des Sozialismus wie für jene der Bauernunion.

Das Aufgreifen des Marxismus war ein anderer Versuch, auf das Dilemma der langsamen Modernisierung zu reagieren. Der junge Dimităr Blagoev wurde von seinem Dorflehrer 1868 mit revolutionären, aus Rußland stammenden Ideen vertraut gemacht. Er ging in Istanbul in die Schule, studierte in Odessa in einem Priesterseminar und gründete als Student in St. Petersburg im Winter 1883/84 die erste marxistische Gruppe auf russischem Boden. Ausgewiesen kehrte er nach Bulgarien zurück, wo er 1891 die Bulgarische Revolutionäre Sozialdemokratische Partei gründete. Jene, die zur Sozialdemokratie Westeuropas blickten, spalteten sich ab. Blagoev war für die Reinheit der Lehre: Privateigentum „von der größten Maschine bis zur Nadel des Schneiders, vom Großgrundbesitz bis zum letzten Flecken Land“ müsse bekämpft werden. Auch er war ein Kriegsgegner, und bei den Nachkriegswahlen 1919 erreichte die umbenannte Kommunistische Partei Bulgariens (KPB) 18 % der Stimmen. Damit hatte Bulgarien, das Land mit der geringsten Industrialisierung in Südosteuropa, eine der stärksten sozialistischen Bewegungen: Die KPB gewann absolute Mehrheiten in Plovdiv, Varna, Šumen und Burgas.

Die KPB im Exil

Für die KPB trugen sich nach 1924 die wichtigsten Entwicklungen nicht mehr in Bulgarien, sondern in Moskau zu: Es begann die Verschmelzung der Strukturen der KPB mit der KPdSU. Dies war auch die Zeit des Aufstiegs von Georgi Dimitrov. Seine Apotheose zu einem „Heiligen" der kommunistischen Bewegung vollzog sich nach seinem Arrest im März 1933 in Berlin, als Folge des Reichstagsbrandes. In der Gerichtsverhandlung in Leipzig verteidigte er sich selbst, machte Göring lächerlich und wurde nach seinem Freispruch zu einer internationalen Berühmtheit, zum „Helden von Leipzig". Als Generalsekretär der Kommunistischen Internationale übernahm er in der KPB die Führung und säuberte mit stalinistischen Methoden die Exilpartei von seinen Gegnern.

Beim Putsch konservativer Kräfte, der 1923 zur Ermordung Stamboliskis führte, blieb die KPB unbeteiligt, erst danach folgten im September 1923 ein Aufstand und dann der Versuch, durch Terrorismus an die Macht zu kommen. Der berühmteste Bombenanschlag in der Sveta Nedelja-Kirche in Sofia forderte 128 Menschenleben. Dies führte zur Zerschlagung der Partei.

1934 etablierte ein Coup ein autoritäres Regime, eine königlich-militärische Diktatur unter König Boris III. Sie stand unter dem intellektuellen Einfluß von *Zveno,* einer elitären Vereinigung von Militärs und Bürgern der Hauptstadt, die sich die Modernisierung Bulgariens mit autoritären Mitteln zum Ziel gesetzt hatte: Für eine wirtschaftliche Entwicklung müßten die Verfassung abgeschafft und politische Parteien unterdrückt werden. Immer mehr Macht gelangte in die Hände des Königs.

Bulgarien erklärte zu Beginn des Zweiten Weltkrieges seine Neutralität, unterzeichnete jedoch auf wirtschaftlichen und politischen Druck hin einen Bündnisvertrag mit Deutschland. 1940 wurde von König Boris III. ein deutschfreundlicher Premier, Bogdan Filov, ernannt, Bulgarien stellte sich im Krieg auf die Seite Deutschlands. Wieder einmal gab Makedonien den Ausschlag, das von Bulgarien während des Krieges ebenso wie Ostthrakien und ein kleiner Teil Serbiens besetzt werden konnte. Die Regierung unterließ es jedoch angesichts der slawophilen Gefühle der Bevölkerung, der Sowjetunion den Krieg zu erklären, und als einziges europäisches Mitglied der Achsenmächte stellte Bulgarien keine Truppen für die Ostfront.

Nach dem Angriff Deutschlands auf die Sowjetunion im Juni 1941 setzte sich die bulgarische KP auf Anordnung Moskaus das Ziel, die „monarchistisch-faschistische“ Regierung von König Boris III. zu stürzen. Der beginnende Partisanenkampf hatte anfangs kaum Erfolg, da der Krieg die meisten Bulgaren bis 1944 nicht berührte. Im März 1942 wurden die KP-Führer in Sofia verhaftet und viele hingerichtet. Erst im Sommer 1944, mit dem sich abzeichnenden Sieg der Alliierten, vermehrten sich die Partisanengruppen: Einer Schätzung nach gab es während des gesamten Krieges um die 10000 Partisanen mit 20000 Helfern.

Die Rettung der bulgarischen Juden

Vor dem Ersten Weltkrieg lebten in Bulgarien 63 403 Juden, 1 % der bulgarischen Gesamtbevölkerung. Etwa 90 % von ihnen waren Sephardim, viele von ihnen sprachen auch noch Judeospanisch (Ladino), und standen in Verbindung mit den großen jüdischen Gemeinden in Sarajevo und Salonika. Mit der Ernennung des prodeutschen Premierministers Filov wurden auf Druck Berlins auch in Bulgarien die Rechte der Juden reduziert. Das „Gesetz zum Schutz der Nation" traf 1940 jedoch auf breite Ablehnung: Jüdische Vertreter in Sofia protestierten, 21 bekannte Schriftsteller schickten einen Protestbrief an Filov mit den Worten: „Im Namen der Zivilisation und im Interesse des guten Namens Bulgariens appellieren wir an Sie, das Gesetz nicht zu akzeptieren." Die oberste Synode und zahlreiche einzelne Bischöfe stellten sich ebenso hinter die Proteste wie viele Verbände. Das Gesetz wurde zwar dennoch angenommen, aber 1943 schrieb der Vertreter des Reichssicherheitshauptamts in Sofia an seine Vorgesetzten, daß in Bulgarien „weder die ideologischen noch die rassischen Voraussetzungen" existierten, um eine breite Unterstützung für Deportationen zu erlangen. So wurden zwar 1943 über 11 000 Juden aus den bulgarisch besetzten Gebieten Makedoniens und vor allem Ostserbiens (Pirotgebiet) nach Treblinka deportiert, doch selbst der stärkste deutsche Druck vermochte dies im Kerland Bulgariens nicht durchzusetzen. Als der Plan gefaßt wurde, die Juden Kjustendils zu deportieren, um die von den Deutschen geforderte Zahl von 20 000 Deportierten zu erreichen, drohte eine bulgarische Delegation dem Innenminister mit „persönlichen Konsequenzen": die Deportation wurde aufgeschoben. Mittels eines Erlasses wurden im Mai 1943 die 19 000 Juden Sofias in die bulgarische Provinz vertrieben und dadurch vor der Deporation in deutsche Vernichtungslager bewahrt. Im Herbst 1943 gab es das Reich schließlich auf, in der Judenfrage Druck auf Bulgarien auszuüben. So wurden, einzigartig in Europa für einen Verbündeten der Achse, 50 000 bulgarische Juden gerettet. 1948–49 wanderten 45 000 von ihnen nach Israel aus.

„Enzyklopädie des Holocaust – Die Verfolgung und Ermordung der europäischen Juden", Band I, „Bulgarien", Serie Piper.

„Dimension des Völkermordes. Die Zahl der jüdischen Opfer des Nationalsozialismus", Hsg. W. Benz, „Bulgarien" von H. J. Hoppe, S. 275–310, München, 1991.

Der Historiker Joseph Rothschild argumentierte, daß die KPB nach dem Zweiten Weltkrieg schwächer war als nach dem Ersten, aber die geopolitische Situation hatte sich stark zu ihren Gunsten verändert: Im Herbst 1944 überquerten sowjetische Truppen die Donau.

III. Im Schatten des Kommunismus: Bulgarische Politik von 1945 bis heute

Betrachtet man die kommunistischen Jahrzehnte, so fällt auf, wie wenig organisierten und individuellen Widerstand es gegen die Führung der KPB gab. Eine parallele Gesellschaft wie in Polen, parteiinterne Reformbewegungen wie in Ungarn oder herausragende Dissidentengruppen wie die Menschenrechtsbewegung in der Sowjetunion oder die „Charta 77" in der Tschechoslowakei fehlten. Die KPB erlebte weder die traumatische Geschichte ihrer ungarischen Schwesterpartei 1956 noch die inneren Auflehnungen der tschechischen Kommunisten in der Zeit des Prager Frühlings. Aber auch ein fanatischer, mörderischer Repressionsapparat wie unter Ceauşescu oder in Albanien war nicht anzutreffen.

Es war der Führung gelungen, sich zum Erben verschiedener Stränge der politischen Tradition zu machen und Egalitarismus, Modernisierungsbestrebungen und Nationalismus erfolgreich zu verbinden. Als Ursachen für die Stabilität des bulgarischen Kommunismus sind somit zwei Dinge zu nennen: Die wirtschaftliche Entwicklung, die in Bulgarien lange als kollektiver Fortschritt erlebt wurde, und die seit 1956 immer klarere Symbiose aus national(istisch)en Traditionen und „proletarischem Internationalismus". Der Kommunismus wurde, wie in anderen Balkanländern, zu einer nationalen Ideologie, und die Planwirtschaft erwies sich als scheinbar erfolgreich. Als das System 1990 zusammenbrach, waren weder in der Partei noch in anderen Teilen der Gesellschaft Alternativen entwickelt oder „angedacht" worden. So bleibt die Politik bis heute ein Versuch, mit dem Erbe des Kommunismus zurechtzukommen. Von den ersten sechs Regierungen seit 1990 wurden vier mit Hilfe der Bulgarischen Sozialistischen Partei (BSP), der Nachfolgepartei der KPB, gebildet. Die BSP gewann die absolute Mehrheit in demokratischen Wahlen 1990 und 1994, mußte auf dem Höhepunkt des wirtschaftlichen Zusammenbruchs 1991 eine knappe Niederlage hinnehmen und beherrschte die Lokalpolitik. Der bulgarische „Übergang" wurde so entscheidend von der BSP geprägt.

Machtübernahme und Stalinismus

Mit der Kriegserklärung der Sowjetunion an Bulgarien am 5. September 1944 und dem sofortigen Einmarsch der Roten Armee begann der Aufstieg der KPB zur Macht. Die geopolitischen Umstände waren günstig: Sowjetische Truppen standen im Land, und während der Westen sich für Italien, Japan und Griechenland interessierte, wurde das Balkanland der sowjetischen Einflußzone zugeschrieben. Die alliierte Kontrollkommission in Bulgarien unterstand einem General der Roten Armee, Tolbuchin. In Schlüsselministerien wie dem Innenressort oder dem Justizministerium wurden tausende Leute entlassen, zwischen Dezember 1944 und Februar 1945 begannen Massenverurteilungen der ehemaligen politischen Elite. Insgesamt wurden mehr als 2700 Menschen von Volksgerichten zum Tode verurteilt. Die Partei wuchs zu einer Massenpartei, die im Januar 1945 bereits 250000 Mitglieder hatte.

Georgi Dimitrov kam im November 1945 nach 22 Jahren im Exil von Moskau nach Bulgarien zurück und leitete die Eliminierung seiner Gegner aus dem politischen Leben. Im August 1946 fand die Verurteilung des Führers der Bauernpartei, Nikola Petkov, statt, der am 23. September hingerichtet wurde. Manche Sozialdemokraten konnten sich der Kommunistischen Partei anschließen, viele kamen in Straflager. Im Dezember 1947 wurden die letzten 6109 privaten Firmen nationalisiert, die kleine industrielle Bourgeoisie Bulgariens verschwand. Der erste Fünfjahresplan wurde verfaßt, in dem 47 % der Investitionen für die Industrie bestimmt waren. Alle wichtigen Ressourcen kamen aus der Sowjetunion. Tausende sowjetische Berater kamen nach Bulgarien, die Armee wurde der Roten Armee nachgebildet, der Außenhandel von nun an beinahe exklusiv mit dem Ostblock abgewickelt. Die Einbettung in das östliche Wirtschaftssystem hatte begonnen.

Nach Dimitrovs Tod 1949 übernahm Vălko Červenkov, der auch 20 Jahre in Moskau gelebt hatte und an Stalins Hof herangewachsen war, die Macht. Ein Schauprozeß, wie sie in Osteuropa von Stalin verordnet wurden, eliminierte Kostov, den langjährigen führenden KP-Funktionär und stellvertretenden Ministerpräsidenten: Er hatte nicht zur Emigration am Hofe Stalins gehört und wurde nun als Spion und „Titoist" erschossen. 1951 waren 100000 ehemalige Parteimitglieder, mehr als ein Fünftel, aus der Partei ausgeschlossen worden, viele verschwanden in Lagern. Mit dem Stalinismus erreichte die blinde Verehrung der UdSSR ihren Höhepunkt, die Stadt Varna wurde in „Stalin" umbenannt.

Die Ära Živkov

Die Abhängigkeit der bulgarischen Partei von Ereignissen in Moskau zeigte sich auch bei der bulgarischen „Entstalinisierung" und dem Aufstieg Živkovs zum führenden Politiker 1956. In Imitation des XX. Parteikongresses in Moskau, bei dem Chruščëv den Stalinismus verurteilt hatte, fand in Sofia das Aprilplenum der KPB im April 1956 statt, später als Beginn des „anti-stalinistischen Živkovkurses" gefeiert. Tatsächlich blieben aber die wichtigsten bulgarischen Stalinisten, einschließlich Červenkov, in führenden Positionen. Der Aufstieg Živkovs zum stärksten Mann in der Partei verhinderte auch nicht, daß die Straflager Bulgariens sich mit neuen Gefangenen füllten: Eines der berüchtigsten Lager, Loveč (etwa 70 km westlich von Tărnovo), wurde gar erst 1959 gegründet. Selbst die kritische Auseinandersetzung mit „Lenins Theorie der Materie" in einer Universitätsarbeit konnte 1964 genügen, um aus der Partei verbannt zu werden, wie das Schicksal des späteren Präsidenten Želju Želev zeigte.

Abb. 8: Brežnev und Živkov beim Paartanz: Ausdruck der freiwilligen Unterwerfung unter das Diktat Moskaus.

Die wirkliche Veränderung unter Živkov, die mit Chruščëvs ehrgeizigen Plänen, den Kapitalismus bis 1984 zu überholen, übereinstimmte, war die forcierte schwerindustrielle Revolution: Die „Živkov-Thesen" forderten, daß ein „Entwicklungssprung" in kürzester Zeit die Produktion verdoppeln müsse. Zum Symbol dieser ehrgeizigen Industriepolitik wurden die Metallwerke von Kremikovci in der Nähe von Sofia. Dazu kam die Entwicklung von chemischen Werken und gewaltigen Raffinerien, wie *Neftochim* bei Burgas, neben Kremikovci der bedeutendste Industriebetrieb des Landes. Auch die Atomkraft wurde mit sowjetischer Hilfe als Symbol einer neuen Zeit ausgebaut, mit dem ersten Atomkraftwerk bei Kozloduj.

Bulgarien wurde zu einem „entwickelten" Land: In den 60er Jahren hatte es ein Rekordwachstum in der industriellen Produktion, das weltweit nur durch Japan überboten wurde. Es kam zu gewaltigen Arbeitsmarktverschiebungen, einer sozialen Revolution: Zwischen 1948 und 1968 fiel der Anteil der Beschäftigten in der Landwirtschaft von 82 % auf 39 %.

Kremikovci

Die Eisenerzfelder nördlich von Sofia, wo das Metallkombinat Kremikovci unter Živkov errichtet wurde, waren von sowjetischen Geologen vor 1956 als „nicht bedeutend" eingestuft worden. So widersetzte sich Červenkov, den Abbau der Erze trotzdem zu forcieren. Živkov machte den Bau von Kremikovci zur obersten Priorität. Mit einem sowjetischen Kredit in Höhe von 650 Millionen Rubel nahm er das „sowjetische Projekt, das sich zufällig auf bulgarischem Boden befand" 1959 in Angriff. 80 % der installierten Geräte kamen aus der UdSSR, 1975 bereits 63 % der Eisenerze, ebenso Energiestoffe. Bis 1968 arbeiteten dort 2 156 sowjetische Spezialisten. Die bulgarische Stahlproduktion (94 % aus Kremikovci) stieg von jährlich 36 000 Tonnen (1952–1955) auf jährlich 2 021 000 Tonnen (1971–75) und erreichte 1985 3 295 000 Tonnen. Aufgrund der geringen Absorptionskapazität des bulgarischen Marktes mußte ein Drittel des verschwenderisch produzierten Stahls wieder exportiert werden. Dafür war die schleppende industrielle Entwicklung „ein Problem der Vergangenheit". Nun wurden „die Bedingungen geschaffen für einen schnelleren Übergang zur kommunistischen Gesellschaft – dem Weltideal der Menschheit", versicherte 1960 der erste Direktor von Kremikovci. Das Werk wurde 1982 in „Brežnev" umbenannt, Bulgarien aber aufgrund der energieintensiven Produktion zum ineffizientesten Stahlproduzenten des Ostblocks. In den Jahren nach 1990 profitierte Kremikovci weiter von künstlich niedrig gehaltenen Energiepreisen und anderen versteckten Subventionen, wurde aber 1996 vom IWF auf die Liste verlustmachender Betriebe gesetzt, die zu schließen seien.

Siehe dazu: Michael Palairet, „'Lenin' and 'Brezhnev': Steel Making and the Bulgarian Economy", Europe-Asia Studies, Mai 1995.

Jeder zweite bulgarische Bauer wechselte den Beruf, die Industrie wurde zum Magneten, und eine ganze Generation erlebte ihren sozialen Aufstieg als Umzug in die Stadt. Diese Industrialisierung band das kommunistische Bulgarien fester an die Sowjetunion, als es die Stationierung sowjetischer Truppen vermocht hätte: Bulgarien wurde vollkommen abhängig von Rohstoffimporten und produzierte überwiegend für den sowjetischen Markt: 84 % aller Exporte gingen 1989 in den RGW-Wirtschaftsraum, allein 65,2 % in die UdSSR. Die Abhängigkeit von Energieimporten, für die Schwerindustrie und deren Produktionswachstum entscheidend, war besonders ausgeprägt: 1987 kamen 68 % der in Bulgarien konsumierten Energie aus der UdSSR (in der ČSSR waren es 40 %, in Rumänien 15 %!). 90 % des nach Bulgarien importierten Rohöls kam aus der Sowjetunion. Der Austausch von bulgarischen „weichen Gütern" (Industrieprodukte, die auf den Weltmärkten nicht verkaufbar waren) gegen sowjetische „harte Güter" (Rohstoffe, vor allem Energie) war die Grundlage der Beziehungen. Weiters konnte Bulgarien seine Devisendefizite bei Technologieimporten aus westlichen Ländern durch den Weiterexport sowjetischer Energie zu Weltmarktpreisen decken. Živkov sprach von beiden Ländern als einem „einzigen Organismus, von einem gemeinsamen Blutstrom durchflossen". Zweimal überlegte Živkov gar die Integration Bulgariens in die UdSSR als 16. Sowjetrepublik: Dabei stieß er freilich auf ablehnende Signale aus Moskau.

Perestroika und Pseudostroika

Die politische Kehrseite war, daß sich in der KPB keine Strömung durchsetzen konnte, die nicht die volle Unterstützung des Kremls genoß. Es zeigte sich bald, daß sich Živkovs Beziehungen zu Gorbačëv nicht ähnlich herzlich entwickelten wie jene zu Brežnev, der etwa am Beginn der 80er Jahre noch bereit gewesen war, zusätzliches Öl nach Bulgarien zu exportieren, das von dort zum Abbau der Devisenverschuldung gegen harte Währungen in den Westen weiterexportiert wurde. Im Juli 1985 erklärte der sowjetische Botschafter einem bulgarischen Magazin, daß der Baum der Freundschaft „bewässert werden muß, soll er weiter Früchte tragen". Sowjetische Wirtschaftsinteressen begannen eine immer stärkere Rolle in der sowjetischen Außenpolitik zu spielen. Noch Anfang 1985 hatten Bulgarien und die UdSSR in einem „Langzeitprogramm" festgehalten, daß die UdSSR den Stand der Erdöl- und Erdölproduktlieferung aufrechterhalten und „Möglichkeiten für die Erweiterung der Lieferungen von Erdgas und Elektroenergie prüfen" würde. Aber sowjetische Unzufriedenheit kam immer häufiger zur Sprache, und der sowjetische Botschafter begann öffentlich die „geringe Qualität bulgarischer Exporte" zu kritisieren. In Gorbačëvs Memoiren erscheint Živkov als manipulativer, unzuverlässiger alter Mann. Dieser unterstützte zwar rhetorisch sowjetische Forderungen nach „Perestroika", aber erklärte gleichzeitig, daß die bulgarische Politik seit 1956 ohnehin im Zeichen solcher Reformen gestanden habe.

So initiierte Živkov eine „Pseudostroika", eine Scheinreform. Der Schwerpunkt lag auf Umorganisationen der Wirtschaftsbürokratie. Eine Sitzung des ZK im Juli 1987 wurde zum „Reformplenum": „Bulgarien vollzog einen historischen Sprung, das Entwicklungstempo des Landes war eines der höchsten der Welt, so daß es die fortgeschrittensten sozialistischen Länder eingeholt beziehungsweise fast eingeholt hat", erklärte der Parteichef zum Auftakt. Das „Neue" bestand darin, ein Regierungskarussell aus Technokraten in Bewegung zu setzten. Es gab eine Serie von Umorganisationen in Industrie, Landwirtschaft und Verwaltung: Wirtschaftsvereinigungen wurden begründet, Betriebe zu Assoziationen zusammengefaßt, Branchenbanken eingerichtet und Branchenministerien abgeschafft: Ganz ähnlich agierte nach 1995 auch die Regierung unter Žan Videnov. In der Landwirtschaft kam es zu panischen „Reformen", innerhalb von eineinhalb Jahren wurde die Organisationsform der landwirtschaftlichen Grundeinheit fünfmal verändert. Perestroika mußte vorgetäuscht, sozialistisches Eigentum erhalten bleiben: 1987 wurden in Sofia 30 Bars und Cafés zur zeitweisen Verwaltung angeboten. Am Gewicht des Staates in der Wirtschaft, an der Stellung der Partei änderte sich nichts.

Doch während Živkov hoffte, Zeit zu gewinnen, verstärkte sich der sowjetische Druck. Als Folge der Entspannungspolitik verminderte sich der strategische Wert der osteuropäischen Alliierten in den Augen Moskaus. Da die Sowjetunion seit 1986 versuchte, fallende Weltmarktpreise durch steigende Ölexporte in Richtung Westen zu kompensieren, begann man sich in Moskau unter dem Eindruck der Entwicklungen in

Ungarn und Polen 1989 die Frage zu stellen, ob die Subvention der Volksrepubliken durch Rohstoffe noch sinnvoll sei. Die Entwicklungen in den sozialistischen Bruderstaaten beschleunigten sich: Während Bulgarien im Sommer 1989 durch die Massenflucht der Türken – die nationalistische Kampagne gegen sie hatte einen neuen Höhepunkt erreicht – in die Schlagzeilen geriet, stürzte das Machtmonopol der Kommunisten in Polen und Ungarn. Die mangelnde sowjetischen Sympathie für Živkovs Kurs verstärkte die Unruhe bulgarischer Spitzenfunktionäre. Im engsten Kreis des Politbüros wurde so der Sturz Živkovs von KP-Spitzenpolitikern mit engen Beziehungen zu Moskau initiiert: Außenminister Petăr Mladenov und Verteidigungsminister Džurov, beide in Moskau ausgebildet, spielten die entscheidende Rolle. Die Absetzung Živkovs erfolgte am 10. November 1989 im engsten Kreis des Zentralkomitees. Sorge um den Stand der Beziehungen zu Moskau war die wichtigste Motivation. In seiner Antrittsrede versicherte Mladenov: „Wenn wir an nichts anderes glauben, so sollten wir an die Sowjetunion und die KPdSU glauben." An einen Systemwechsel dachte er nicht, die KPB werde „auch in Zukunft die führende Kraft der Gesellschaft sein". Die Vorwürfe gegen Živkov zielten auf Oberflächliches: Daß er „um teure Valuten" seine Werke publizieren ließ, auf Kosten des Staates in der Welt herumgereist war, „nicht weniger als dreißig Residenzen" besaß. Vor allem habe Živkov Bulgarien „von der Sowjetunion isoliert, so daß wir jetzt in einen Topf mit dem verfaulten diktatorischen Regime der Familie Ceauşescu geworfen werden", klagte Mladenov, immerhin 18 Jahre lang Außenminister. Ähnlich hatte Chruščev Stalins „Personenkult", Brežnev Chruščëvs „Volontarismus" und Gorbačëv Brežnevs „Stillstand und Stagnation" verurteilt. Der Kommunismus sollte trotzdem erhalten bleiben: „Ich will es noch einmal betonen. Wir sehen die Umgestaltung in Bulgarien einzig und ausschließlich im Rahmen des Sozialismus, im Namen des Sozialismus und auf dem Weg des Sozialismus", erklärte Petăr Mladenov.

Das Image des Todor Živkov

Živkov ließ sich neben Blagoev und Dimitrov in einem neobyzantinischen Gemälde im Denkmal des bulgarischen Kommunismus südlich von Târnovo als Teil der Dreifaltigkeit der Partei darstellen – an Selbstbewußtsein mangelte es ihm nie. Auch nicht an der Fähigkeit zu verführen: Obwohl er seine Karriere als Parteichef von Sofia in der Zeit der bulgarischen Schauprozesse begonnen hatte und die gewalttätige Unterdrückung der Minderheiten im Land dirigierte, gelang es ihm lange, seinen Ruf als bauernschlauer Landesvater zu bewahren und mit diesem Charme auch ausländische Besucher zu verführen.

Das Bild des jahrzehntelang mächtigsten Mannes Bulgariens änderte sich nach 1990: Zunächst als „böser alter Mann" vor Gericht gestellt und von alten Parteifreunden verlassen, wurde Živkov mit wachsender Nostalgie ab 1994 immer mehr zum „hilflosen alten Mann", dem man Gehör schenken sollte. Besuche von „Tato" („Papa") in seinem Heimatdorf Pravec wurden von den Medien ausführlich beschrieben, und Fotos des von privaten Leibwächtern umgebenen Pensionisten mit erhobenem Zeigefinger fanden sich in den Tageszeitungen. Reue zeigte Živkov keine, Ratschläge gab er weiterhin, auch in seiner Rechtfertigungsschrift, „Gegen einige Lügen". Heute lebt er zurückgezogen in seiner Villa im Sofioter Nobelvorort Bojana.

In vielen Bezirken wurden die Parteisekretäre ausgetauscht. Der von Živkov verstoßene Aleksandăr Lilov, bis 1983 für ideologische Fragen im Politbüro zuständig, wurde zum neuen Parteivorsitzenden. Ein am 30. Januar 1990 präsentiertes Manifest der KPB sprach über „Erfolge und Verirrungen" in 100 Jahren Parteigeschichte. Den Minderheiten versprach das Manifest den Gebrauch der „bevorzugten Sprache", ohne auf das Recht auf türkische Namen einzugehen. Ein neuer Parteiname wurde im April 1990 angenommen: Die Kommunistische Partei Bulgariens (KPB) wurde zur Bulgarischen Sozialistischen Partei (BSP). Doch zu diesem Zeitpunkt hatte die Mobilisierung der Bevölkerung, die Demonstrationen und Streiks, die nach dem 10. November 1989 einsetzten, schon viel weiter reichende Reformen in Gang gesetzt, als die Reformkommunisten je beabsichtigt hatten.

Für die KPB war die Annahme der Ideen von Glasnost und Perestroika 1989 bereits eine kulturelle Revolution. So blieb sie als Bulgarische Sozialistische Partei ihrem Wesen nach eine „Partei der Perestroika", die an der Möglichkeit eines „Dritten Weges" zwischen Kapitalismus und Kommunismus festhielt. Nikolaj Genčev schrieb im November 1990 in „Vsjaka Nedelja": „Mit dem Terminus Posttotalitarismus wird der Zustand der Gesellschaft bezeichnet, die den Versuch unternimmt, sich vom kommunistischen Regime zu lösen, ohne daß sie über die notwendigen Kräfte und Mittel verfügt ... ohne daß sie ein Programm für die Zukunft hat, das von der Mehrheit des Volkes geteilt wird."

Das Erwachen der Opposition

Das Erwachen einer pluralistischen bulgarischen Gesellschaft erfolgte unter dem Eindruck der sowjetischen Glasnost: Innerhalb der städtischen Intelligenz begannen, inspiriert durch die Lektüre sowjetischer Magazine, Unterschriftenlisten zu zirkulieren, in denen an Parteifunktionäre direkt und halböffentlich in verschiedenen Anliegen appelliert wurde. Am 9. März 1988 entstand in Ruse die erste unabhängige Organisation, das „Ökologische Komitee" zum Schutz der Stadt, die unter starker Luftverschmutzung leidet. Aus diesem ging im Frühjahr 1989 die Umweltgruppe „Ökoglasnost" hervor. Im November 1988 wurde die „Unabhängige Assoziation zur Verteidigung der Menschenrechte in Bulgarien" ins Leben gerufen. Umweltschutz und Menschenrechte waren so die ersten Themen der Opposition. Am 3. November 1988 bildete sich an der Universität Sofia der „Club zur Unterstützung von Glasnost und Perestroika". Die Mitglieder waren überwiegend Intellektuelle, die sich in der Cafeteria der Universität (nach seiner Form „Ei" genannt) trafen und anfangs vornehmlich Entwicklungen in der UdSSR diskutierten. Der für seine nonkonformistischen Ansichten bekannte Philosoph Želju Želev wurde zu einer Integrationsfigur und galt vor allem den Jüngeren als Vorbild. Von der Perestroika inspirierte Parteifunktionäre oder deren Söhne und Töchter spielten eine wichtige Rolle in diesen ersten Bewegungen. In Plovdiv entstand im Februar 1989 die unabhängige Gewerkschaft „Podkrepa" (das bedeutet „Unterstützung") in Anlehnung an die polnische „Solidarność". Die ersten öffentlichen Proteste nahmen sich politisch unverfänglicherer ökologischer Themen an. So hatten im Oktober 1989 die bulgarischen Grünen 1400 Unterschriften gegen den Bau eines Wasserspeichers im Rila-Gebirge sowie gegen die Umleitung des Flusses Mesta gesammelt.

Der Putsch im Zentralkomitee am 10. November 1989 kam auch für die sich formierende Opposition überraschend, aber er wurde zum Katalysator für Massenproteste: 50000 Anhänger von unabhängigen Organisationen versammelten sich erstmals bei der Nevski-Kathedrale im Zentrum von Sofia. Sie schimpften über die „parasitäre Herrschaft der Bonzen", verglichen sie mit der „absoluten Macht asiatischer Herrscher" und verwiesen auf den „Schutz der sozial schwachen Mitglieder der Gesellschaft". Die Stoßrichtung ihrer Forderungen war eine moralische Erneuerung, inspiriert von Gorbačëvs „neuem Denken". Am 7. Dezember kam es zur Gründung der Union Demokratischer Kräfte als Dachverband der Oppositionsgruppen, dem sich auch KP-Mitglieder anschlossen. So wurde beispielsweise der Reformkommunist Čavdar Kjuranov als Leitungsmitglied des „Club" für die Opposition in Verhandlungen mit der KP geschickt, im Februar 1990 jedoch in den Obersten Parteirat der KP gewählt, um dann auf deren Seite zu verhandeln. Am 14. und 15. Dezember versicherte die Oppositionsführung der demonstrierenden Menge, daß auch in Bulgarien „die Perestroika stattfinden" werde. Zu diesem Zeitpunkt war unklar, wohin der Übergang letztlich führen sollte. Doch die Demonstrationen setzten sich fort, immer mehr Menschen stießen dazu, und schnell bildete sich ein anderer, radikalerer Konsens: Auch in Bulgarien solle der Kommunismus abgeschafft werden.

Die wichtigste Herausforderung für die Reformkommunisten kam zunächst jedoch nicht von der Opposition, sondern

Abb. 9: Die Wende 1990 in Sofia. Hier hatte die SDS (die Union Demokratische Kräfte) von Anfang an ihre treuesten Anhänger. 1997 brachten ähnliche Demonstrationen sie wieder an die Macht.

von lokalen KP-Funktionären: Diese protestierten im Dezember 1989 gegen die Rücknahme der diskriminierenden Gesetze gegen bulgarische Türken und mobilisierten die Provinzpartei und Živkov-Anhänger gegen die neue KP-Führung. Für einen Moment schien dieser die Kontrolle über ihre Mitglieder zu entgleiten, und als auch die Demonstrationen der Opposition in Sofia weitergingen, lag ein Hauch von Bürgerkrieg in der Luft. Der Aufstand der Parteikader wurde durch Vermittlung der Gewerkschaften entschärft. Diese Entwicklung ebenso wie die gewalttätigen Ereignisse in Rumänien, wo im Dezember 1989 Straßenkämpfe ausgebrochen waren und wo Ceauşescu hingerichtet worden war, verunsicherten dennoch die KP-Führung. Es ging nun darum, die Proteste zu institutionalisieren, und dazu bot sich das polnische Vorbild eines Runden Tisches mit der Opposition an. Am 16. Januar begannen Gespräche am Runden Tisch zwischen der KPB und der UDK, die sich auf freie Wahlen im Sommer 1990 einigten. Im Gegensatz zu Polen hatten sich hinter den Verhandlern der bulgarischen Opposition noch keine organisierten gesellschaftlichen Kräfte gebildet. Schon im März gab es aber einen „Konsens des Runden Tisches“: Der autoritäre Kommunismus sei nicht haltbar, aber der Übergang zur Demokratie habe auf friedliche Art und Weise zu geschehen. Eine Gewaltenteilung sei im Interesse aller Akteure. Nach dem Zusammenbruch seiner internationalen Verbindungen müsse sich Bulgarien an Europa anbinden. Verwicklungen in außenpolitische Abenteuer auf dem Balkan gelte es zu vermeiden. Dieser Konsens bewahrte das Land vor dem in den Nachbarländern anbrechenden Chaos. Aber er war weder ein Programm zum Umbau einer Gesellschaft, noch setzte er einen Konsens darüber voraus, was denn Bulgarien in die mißliche Lage versetzt hatte, in der es sich 1991 befand.

Die Proteste auf den Straßen von Sofia allein hätten das KP-Regime nicht in die Knie gezwungen, hätten nicht auch der Zusammenbruch des Rates für Gegenseitige Wirtschaftshilfe (RGW) und das Beispiel der Bruderländer das Selbstvertrauen der KP-Führung erschüttert. In Umfragen blieben die Politiker der KP nicht nur bekannter, sondern auch beliebter als die neuen Gesichter der Opposition. Aber auf den Straßen und Plätzen der Städte, vor allem Sofias, galten andere Gesetze.

Andrej Lukanov: Vom Reformkommunisten zum Paten?

Sein Großvater war im politischen Exil in Moskau der Partei beigetreten, sein Vater Karlo Lukanov war von 1956 bis 1962 Außenminister Bulgariens. Andrej Lukanov wurde 1987 Minister für Außenwirtschaftsbeziehungen, verantwortlich für Außenhandel, Auslandskredite und Beziehungen zum RGW: So erwarb er die Kontakte mit jenen Kreisen in Staat, Partei und Geheimdienst, die bereits vor 1989 mit dem Ausland vertraut waren. Als Gegenspieler von Želev war er, bei Freunden und Feinden als „Silberfuchs" bekannt, einer der Architekten des friedlichen Übergangs am Runden Tisch. 1990 mit der Regierungsführung beauftragt, war seine postkommunistische Karriere mit jenen Wirtschaftsinteressen verbunden, die die Schlüsselsektoren der Wirtschaft, vor allem den Rohstoffhandel, zu beherrschen suchten. In der BSP galt Lukanov als graue Eminenz und Rivale des „Videnov-Klans", schließlich auch zunehmend als Pate verschiedenster mächtiger Wirtschaftsgruppen, wie *Multigroup*. 1996 war er als Leiter der Energieimportfirma *Topenergy* kurz der mächtigste Mann im Bereich bulgarischer Energieimporte aus Rußland, nachdem sich der russische Premier Černomyrdin bei Videnov für ihn eingesetzt hatte. Aber Lukanov hatte viele Feinde, in der Wirtschaft wie in der Partei. Vor dem Sommer 1996 verlor er seine Position in *Topenergy*. Er sprach sich nun immer offener für eine neue Regierung aus und warnte vor seinem Tod vor den Verbindungen zwischen Wirtschaft, Politik und organisiertem Verbrechen. Am 2. Oktober 1996 wurde er vor seiner Wohnung in Sofia von einem professionellen Mörder hingerichtet.

Dazu kamen im Januar 1990 die ersten Gerüchte, daß Öl- und Gaslieferungen aus der Sowjetunion bald eingestellt werden würden. In einem persönlichen Gespräch mit Gorbačëv bat Ministerpräsident Lukanov im März 1990 um Wirtschaftshilfe vor den Wahlen. Die versprochene Hilfe kam nicht, die Sowjetunion versank selbst im wirtschaftlichen Chaos. So gewann die mittlerweile umbenannte Bulgarische Sozialistische Partei zwar die ersten Wahlen 1990 mit einer absoluten Mehrheit (52,75%), aber der Regierung entglitt das Steuer der Entwicklung: das RGW-Handelssystem in Agonie, Engpässe in der Versorgung, ein Massenstreik von einer Million Bulgaren am 26. November 1990. Dies führte schließlich zum Rücktritt der Regierung Lukanov.

Die Verbrechen der Vergangenheit

Eine Form des Drucks auf die BSP war die Diskussion über kommunistische Verbrechen. Ersten Enthüllungen über das Lager Sunčev Brjag („Sonnenstrand") bei Loveč in der Zeitung „Naroden Glas" im Februar 1990 folgten weitere Entdeckungen über Straflager und Schauprozesse. Man stieß bei Grabungen auf Massengräber, gefüllt von nach der kommunistischen Machtübernahme Verurteilten. „Demokracija" zitierte Zahlen von 135 Massenprozessen, wobei 2730 von 11 122 Verurteilten zum Tode verurteilt worden waren. Nach einer veröffentlichten Schätzung des „Clubs der Unterdrückten" verbrachten zwischen 1945 und 1964 etwa 180 000 Bulgaren Zeit in einem der ungefähr 30 Lager.

Am 25. März 1991 erschien die politische Erklärung der BSP „Laßt uns die Vergangenheit lesen und dann die letzte Seite zuschlagen." Die BSP übernahm darin die „politische Verantwortung" für die KPB, verurteilte vor allem die Arbeitslager der 50er Jahre, verteidigte aber weiterhin die Volksgerichte 1944–46. Am 10. November 1989 habe die Partei „die besten demokratischen Traditionen einer über 100 Jahre alten Geschichte wiederhergestellt". Die BSP stellte sich gegen „Hexenjagden" und die „nihilistische" Einstellung gegenüber dem Kommunismus. Auf dem 41. Parteitag 1994 wurde eine Parteiströmung, die „Alternative Sozialistische Vereinigung", noch deutlicher: Die Kosten der „autoritären Modernisierung" in Bulgarien seien relativ gering gewesen, den höchsten Preis habe die Partei selbst bezahlt, denn unter Živkov habe sich der „Živkovsche Staatskapitalismus" eingenistet. Die „Restauration" und „dunkle Zeiten für Bulgariens Demokratie" hätten vielmehr mit der Regierung der UDK begonnen. Im Weißbuch der BSP-Regierung 1995 ist nichts mehr von Verbrechen des Kommunismus zu lesen.

Eine Koalitionsregierung der BSP mit der Opposition, unter dem unabhängigen Juristen Dimităr Popov, wurde gebildet. Das von der BSP dominierte Parlament ging daran, eine neue Verfassung zu erarbeiten. Die Wirtschaftsressorts wurden an die UDK abgetreten, zu deren dominierender Persönlichkeit bald der pragmatische Finanzminister Ivan Kostov wurde. Furcht vor aggressivem Antikommunismus überzeugte die BSP-Führung, daß ein geregelter Übergang in ihrem Interesse war. Nach dem Scheitern der Regierung Lukanov lenkte sich ihr Hauptaugenmerk auf das Warnen vor Experimenten, vor den Gefahren einer „samtenen Revolution": Dies sei „ein politisches Abenteuer", das „das Land zum Bürgerkrieg führen könnte". Die BSP lobte den Konsens, arbeitete an der Institutionalisierung der Proteste, pries die neue Verfassung. Die Umsetzung der von Lukanov zunächst gelobten radikalen Wirtschaftsstrategien übernahmen die UDK-Minister in der Koalition. Der erste UDK-Vorsitzende, Želju Želev, wurde im Sommer 1990 vom Parlament zum neuen Präsidenten gewählt.

Das erste Scheitern der Antikommunisten

Für viele Oppositionspolitiker war die Situation als Koalitionspartner der verhaßten Exkommunisten unbefriedigend. Es begannen interne Streitigkeiten über den Kurs der UDK, und Oppositionsführer der ersten Stunde kamen der Partei abhanden: Petăr Beron, Direktor des Nationalmuseums, wurde der Zusammenarbeit mit der Geheimpolizei beschuldigt, Želju Želev wurde Staatspräsident. Eine radikal antikommunistische Gruppe bildete sich um den jungen Rechtsanwalt und Politiker der Grünen Partei, Filip Dimitrov. Sie boykottierte die neue Verfassung, verließ im Mai 1991 unter Protest das Parlament und organisierte einen Hungerstreik. Wichtige Teile der UDK, wie die Sozialdemokratische Partei, spalteten sich ab. Überzeugt, daß die Geschichte ohnehin auf ihrer Seite stehe, begannen die Parteien der Opposition untereinander zu kämpfen: Im Vorfeld der Wahlen gab es die ersten Ausschlüsse aus der

UDK, wie jenen des grünen Politikers und demokratischen Bürgermeisters von Sofia, Karakačanov.

Der Wahlsieg der UDK bei den zweiten Parlamentswahlen im Herbst 1991 fiel äußerst knapp aus: Gerade 110 der neugewählten 240 Abgeordneten kamen von der UDK, gegen 106 von der BSP und 24 von der überwiegend türkischen „Bewegung für Rechte und Freiheiten“ (BRF). Damit verfehlte die Partei die absolute Mehrheit und konnte nur mit Unterstützung der BRF-Abgeordneten eine Regierung stellen. Die UDK, die die Wahlen im Oktober 1991 gewann, war eine um vieles ideologischere Partei als die breite Sammelbewegung von 1990: Ihr Kern war die Gruppe von 39 Abgeordneten, die aus Protest gegen die Annahme der „Kompromiß-Verfassung“ das Parlament verlassen hatten. Der Anführer dieser Gruppe, der junge Parteichef und nun Ministerpräsident Filip Dimitrov, kommentierte den Wahlsieg dennoch optimistisch: Man habe „knapp, aber dafür für immer gewonnen“.

„Für immer“ dauerte gerade ein Jahr, denn die unerfahrene Regierung machte sehr schnell unverzeihliche Fehler, und die persönlichen Grabenkämpfe innerhalb des Oppositionslagers setzten sich fort. In der täglichen Arbeit band die UDK die BRF kaum in Entscheidungsprozesse ein, da sie glaubte, daß die tiefe Feindschaft zwischen Kommunisten und Türken letztere ohnehin zur Umarmung der UDK zwangen. Das knappe Wahlergebnis hinderte die Regierung nicht daran, „Entkommunisierung“ neben Wirtschaftsreform und außenpolitischer Neuorientierung zu einem zentralen Ziel zu machen. Sie tat dies mit wachsender Angst vor Verschwörungen und Intrigen. Filip Dimitrov sprach im Rückblick Ende 1992 von konzertierten Angriffen auf seine Regierung, an denen sich „die ehemalige Kommunistische Partei, die BRF, die Gewerkschaften, der Geheimdienst unter Führung des Präsidenten und der Präsident selbst beteiligt hatten“ – überall lauerten Feinde.

In der Sicht der UDK war die BSP ein Relikt einer verflossenene Zeit, ihre Zeitung schrieb: Kommunismus „ist eine Lebensweise, und zwar eines leichten Lebens für eine bestimmte Minderheit der Gesellschaft“. Diese müsse „hinausgeworfen werden", am besten durch das Entfernen jener, die an der Manipulation der Bevölkerung am meisten Schuld hatten. Verschiedene Maßnahmen sollten den Einfluß der BSP aus dem bulgarischen Leben drängen: Das Eigentum der BSP wurde durch ein Gesetz verstaatlicht, darunter das Parteihauptgebäude. Oberstaatsanwalt Tatarčev forcierte strafrechtliche Verfolgungen kommunistischer Parteipolitiker: Eine Anzahl ehemaliger Spitzenpolitiker, wurde verhaftet, auch Andrej Lukanov einige Monate in Untersuchungshaft genommen. Es gab Versuche, kommunistische Politiker durch Gesetze von wirtschaftlichen Führungspositionen fernzuhalten. Ein diesbezügliches Gesetz über Banken und Kredite wurde verabschiedet, aber vom Verfassungsgericht im Juli 1992 für verfassungswidrig erklärt. Der Verfassungsgerichtshof wies auch einen Artikel des Pensionsgesetzes zurück, nach dem Arbeit in den kommunistischen Strukturen im Hinblick auf Pensionsansprüche nicht zählen sollte. Der UDK-Abgeordnete und Priester Kristofer Säbev warf der Orthodoxen Kirche und ihrem Patriarchen Maksim Kollaboration mit den Kommunisten vor: Seine Anhänger besetzten das Gebäude der Heiligen Synode in Sofia und organisierten ein Komitee, das ihn zum „Gegenpatriarchen" wählen sollte. Er wurde darin von der Regierung unterstützt, während UDK-Mitgründer Präsident Želev diese Entwicklungen kritisierte: „Die grobe Einmischung der Regierung, mittels der Direktion für Kirchenfragen, in die Angelegenheiten der bulgarisch-orthodoxen Kirche" wiederhole ein „aus der nahen Vergangenheit bekanntes Modell". Antikommunistisch inspiriert waren auch Reformen im Agrarbereich, die mit der radikalen Revision des „Landgesetzes von 1991" 1992 in Kraft traten. Die Rückgabe des Landes „in den alten Grenzen" war als Angriff auf die Machtbasis der Kommunisten auf dem Land gedacht, die Verwaltungsorgane der Landwirtschaftlichen Produktionsgenossenschaften (LPGs). „Liquidierungsräte", besetzt mit UDK-Sympatisanten, sollten das Eigentum der Genossenschaften übernehmen und es dann verteilen. Widerstand sei eine Verschwörung des Kommunismus, hieß es auf Seiten der Regierung.

Die Resultate der „Entkommunisierungpolitik“ waren paradox: Anstatt die BSP zu schwächen, begannen sie die UDK-Regierung zu isolieren. Mit den freien Medien, den (auch antikommunistischen) Gewerkschaften und innerhalb der Regierung nahmen die Konflikte zu. So erklärte ein Regierungssprecher im Namen der Regierung einige der wichtigsten Zeitungen des Landes, die sich kritisch über die Regierung geäußert hatten, zu „Einrichtungen non gratae“. Die Konflikte mit dem Präsidenten zeigten die wachsende Nervosität: Die Losung „unverzüglicher Wechsel des Systems“ sei von der Regierung durch die Formel „Entkommunisierung“ ersetzt worden, kritisierte der Präsident: „Die Entkommunisierung wird als bloßer Austausch von Personen verstanden ... weder das System ändert sich, noch wird das Land entkommunisiert. Das, was am ehesten erreicht wird, ist ein Personenwechsel innerhalb des alten Systems.“ UDK-Abgeordnete warfen Želev daraufhin vor, als „Verräter“ kommunistischen Interessen zu dienen. War es das Ziel des Präsidenten, durch Mahnungen zur Konsenspolitik der frühen UDK zurückzukehren, so verfehlte er es: Es kam zu Hungerstreiks der UDK gegen seine Amtsführung und zu Rücktrittsforderungen.

Schließlich brachen die Spannungen zwischen der UDK und der BRF das Genick der Regierung. Der Parteichef der BRF, Ahmed Doğan, sah sich durch die erneute Abwanderung türkischer Bulgaren in die Türkei unter Druck gesetzt, die Landrückgabe berücksichtigte nicht die Interessen der türkischen Minderheit, die vor 1945 kaum Land besaß. Die wirtschaftliche Lage in den Minderheitengebieten verschärfte sich, bei der Frage des Ankaufspreises für Tabak, Haupterzeugnis in vielen Regionen der türkischen und pomakischen Minderheit, wurde kein Kompromiß erzielt. Überraschenderweise stellte Dimitrov dann am 28. Oktober 1992 die Vertrauensfrage im Parlament und verlor: Die BRF stimmte mit der BSP gegen die Regierung. Knapp ein Jahr, nachdem sie begonnen hatte, war die „antikommunistische Revolution der UDK“ gescheitert. Da die BRF nach den Wahlen 1991 das Zünglein an der Waage jeder möglichen Mehrheit war, konnte sie nicht ungestraft ignoriert werden.

Ein Philosoph als Präsident: Żelju Żelev

Żelev wurde vor allem im Ausland zum Symbol des demokratischen, am Westen orientierten Bulgarien. Eine unkonventionelle Dissertation über Lenins Philosophie hatte ihn in den 60er Jahren zum Dissidenten gemacht. Sein Buch über „Totalitarismus", in dem er Parallelen zwischen Kommunismus und Faschismus gezogen hatte, war lange ein Standardwerk bulgarischer KP-Kritiker. Sein kritischer Geist trug Żelev eine mehrjährige Verbannung auf das Land ein. 1990 wurde er, Mitbegründer des „Clubs für Glasnost und Perestroika" und der UDK, vom Parlament zum ersten demokratischen Präsidenten gewählt. 1992 gewann er die ersten Direktwahlen gegen den Nationalisten Vâlkanov, auch dank der Unterstützung der türkischen Minderheit, für die er sich eingesetzt hatte. Dann aber begann der Streit mit der UDK. Żelev setzte auf die Regierung seines ehemaligen Beraters Berov, distanzierte sich dann 1994, als diese immer stärker unter den Einfluß der BSP geriet. 1995 führte der Präsident einen „Krieg der Institutionen" mit der Regierung Videnov und kritisierte diese oft scharf. Als 1996 klar wurde, daß nur ein gemeinsamer antikommunistischer Kandidat in Präsidentschaftswahlen eine Chance haben würde, stellte er sich Vorwahlen der Opposition und verlor diese gegen den jungen UDK-Anwalt und Politiker Petâr Stojanov. Er akzeptierte das Urteil und garantierte damit – immer noch einer der beliebtesten Politiker des Landes – Stojanovs Wahlsieg.

Aggressiver Antikommunismus in einem Land ohne Tradition der Dissidenz hatte keine Sympathien gebracht, aber von den inneren Kämpfen der BSP abgelenkt und die Partei geeint. Die umstrittene, schlecht durchdachte Agrarpolitik stärkte weiters den Rückhalt der BSP bei der Landbevölkerung. Das inflationär verwendete Schimpfwort „Kryptokommunist" (mit dem neben Żelev auch Rivalen innerhalb der UDK, Gewerkschafter und Journalisten bedacht wurden) verwischte die ideologischen Konturen.

Die Rückkehr der Sozialisten

Die erste Reaktion der BSP nach den verlorenen Wahlen von 1990 war, sich zurückzuziehen. In den Parlamentswahlen 1991 war die BSP dann mit verschiedensten Gruppen verbündet, die sich vor 1990 in der Agitation gegen Türken hervorgetan hatten. Hauptziele aller Attacken blieben zunächst die BRF und die türkische Minderheit. Bei den Präsidentenwahlen im Januar 1992 stellte die BSP keinen eigenen Kandidaten auf, unterstützte aber den Nationalisten Vălko Vălkanov, der ganz auf anti-türkische Ressentiments setzte und Želev in einer Fernsehdiskussion als „Türken mit Fez" beschimpfte. Seine aggressive Kampagne war erstaunlich erfolgreich, im zweiten Durchgang erreichte er 47,12% der Stimmen (gegen Želevs 52,88%). Die Botschaft vom Schutz der Bulgaren in ethnisch gemischten Gebieten, vom Schutz der sozial Schwachen und der Verschiebung der Wirtschaftsreformen kam bei den Wählern weiterhin an. Nach den Wahlen behauptete Vălkanov, daß Želev nur aufgrund „der einen Million Türken" gewonnen habe. Ein neues Thema wurde im Präsidentenwahlkampf erprobt: die Warnung vor dem „blauen Totalitarismus" der UDK (Die Farbe der UDK ist Blau, die Farbe der BSP Rot).

Innerhalb der BSP war es zuvor zu bitteren Kämpfen um die Macht gekommen. In einem Interview in der Parteizeitung „Duma" im Juli 1991 erklärte der Führer der „Marxistischen Alternativen Plattform", es gebe vier Tendenzen in der Partei. Während unter der Führung die „rechten Kräfte" in der Überhand seien, dominierten unter den Mitgliedern die „linken", Marxisten oder Neo-Stalinisten. An der Parteispitze standen sich die Kontrahenten Aleksandăr Lilov, der bei Parteimitgliedern beliebte Ideologe, und Andrej Lukanov, der in Wirtschaftskreisen geschätzter Technokrat, gegenüber. Aus diesem Konflikt ging eine Gruppe junger Komsomolpolitiker aus der Provinz gestärkt hervor. Der ältere Ideologe Lilov stellte sich hinter den jungen Žan Videnov aus Plovdiv, während sich Lukanov hinter Georgi Pirinski stellte. Pirinski galt als Mann der

Reformen: Wie Lukanov war er bereits unter Živkov Regierungsmitglied gewesen, wie Lukanov stammte er aus einer alten kommunistischen Familie. Die Rivalität zwischen Lukanov und seiner als „Sozialdemokraten“ geltenden Gruppe auf der einen Seite und Videnov auf der anderen stellte die BSP bis 1996 vor eine ständige Zerreißprobe. Die immer offenere Spaltung zeigte sich auch in der Zersplitterung der Partei in konkurrierende Wirtschaftsblocks, private Holdings und Konglomerate aus Banken und Handelsgesellschaften, die sich bei der Entkapitalisierung des staatlichen Eigentums bereicherten und verschiedenen BSP-Politikern nahestanden.

Kommunistische Symbole

Im Dezember 1991 zog die BSP von ihrem stalinistischen Prunkbau in die zurückgezogenere Positanostraße Nr. 20. Die Ikonographie des neuen Hauptquartiers in Sofia hielt aber an alten Inhalten fest: Links vom Eingang eine kämpferische, realsozialistische Skulptur, rechts ein Zitat von Georgi Dimitrov über den „heldenhaften Kampf gegen den Faschismus" als Aufgabe der Partei. Als Parteisymbole wurden die rote Fahne und eine rote Rose (Anlehnung an den westeuropäischen Sozialismus) gewählt, aber der rote, fünfzackige Stern als „ein historisches Symbol der Kämpfe und Opfer der Partei" (Artikel 5 des neuen Parteiprogramms) beibehalten. Die Frage der Kontinuität mit der Vergangenheit blieb offen: Das kompromittierende Symbol wurde nicht mehr öffentlich benutzt, aber für den Eigengebrauch behalten. Ähnlich verhielt es sich mit der Ideologie. Laut einem „Manifest" von Februar 1990 eigneten sich als neue Leitideen „die Ideale des wissenschaftlichen Sozialismus". „Die Partei wird sich weiterhin auf die bewährten und als wahr erwiesenen Ideen von Marx, Engels, Lenin, aber auch Blagoev und Dimitrov stützen". Weiters hieß es: „Wir stehen vor der Aufgabe, die KPB zu entstalinisieren und eine neuartige, moderne marxistische Partei zu etablieren." Verantwortlich für Irrwege waren Živkov und „seine Clique" und der „Stalinismus", der von außen hineingetragen wurde. Wer zur „Živkov-Clique" zu zählen war, blieb offen. Aber in späteren Parteiprogrammen treten Hinweise auf die Väter des Kommunismus in den Hintergrund. Dann ist v.a. von „Sozialismus" die Rede, von den „freiheitsliebenden Idealen der Römer und Griechen" und der Aufklärung. Marx und Blagoev werden weiterhin positiv erwähnt.

Der 40. Parteikongreß im Dezember 1991 wählte den 32jährigen Videnov an die Spitze der Partei (statt Lilov und gegen den „Sozialdemokraten" Pirinski), die Pattstellung im Konflikt zwischen Reformern und Konservativen setzte sich fort. In der Einigung auf Videnov (er war jung, aber gehörte nicht dem Reformflügel an) war es vorerst gelungen, die Gefahr einer Spaltung zu bannen. Wie Lilov, Mladenov und Lukanov hatte auch Videnov in Moskau studiert (am Institut für internationale Beziehungen). Dann arbeitete er unter anderem in einem sowjetisch-bulgarischen Unternehmen und wurde 1989 Vorsitzender des kommunistischen Jugendverbands in Plovdiv. Seine Vorteile waren seine Jugend sowie die Hoffnung der älteren Garde, ihn manipulieren zu können. Die moderaten Kräfte formierten sich nun im „Verband für Sozialdemokratie", um vor „Rebolschewisierung" der Partei und „nationalistischen Abweichungen" zu warnen. Zu Abspaltungen kam es hingegen nur vereinzelt. Die strafrechtlichen Verfolgungen 1992, gerichtet sowohl gegen Politiker der Živkov-Ära als auch gegen BSP-Reformer wie Lukanov, trugen maßgeblich zur wiedergefundenen Einheit der Partei bei.

Den Grundstein für die Rückkehr der BSP an die Macht legte die am 30. Dezember 1992 gebildete parteilose Expertenregierung von Ljuben Berov. Diese Regierung wurde nach einigen Monaten parlamentarischer Krise in Erwartung einer begrenzten Lebensdauer gebildet, sollte jedoch bis September 1994 an der Macht bleiben. Keine Partei erklärte offen, daß dies „ihre" Regierung sei, doch bei von der UDK angestrengten Vertrauensabstimmungen (1993 gab es deren 4) standen die Abgeordneten der BSP, der BRF und ein abgespaltener Teil der UDK hinter Berov. Die BSP war an Neuwahlen (noch) nicht interessiert und fand in der Regierung Berov eine Möglichkeit, die Exekutive versteckt zu beeinflussen. Beinahe als erste Handlung beschloß die neue parlamentarische Mehrheit am 30. Dezember, Andrej Lukanov aus der Untersuchungshaft freizulassen. So gewann die BSP Einfluß, während sie der abgetretenen UDK-Regierung die Schuld am wirtschaftlichen Zerfall geben konnte. Exkommunistische Parteien gewannen auch in anderen Ländern wieder an Boden: In Litauen erreichte die Demokratische Arbeiterpartei im November 1992 bei Parlamentswahlen 42,6%, die Rumänische Sozialdemokratische Partei kam im September 1992 immerhin auf 27%, 1993 folgte das gute Abschneiden der polnischen „Allianz der demokratischen Linken". Diese Ergebnisse waren aus psychologischen Gründen auch für die BSP-Parteiführung wichtig.

Regierungen, die sich auf von der BSP dominierte parlamentarische Mehrheiten stützten:

Andrej Lukanov	3.2.1990 bis 29.11.1990
Dimitâr Popov	7.12.1990 bis 13.10.1991 – in Koalition mit der UDK
Ljuben Berov	30.12.1992 bis 2.9.1994 – eine parteilose „Expertenregierung"
Žan Videnov	5. Januar 1995 bis Januar 1997

Regierungen mit der BSP in der Opposition:

Filip Dimitrov	8.11.1991 bis 29.10.1992 – UDK/BRF
Reneta Indžova	2 Monate Übergangsregierung 1994
Stefan Sofjanski	Übergangsregierung 1997
Ivan Kostov	seit April 1997

Berov sah sich als Mann des Konsenses, nicht der Konfrontation, doch seine Regierung zeigte klare Anzeichen des wachsenden „Zerfalls des bulgarischen Staates". Tatsächlich war die „Diktatur der Schwäche" des herzkranken, alternden Regierungschefs eine ideale Umgebung für das Abstecken neuer Wirtschaftsimperien. Reneta Indžova, im Dezember 1994 für zwei Monate Premierministerin einer Übergangsregierung, beschuldigte das Kabinett Berov später, „die Regierung der Multigroup" gewesen zu sein. *Multigroup*, eine der mächtigsten aus dem Dunstkreis von Staatssicherheit und hohen Parteifunktionären stammenden Firmen, wurde zum Symbol des „national verantwortlichen Kapitals" (s. S. 127). Korruption bürgerte sich in dieser Zeit auf allen Ebenen der Verwaltung immer mehr ein. Organisierte Kriminalität im Großen (Geldhinterziehungen, versteckte Privatisierung, organisierter Schmuggel über die serbische Grenze) und im Kleinen (Erpressung von Schutzgeldzahlungen) wucherte.

Die UDK sah die Gefahr einer „Rekommunisierung", einer Verschwörung unter Anleitung der alten Nomenklatura: Doch auch dieses Schlagwort hatte sich durch seinen inflationären Gebrauch abgenützt. Das Trommelfeuer der BSP gegen die „revanchistische, monarchistische, rassistische und separatistische" Politik der UDK nahm an Intensität zu. Nun wurde der „rechte Übergang" zur Marktwirtschaft verurteilt und ein „linker Übergang" als einzige Alternative empfohlen. Berov sah sich zwar als Reformer an der Spitze einer „Regierung der Privatisierung", um das Wirtschaftsprogramm der UDK (an dem er mitgeschrieben hatte) umzusetzen; aber es kam aufgrund der Prioritäten der BSP, deren parlamentarische Unterstützung er benötigte, anders. Bei ihrer Parteikonferenz im März 1993 verlangte die BSP Änderungen in der Wirtschaftspolitik. Das Reformtempo verlangsamte sich deutlich; das Haushaltsdefizit stieg von 5 % (1992) auf 8 % (1993); Gespräche mit dem IWF stockten; im Winter 1993/94 kam es zu einer Währungskrise. Alle Umfragen zeigten die wachsende Unzufriedenheit der Bevölkerung. Ein Grund mag das Problem der Wasserversorgung in Sofia und anderen Städten gewesen sein: Hier gab es 1994/95 oftmals tagelang kein Wasser. Die Berov-Regierung verkörperte in der Diskrepanz zwischen Rhetorik und Wirklichkeit das Dilemma einer Reform, die ihre Orientierung verloren hatte: „Privatisiert" wurden nicht Betriebe, sondern die elementaren Aufgaben des Staates, wie zum Beispiel die Polizeifunktion. So riet der Innenminister 1994 der eingeschüchterten Bevölkerung, sich selbst zu bewaffnen.

Die BSP, die im Hintergrund die Fäden zog, empfahl sich als geläuterte Partei von sozial denkenden Fachkräften. Sie begann wieder selbstbewußt vom Modell des „sozialistischen Übergangs" zu sprechen. Je länger die „Regierung parteiloser Experten" an der Macht blieb, desto besser standen die Umfragen für die BSP. Im September 1993 lag sie 3 % vor der UDK, im

November 1993 4 %, im Januar 1994 10 % und Mitte Dezember 1994 schließlich 16–18 %. Eine Umfrage des „International Republican Institute" im November 1994 zeigte, daß 45 % der Befragten glaubten, die BSP „ist an Leuten wie mir interessiert", aber nur 19,4 %, daß dies auf die UDK zutreffe. Letztlich gewann die BSP die Wahlen im Dezember 1994 mit einem Vorsprung von 19,3 % vor der (erneut gespaltenen) UDK.

Stadt – Land: das große Mißtrauen

Eine soziologische Studie, koordiniert vom „Zentrum für Soziale Praktiken", der Neuen Bulgarischen Universität und dem „Zentrum für Liberale Strategien" in Sofia, stellte sich 1993/94 die Aufgabe, politische Grundeinstellungen zu erforschen. Dabei zeigte sich der Stadt-Land-Gegensatz als ein entscheidender Gegensatz in der Gesellschaft.

Typische Meinungen, die in kleineren Dörfern immer wieder auftraten: Leute in Sofia „haben ihre sichere Arbeit und ihre hohen Gehälter und kümmern sich nicht, welche Art Leben wir hier führen müssen" oder: „Die Sofianer haben Živkov verjagt, sie haben die UDK an die Regierung gebracht, sie haben den Türken Rechte gegeben ... sollen sie doch jetzt hungern. Aber wir hungern immer mehr." Unter den meisten bulgarischen Städtern wird das Land als zurückgebliebene Bastion ungebildeter, alter Leute angesehen und auf dem Land die Stadt als parasitär, verständnislos und damit fremd, dazu bedrohlich und gefährlich. Während in den „alten" Stadtvierteln der Städte die „Restitution" von Grund und Boden positiv beurteilt wurde, war die Reaktion in ländlichen Gebieten klar negativ. Die BSP war zur Nachfolgerin der antistädtischen Bauernpartei geworden: Auf dem Land wurde die UDK als städtische Partei gesehen, von 1993 an wurde sie mit hohen Preisen und niedrigen Löhnen verbunden. In der Parteizeitung der UDK vom 13. November 1995 hieß es über die Lokalwahlen 1995: „Die Resultate haben bestätigt, daß die UDK in den großen Städten gewonnen hat, dort, wo die Menschen nicht manipuliert und wo sie nicht Opfer ihrer Angst werden konnten. Wir haben nicht gewonnen, wo der Gemeinderat immer wachsam ist und die Menschen im nationalen und politischen Sinne verantwortungslos gewählt haben." Wähler auf dem Land sind politisch und national verantwortungslos – dies sind die tiefverwurzelten Urteile des bulgarischen Städters.

Hybris der Macht: Das Scheitern des „linken Übergangs“ 1995–1996

Die BSP hatte 1995 die beste landesweite Organisation, eine stabile Wählerschaft und eine Ideologie, „den linken Übergang“. Im März 1995 gab sie ein „Weißbuch“ heraus, das eine Bestandsaufnahme der Situation in Bulgarien sein sollte. Für die Probleme wurde das „primitive Politisieren antikommunistischer Kräfte“ allein verantwortlich gemacht, über die Zeit vor 1991 wurde nicht geschrieben. So beklagte das Buch, daß unter der Regierung Dimitrovs 215 Personen des diplomatischen Dienstes entlassen worden seien und daher (!) das Ansehen Bulgariens in der Welt gesunken sei. Die „blauen Politkommissäre“ der UDK seien für die Probleme verantwortlich.

Das Jahr 1995 brachte zunächst eine gewisse wirtschaftliche Stabilisierung, die auf den späten volkswirtschaftlichen Erfolgen der Berov-Regierung – relativ niedrige Inflation, eine Lösung der Auslandsschuldenfrage – aufbaute. Aber es war eine Ruhe vor dem Sturm. Wirtschaftspolitisch folgte die Rückkehr von Preiskontrollen und „Produktionskrediten“; gesellschaftspolitisch gab es Versuche, westliche Einflüsse im Bereich der Nichtregierungsorganisationen (NGOs) und im Bildungsbereich einzudämmen und die Medien unter staatliche Kontrolle zu bringen. Zum neuen Bildungsminister wurde Ilčo Dimitrov, ein nationalistischer Historiker, der bereits Živkov gedient und in der anti-türkischen Kampagne eine wichtige Rolle gespielt hatte. Außenpolitisch wurden die Akzente verschoben, vor allem der Kontakt zur NATO beschränkt, dafür verstärkt Kontakte zu Rußland aufgenommen. Die BSP blieb international isoliert und kam ihrem Ziel, der Aufnahme in die „Sozialistische Internationale“, nicht näher. Bei einem „internationalen“ Kongreß über „Sozialismus und Sozialdemokratie“, den die BSP mit der deutschen Ebert-Stiftung im Januar 1996 in Sofia organisierte, kamen kaum internationale Besucher, weder Politiker noch Experten. Am besten waren noch die Beziehungen zu den griechischen Sozialisten, zur PASOK Papandreous.

Der Anfang vom Ende des „linken Übergangs" wurde im Winter 1995/96 eingeleitet. Es begann mit dem symbolträchtigen Getreideskandal, der zu Ministerrücktritten führte: Aufgrund der hohen Weltmarktpreise für Getreide und der vom Staat niedrig gehaltenen bulgarischen Preise war Export ein einträgliches Geschäft, das in großem Maßstab versteckt abgewickelt wurde. So wurden die Getreidereserven aufgebraucht und das Land 1996 in die Notlage versetzt, Getreide wieder teuer importieren zu müssen. Der Mißtrauensantrag gegen die Regierung Videnov, von der Opposition am 10. Januar 1996 eingebracht, scheiterte zwar, und auch die Warnung Želevs, die Regierung Videnovs stelle eine „Gefahr" für Bulgarien dar, verhallte ohne Folgen. Doch die Erhöhung der Leitzinsen durch die Nationalbank am 1. Februar 1996 zur Unterstützung des Lev war ein klarer erster Hinweis auf das schwindende Vertrauen in die Regierung und in die nationale Währung.

„Alle nun entscheidenden Kämpfe sind solche innerhalb der BSP", versicherte der Politologe Dainov Anfang 1996. Diese sollten sich schnell dramatisch verschärfen: Die steigenden Leitzinsen und der sinkende Kurs des Lev, die galoppierende Inflation und die wachsende Isolation des Landes belebten den Konflikt zwischen dem „Videnovkreis" und der Lukanovgruppe neu. Die sozialen Garantien der Regierung lösten sich in Luft auf: Das Durchschnittseinkommen fiel von 127 $ im Dezember 1995 auf 65 $ im Juli 1996. Das Massenprivatisierungsprogramm, für das der mächtige Minister für Entwicklung, Rumen Gečev, verantwortlich war, begann mit Verspätung und ohne allzu großes Interesse der Bevölkerung. Brotmangel und lange Schlangen brachten den zweiten Landwirtschaftsminister innerhalb eines Jahres zu Fall, Schießereien zwischen Polizisten und Verbrechern auf offener Straße führten zum Rücktritt des Innenministers. In den ersten Juniwochen erhärteten sich Gerüchte, daß Lilov und Lukanov Videnov absetzen wollten.

Eine gespaltene Gesellschaft

Bulgariens postkommunistische Gesellschaft ist in zwei politische Lager gespalten, denen verschiedene Bevölkerungsgruppen entsprechen: Kleinstädte und Dörfern sind Hochburgen der BSP, Sofia und andere Großstädte Hochburgen der UDK.

Der typische BSP-Wähler lebt auf dem Land, ist Pensionist und hat keine höhere Schulbildung: Die BSP als Partei der älteren, ländlichen Bevölkerung ist vom Profil her eigentlich eine typisch „konservative" Partei. Bei Parlamentswahlen 1990 erreichte sie in 16 von 24 Wahlkreisen über 50 % der Stimmen und auch 1994 siegte die BSP in 25 von 31 Wahlkreisen. Die UDK gewann nur in Plovdiv und in den drei Wahlkreisen von Sofia; diese Städte und die Wahlkreise mit türkischer Mehrheit (Razgrad, Kârdžali) brachten die schlechtesten Ergebnisse für die BSP. 1994 lag das Wahlverhältnis zwischen UDK und BSP in Sofia bei 39:36%, in den Hauptstädten der Wahlkreise bei 27:40, in Kleinstädten bei 20:50 und in Dörfern bei 13:44. Bei Gemeinderatswahlen 1995 gewann die Opposition in Sofia, Plovdiv, Varna; die BSP aber eroberte landesweit 195 von 225 Rathäusern.

Neben den Stadt-Land-Gegensatz treten das Alter (die Landbevölkerung ist auch älter als die Stadtbevölkerung) und die Bildung: 56 % der BSP-Wähler waren 1994 älter als 51 Jahre und nur 23 % zwischen 18 und 40 Jahren. Da Pensionisten ein Drittel der Gesamtwähler darstellen, ist dies eine wichtige Grundlage für sozialistische Wahlerfolge. Auch der Grad der Ausbildung ist bei BSP- und UDK-Wählern unterschiedlich: 35 % der sozialistischen Stimmen kamen 1994 von Leuten mit höherer Schulbildung, 41 % von Leuten mit Grundschulbildung; bei der UDK waren dies 55 % bzw. 27 %. 7 % der BSP-Wähler und 12 % der UDK-Wähler hatten einen Universitätsabschluß.

Eine eigene politische Subkultur wird durch ethnische Zugehörigkeit und Religion gebildet: Bislang stimmten die bulgarischen Türken fast geschlossen, die bulgarischen Moslems überwiegend für die Bewegung für Rechte und Freiheiten (BRF).

Andrej Lukanov beschuldigte die Regierung im Sommer, „Organe der Staatssicherheit bei innerparteilichen Kämpfen einzusetzen". Videnov antwortete, es gebe eine „Verschwörung zum Sturz seiner Regierung". Lukanov wurde am 2. Oktober vor seinem Haus erschossen. Er hatte kurz davor einem Freund, dem Sozialdemokraten Andrej Raičev, gesagt, er wolle Korruption in den höheren Ebenen der Verwaltung aufdecken. In einem posthum verlesenen Brief an Videnov hatte Lukanov noch vor der Verwischung der Grenzen zwischen privaten Wirtschaftsimperien und organisierter Kriminalität gewarnt.

Die Zeit des Wahlkampfes für die Präsidentschaftswahlen verlängerte Videnovs politisches Leben um einige Monate, doch die wirtschaftliche Lage verschärfte sich weiter. Bei den Wahlen am 27. Oktober und 3. November 1996 gewann der Kandidat der Opposition, Petăr Stojanov, überlegen mit 59,7 % gegen 40,3 % für den Kandidaten der BSP. Noch entscheidender für die Zukunft: Stojanov lag in 27 der 31 Wahlbezirke vor dem Sozialisten Marazov. Die Stammwähler der BSP, die ältere, ländliche Bevölkerung, hatten sich an diesen Wahlen nur begrenzt beteiligt. Aber das Amt des Präsidenten ist ein überwiegend zeremonielles, und die entscheidende Frage war nun die Person des BSP-Parteivorsitzenden und Regierungschefs. Bei einem Kongreß der Partei Ende Dezember 1996 trat Videnov von beiden Positionen zurück. Die Durchschnittslöhne waren mittlerweile auf 35 $ pro Monat gefallen und erreichten damit den Stand vom Höhepunkt der Wirtschaftskrise im Februar 1991.

Winterwende

Im Herbst und Winter 1996 schien es, als versinke Bulgarien in einer politischen und sozialen Krise ohne Ausweg. 1996 war das im Rückblick schlimmste Jahr seit Ende des Kommunismus, und in den Wintermonaten nach dem Fall der Regierung Videnov (Videnov trat am 21. Dezember zurück) gab es kaum eine bulgarische Familie, die nicht angsterfüllt in den Abgrund des sozialen Absturzes blickte. Armut erfaßte alle Bereiche der Gesellschaft, überall fehlte es an Gas für Heizungen oder an Geld in den Haushalten, um die Stromrechnungen zu bezahlen. In einigen Gemeinden kam es zu Engpässen bei der Versorgung, Wohnungen blieben kalt, Büros und Universitäten ungeheizt. Der Wert vieler Pensionen fiel auf weniger als 4 Dollar im Monat, gerade genug, um 10 Laib Brot zu kaufen. Politisch war die Situation nach dem Rücktritt von Videnov blockiert; die BSP hatte durch den Zusammenbruch der Wirtschaft ihre Glaubwürdigkeit verloren, doch die nächsten Wahlen standen erst Ende 1998 bevor. Proteste, die kalte Wut der Bevölkerung, drohten sich auf die Straße zu verlagern.

In dieser Situation zeigte sich jedoch einmal mehr auch der enorme Fortschritt, den Bulgariens zivile Gesellschaft seit dem Ende des Kommunismus gemacht hatte. Die Wirtschaftskrise und eine mögliche Hyperinflation vor Augen, begannen die Menschen Straßenproteste und eine disziplinierte Kampagne. Zwar kam es am 10. Januar 1997 vor dem Sofioter Parlament zu gewaltigen Ausschreitungen, doch diese blieben die Ausnahme: Mit friedlichen Protesten, die sich an den monatelangen Demonstrationen in Belgrad orientierten, begann ein politischer Prozeß, der letztlich zu einem unerwarteten Ausgang führte. Bereits am 12. Januar bot die neue Parteiführung der BSP unter Georgi Părvanov (der Videnov nahe gestanden war) der Opposition Verhandlungen an, noch unter der Bedingung, die diskreditierte BSP würde ein weiteres Jahr die Macht im Land behalten. Da tagtäglich Hunderttausende von Menschen auf den Straßen Sofias demonstrierten, gewannen die politischen Manöver des abtretenden Präsidenten Želev (der versuchte, durch seine Hinhaltetaktik bei der Ernennung einer neuen sozialistischen Regierung die Krise unter Kontrolle zu behalten) große Bedeutung. Noch entscheidender aber wurde der Respekt, den sich der neue Präsident Stojanov erwarb. Bereits am 22. Januar versicherte er, die Menschen, „die kein Brot, keine Heizung, keine Perspektive und keinen Glauben haben“ zu verstehen; gleichzeitig appellierte er an alle politischen Kräfte, Ruhe zu bewahren. In vielen Kirchen des Landes wurde für den Frieden gebetet.

Es herrschte allgemeine Erleichterung, als es nach 30 Tagen Straßenprotesten zu einem politischen Kompromiß kam: Am 4. Februar stimmte die BSP bei einem von Präsident Stojanov geführten Treffen des nationalen Sicherheitsrates Neuwahlen zu. Wiederum zogen 100000 Demonstranten vor die Alexander-Nevski-Kirche im Zentrum Sofias, diesmal um zu feiern. Die ökonomische und soziale Krise würde nicht auf der Straße, sondern an den Wahlurnen zu einer Entladung führen, die Politik hatte die Oberhand über eine mögliche Eskalation der Proteste behalten.

Die von Stojanov eingesetzte Übergangsregierung von Stefan Sofjanski, dem UDK-Bürgermeister von Sofia und einem der großen Hoffnungsträger seiner Partei, begann dann mit den ersten Reformschritten. So wurden die Strompreise am 1. März um 25% angehoben sowie neue Verhandlungen mit dem IWF aufgenommen. In wöchentlichen Fernsehansprachen erklärten Stojanov und Sofjanski der Bevölkerung, daß das Schwerste noch bevorstand. Dazu kamen medienwirksame, an das Populistische grenzende Aktionen gegen die „Ringer" und die neuen Reichen: unter dem Namen „Aktion Moskito" wurden Besitzer der in Sofia allgegenwärtigen Luxuswagen, die daran gewöhnt waren, ungestraft in Gegenrichtung durch Einbahnstraßen zu fahren oder auf Gehsteigen zu parken, von der Polizei kontrolliert und befragt, mit welchem Geld sie denn die Autos gekauft hatten. Das war für viele das Erstaunliche an der Übergangsregierung: Obwohl das nun gemalte Bild der nahen Zukunft düsterer nicht sein konnte, gewannen Sofjanski und Stojanov enorm an Popularität. Es war, als wirkte die nüchterne, trockene Art einer neuen Politikergeneration nach den Phrasen und leeren Versprechungen der sozialistischen Partei wie eine Erlösung. Die Hoffnung kam auf, daß sich auch die UDK seit den Jahren des sterilen Antikommunismus weiterentwickelt hatte. Für den 20. April 1997 wurden schließlich Neuwahlen angesetzt. Das Ergebnis stand bereits lange vorher fest: Mit der Desillusionierung der Stammwähler der BSP (der älteren ländlichen Bevölkerung und der Pensionisten) sank die Wahlbeteiligung auf etwa 60%, und der UDK kam dies direkt zugute. Sie errang im Bündnis mit der Demokratischen Partei und der Bauernpartei als „Vereinigte Demokratische Kräfte" eine absolute Mehrheit von 52,2% der Stimmen, die BSP dagegen nur 22,2%. An dritter Stelle hielt sich die „Vereinigung zur Nationalen Rettung", aus der türkischen BRF und den Monarchisten, mit 7,5% der Stimmen. Ins Parlament zogen außerdem die sozialdemokratischen „Eurolinken" und mit 5,5% der „Business Block" von Gancev.

„Bulgarien hätte auch dann Hilfe und Aufmerksamkeit verdient, wenn in Sofia nicht Steine oder Gummikugeln fliegen", schrieb die FAZ im Januar 1997: Tatsächlich brachten die Proteste in Sofia erstmals seit langem wieder Reporter in dieses bislang vergessene Land. Dies war nun eine Chance, denn der gelungene Regierungswechsel und die Wahlen halfen mit, das enorm ramponierte Bild Bulgariens im Ausland aufzubessern. Es wird der neuen Regierung unter UDK-Parteichef Ivan Kostov, einem Wirtschaftsspezialisten und ehemaligen Finanzminister der Regierung Dimitrov, nicht leicht fallen, die angestauten Probleme eines bislang fehlgeschlagenen Übergangs zu bewältigen. Aber erstmals seit langem hatte man wieder das Gefühl, daß sich ein klarer Konsens gebildet hatte. Bulgarien, so die neue Regierung, gehöre zu Europa. Um es dort zu verankern, müßten schmerzhafte Reformen eher früher als später durchgeführt werden.

IV. Die bulgarische Wirtschaft

Der Weg in die Perspektivelosigkeit

Das Verschwinden des Kommunismus löste die wirtschaftlichen Probleme Bulgariens ebensowenig wie sein Auftauchen fünfundvierzig Jahren zuvor. Strukturprobleme der Zwischenkriegszeit sind wieder aufgetaucht: Kapitalmangel und ein marodes Bankensystem, eine krisengeschüttelte Landwirtschaft und das Fehlen von international konkurrenzfähigen Fertigprodukten. War es 1989 eine offene Frage, ob sich Bulgarien in die europäische Wirtschaft integrieren würde, so ist heute die Gefahr offensichtlich, daß Bulgarien den lateinamerikanischen Weg einschlagen wird, mit einem großen, durch Korruption ausgehöhlten Staatsapparat und einer Spirale von Schuldenkrisen, Währungsturbulenzen und negativen Wachstumsraten. So ist das Land ein Lehrstück dafür, daß Preis- und Außenhandelsliberalisierung und eine volkswirtschaftliche Stabilisierungspolitik, die 1991 auf Druck des Auslandes eingeleitet wurden, zwar notwendige, aber nicht ausreichende Bestandteile eines Systemwechsels sind. Die entscheidenden Strukturreformen lassen sich bei fehlendem politischen Konsens kaum verwirklichen. Der selbst für Osteuropa einmalige Zusammenbruch der bulgarischen Wirtschaft 1996 zeigt die Perspektivelosigkeit aufgeschobener Reformen, des unfreiwilligen „Schocks“ ohne Therapie.

Seit 1990 sieht sich Bulgarien an die Peripherie eines unverstandenen internationalen Systems gedrängt. Für ausländische Investoren bleibt es ein weißer Fleck auf der Karte: Gerade 577 Millionen Dollar war der Gesamtwert ausländischer Direktinvestitionen im Frühjahr 1996. In den Ländertabellen des „Institutional Investor“ fiel Bulgarien in der Einschätzung wichtiger westlicher Anleger vom 43. Platz 1990 auf den 93. Platz

1995, überholt von allen mitteleuropäischen Nachbarn, aber auch von Bangladesch, Syrien oder Vietnam. Als bulgarische Bradyobligationen (Schuldscheine für die Auslandsverschuldung) 1994 erstmals auf internationalen Aktienmärkten gehandelt wurden, stellte die Investitionsbank Salomon Brothers potentiellen Anlegern dieses „geheimnisvoll aufgetauchte Land“ mit den Worten vor, dies sei „kein kleines Polen, und auch kein Mini-Rußland“, sondern am ehesten noch „mit Ecuador zu vergleichen“.

Wachstum, Inflation, Arbeitslosigkeit (Angaben in %)

	1991	1992	1993	1994	1995	1996
Änderung des BIP	–11,7	–5,4	–4,2	1,4	2,5	–8
Inflationsrate	334	183	73	96	33	270
Arbeitslosenquote	11	15,2	16,4	12,51	11,1	–

Quellen: Agentur für Wirtschaftliche Koordinierung und Entwicklung (Sofia), Nationales Statistisches Institut, Bulgarische Nationalbank, UN Economic Commission for Europe – Zahlen für 1996 sind Schätzungen.

Intellektuell herrscht im Land große Verwirrung: Ist das, was man in Bulgarien heute findet, ein „kapitalistisches System“? Die Preise wurden 1991 von der UDK-BSP-Koalitionsregierung liberalisiert, das Land handelspolitisch geöffnet, offizielle staatliche Subventionen für Betriebe gestrichen. Dies seien die Gründe für den Niedergang Bulgariens, argumentiert seit 1992 die Bulgarische Sozialistische Partei. Eine „Schocktherapie“ habe die Wirtschaft zum Zusammenbruch verurteilt, die Experten des Internationalen Währungsfonds (IWF) hätten das Land in den Ruin getrieben: „Neoliberale Experimente“, „ökonomische Anarchie“ seien für die Krise verantwortlich und führten zum wilden Kapitalismus.

„Kapitalismus“? Sechs Jahre nach dem Beginn der Wirtschaftsreformen war im Sommer 1996 die Zahl verlustmachender Firmen größer als die der gewinnmachenden, eine für eine „Marktwirtschaft“ aberwitzige Situation. Die interne Verschuldung der bulgarischen Firmen erreichte Ende 1995 59%

des Bruttoinlandsprodukts. 93 % der industriellen Produktion wurden im staatlichen Sektor produziert und fast die Hälfte der im Konsumentenkorb vertretenen Preise nach einer Schätzung der Ökonomin Galina Dimitrova 1996 wieder von der Regierung bestimmt. Die wichtigste Entscheidung in einem kapitalistischen System, die Allokation von Kapital, fiel in staatlich kontrollierten Geschäftsbanken nach politischen Kriterien. 1995 stellten unabhängige Finanzprüfer fest, daß fast alle bulgarischen Geschäftsbanken im technischen Sinne bankrott waren, aber weiterhin Kredite vergaben. Dauernde und wachsende Verluste hatten keine Auswirkungen auf Firmen- und Bankenstrategien, die 100 größten staatlichen Firmen waren 1994 verantwortlich für Verluste im Gesamtwert von 3 % des BIP. Die höchsten Verluste häuften Firmen in Bereichen wie Energie, Transport und Telekommunikation auf, in denen die realen, vom Staat bestimmten Preise 1994 aufgrund von Preiskontrollen sogar stark fielen! So hatten die wichtigsten Preise, für Energie und Kapital und die meisten Waren des Warenkorbs, keine Signalfunktion. Strukturreformen blieben im Geflecht mächtiger Interessen stecken.

Am besten läßt sich die bulgarische Wirtschaft nach sechs Jahren „Reform" als „marktsozialistisch" im Sinne des ungarischen Ökonomen Janos Kornais beschreiben, ein Niemandsland, in dem staatliche Koordination nicht mehr und Marktkoordination noch nicht greift. Firmen und Banken machen nicht die Anpassung an „harte Budgetbeschränkungen", sondern das Anhäufen von Schulden zur Strategie. Das Streben nach höherer Produktivität wird ersetzt durch die Suche nach politischen Paten. Dadurch wird der Motor möglichen Wachstums ausgeschaltet. Die „kreative Zerstörung", das Verdrängen von ineffizienten Firmen, wird zur blinden Zerstörung aller Strukturen.

1995 betrug das BIP Bulgariens 871,4 Milliarden BGL (bulgarische Leva). Davon entfielen auf den Konsum der Haushalte 613,6 Milliarden (70 %), auf den Staat als Konsument 126,5 Milliarden (14,5 %) und auf Investitionen 127,3 Milliarden (14,6 %). Zweierlei sticht sofort ins Auge: Das kleine Gesamtvolumen der bulgarischen Volkswirtschaft, das zu den Wechselkursen 1995 auf ca. 13 Milliarden Dollar kam. Dies entspricht zum Beispiel in etwa dem Sparpaket, das die Bundesregierung des kleinen Österreich 1996/97 in zwei Jahren bei ihren Ausgaben einzusparen (!) beabsichtigte. Zweitens fällt die sehr niedrige Investitionsrate auf, die eine technologische Erneuerung der Produktionsmittel unmöglich macht. Investitionen kommen aufgrund fehlender Kapitalmärkte und rechtlicher und volkswirtschaftlicher Unsicherheiten praktisch zum Erliegen: „Wir verzehren unser eigenes Kapital“, erklärte der ehemalige Notenbankchef Todor Vulcev im Frühjahr 1996.

Kerndaten 1995

	Milliarden Leva	Anteil am BIP in %
BIP Bulgariens:	871,4	
Konsum der Haushalte	613,6	70 %
Staat	126,5	14,5 %
Investitionen der Firmen	127,3	14,6 %
Anteil des Privatsektors am BIP	339,4	38,9 %
Verluste staatlicher Firmen	53	6 %
Gesamtverschuldung staatlicher Firmen	514	58,9 %
Exporte	343,3	
Importe	339,4	
Inlandsverschuldung der Regierung	345	39,5 %
Auslandsverschuldung Ende 1995	9,4 Mrd. $	
Schuldenrückzahlungen 1995	0,4 Mrd. $	
Auslandsinvestitionen 1995	0,09 Mrd. $	

Quelle: Bulgarische Nationalbank, Jahresbericht 1996

Hinter volkswirtschaftlichen Zahlen verbirgt sich eine schnell verarmende Bevölkerung: Für die 2,4 Millionen Rentner Ende 1995 wurden gerade 70 Milliarden Leva ausgegeben, und die Durchschnittsrente deckte kaum noch die Heizkosten im Winter. Dabei blieb der reale Wert der Renten 1995 gleich, während andere Einkommen fielen (eine wahltaktisch kluge, aber 1996 nicht mehr finanzierbare politische Entscheidung der Regierung Videnov). Die Verarmung der Bevölkerung zeigt sich auch darin, daß 1995 fast die Hälfte des Einkommens jedes Haushaltes für Nahrung ausgegeben wurde.

Bedingungen der bulgarischen Wirtschaftspolitik: Ein schwieriges Erbe

Wenn wir die Möglichkeiten bulgarischer Wirtschaftspolitik in den letzten Jahren betrachten, so müssen wir zunächst drei Faktoren berücksichtigen: die Ausgangslage 1990, eine sozialistischen Planwirtschaft mit ihren jahrzehntelang verzerrten Investitionsprioritäten und ihrer Abhängigkeit vom Rat für gegenseitige Wirtschaftshilfe; dann die wirtschaftspolitischen Ideen der bulgarischen Elite, allen voran der bestimmenden BSP, sowie das zugrundeliegende „ökonomische Gedächtnis" ihrer Wähler; schließlich die internationalen Rahmenbedingungen für eine kleine, traditionell offene Volkswirtschaft.

Vor 1945 exportierte Bulgarien landwirtschaftliche Produkte wie Tabak, Weizen und das in Mitteleuropa bekannte „bulgarische Gemüse" und importierte Fertigprodukte. Moderne Industrieproduktion spielte im Export keine Rolle. 1988 war Bulgarien hingegen das industrialisierteste Land unter den RGW-Staaten des Ostblocks, es importierte Rohstoffe und exportierte Fertigprodukte. So hatte das Land eine enorme Kraftanstrengung unternommen, sich mit moderner Industrie auszustatten. Ein Eingeständnis, daß der industrielle Aufschwung des Landes billigem sowjetischem Öl und Gas sowie einem anspruchslosen sowjetischen Markt zu verdanken war, kam in der Mitte der 80er Jahre von Živkov selbst, der die Sowjetunion einem britischen Diplomaten gegenüber als „Bulgariens Kolonie" bezeichnete.

1989 kamen noch mehr als 90 % des Rohöls aus der UdSSR. 1990 wurden die Lieferungen sowjetischen Rohöls dramatisch reduziert, bis Dezember fielen sie auf ein Viertel des vor-

Abb. 10: Der Sozialismus brachte die Industrialisierung eines Landes, das in vielen Bereichen ländlich blieb. Seit 1990 sieht man vermehrt wieder Pferdewagen auf den Straßen.

jährigen Niveaus. Es kam zum Stillstand des Verkehrs und der Industrie, die Produktion der Ölverarbeitungsindustrie fiel in einem Jahr um 41 %. Im Winter 1990/91 hatten bulgarische Haushalte nur wenige Stunden am Tag Wärme und Strom. Mit dem Ende des Tausches bulgarischer Industrieprodukte gegen sowjetische Rohstoffe war die Droge billiger Energie für die Volkswirtschaft abgesetzt; mit der Auflösung des RGW 1991 wurde die bulgarische Wirtschaft in die rauhe Welt der Weltmarktpreise gestoßen. Die Investitionsprioritäten der vergangenen Jahrzehnte hinterließen Sektoren, in denen Bulgarien auf dem Weltmarkt keine Wettbewerbsvorteile hat, wie Elektronik oder energieintensive Metallurgie. Dazu kamen als Hypothek eine hohe Devisenverschuldung und im März 1990 ein Schuldenmoratorium, das den Zugang zu Kapitalmärkten in den Jahren der Öffnung versperrte.

Bulgariens Wirtschaftsdaten Ende 1990

Eigentum:	über 90% der Wirtschaft im Besitz des Staates
Preise:	staatlich kontrollierte Preise, Löhne und Zinsen
Inflation:	offiziell 26%, inoffiziell über 50%
Wachstum:	– 12%
Budget:	Defizit von 14% des BIP Subventionen ergeben 16% des BIP
Banken:	unterentwickelte Geschäftsbanken, stark negative reale Zinsen
Arbeitslosigkeit:	1,6%

Quellen: Nationales Statistisches Institut, Weltbank

Ein Beispiel für das schwierige Erbe ist die in den 80er Jahren forcierte Entwicklung von „Hochtechnologie". Im März 1990 erklärte der Reformkommunist und Ministerpräsident Lukanov, daß die elektronische Industrie allein 719 Millionen Dollar Devisen verschlungen habe, gegenüber einem Exporterlös von nur 166 Millionen. Der Ehrgeiz Živkovs, Bulgarien durch eine „technologische Revolution" zum Japan des Balkan zu machen, hatte einen großen Schuldenberg hinterlassen: Zwischen 1985 und 1989 war die Devisenverschuldung von 3 Milliarden US-$ auf über 10 Milliarden angewachsen. 1996 war die elektronische Industrie unter den Bedingungen einer offenen Wirtschaft beinahe vollständig verschwunden, geschmolzen wie Eis in der Sonne.

Die Reaktionen auf den wirtschaftlichen Umbruch des Jahres 1990 waren konfus. Entscheidungsträger der Sozialisten ebenso wie der Opposition begriffen die Größe der Probleme zunächst nicht, in den Gesprächen am Runden Tisch spielten wirtschaftliche Fragen eine untergeordnete Rolle. Ognjan Pišev, später Botschafter in Washington, beobachtete, daß bei der

Opposition der Glaube vorherrschte, „daß alle Auslandsschulden und der wirtschaftliche Niedergang unverzüglich behoben werden würden, wenn die Machthaber nur das Geld zurückgäben, das sie gestohlen haben." Dabei war mit dem Ende der Arbeitsteilung innerhalb des RGW ein großer Teil der aus dem Boden gestampften Industriestruktur zum Niedergang verurteilt. Ingenieure waren ausgebildet worden, ganze Industriestädte waren entstanden, die ohne den anspruchslosen RGW-Markt und sowjetische Rohstoffe nicht überleben konnten. So war eine Quelle der Arbeitslosigkeit nach 1989 der dramatische Rückgang der Industriearbeiter: Von 1,6 Millionen 1989 in der Industrie Beschäftigten verblieben 1994 gerade 930000 (bei über 12% Arbeitslosigkeit). Die größten Einbußen verzeichneten die Sektoren Elektronik und Elektrotechnik (von 213000 auf 72000) und Lebensmittelverarbeitung (von 177 000 auf 98000). Auch in der Textilindustrie (117 000 auf 62 000) und im Maschinenbau (344000 auf 167000) kam es zu hohen Arbeitsplatzverlusten.

Das „ökonomische Gedächtnis" der Bulgaren

„Ohne große Schlagzeilen entwickelte sich Bulgarien in den vergangenen Jahrzehnten vom rückständigen Agrarland zu einer Industrienation, die auf einigen Gebieten schon Weltniveau erreicht hat. Computerindustrie, Transportwesen und Kernkraft heißen die Wachstumsbranchen", schrieb der Bulgarienexperte Thomas Brey 1986.

So wie er dachten viele ausländische und natürlich bulgarische Beobachter. Ein Erbe der letzten Jahrzehnte ist, daß der Živkovsche Sozialismus erfolgreich schien und radikale Reformen daher heute auf wenig Verständnis stoßen. Der pensionierte Todor Živkov prangte auch 1996 auf den Titelseiten wichtiger Tageszeitungen und erklärte mit erhobenem Zeigefinger, unter seiner Führung sei das Land „vom rückständigsten Mitglied des Warschauer Paktes" auf den dritten Platz vorgerückt. Westliche Beobachter sprachen vor 1989 von einem „weitverbreiteten Gefühl unter Bulgaren, daß das Land große und regelmäßige Fortschritte in wirtschaftlicher, sozialer und kultureller Hinsicht gemacht hatte".

Kernkraft: Das Problem Kozloduj

Es ist eines der emotionsgeladensten Themen in den Beziehungen zwischen Bulgarien und dem restlichen Europa: das Atomkraftwerk in Kozloduj an der Donau.

Todor Živkov hatte sich das Ziel gesetzt, in Bulgarien bis zum Jahr 2000 60% der produzierten Elektroenergie durch Atomkraft aufzubringen. Mitte der 70er Jahre nahmen die ersten Reaktoren ihren Dienst auf, zwei weitere Reaktorblöcke gingen im Januar 1981 bzw. im Mai 1982 ans Netz. 1987 war der Anteil des Atomstroms bereits auf 35,6% gestiegen. Nach der Wende aber enthüllte eine Inspektionsfahrt der Internationalen Atomenergie-Organisation IAEO, daß sich im AKW Kozloduj in den Jahren 1974–1990 261 Zwischenfälle zugetragen hatten. Es fehlten bei vier Reaktoren die notwendigen Notkühlsysteme, sie gelten als nicht nachrüstbar. 1992 forderte die bulgarische Umweltorganisation *Ekoglasnost* zumindest die Stillegung der vier ältesten Reaktoren, ohne Erfolg. Die Weltbank und die Europäische Bank für Wiederaufbau und Entwicklung verlangten bereits 1993, daß gegen Kredite die Reaktorblöcke nur noch für eine Übergangszeit am Netz bleiben sollten. Die bulgarische Regierung lehnte dies ab. Der Leiter des AKW erklärte 1993, „all das, was sich im AKW Kozloduj ereignet hat, ist ein schlimmer Mythos". Ohne Atomstrom, so die Argumente, würde die bulgarische Wirtschaft ebenso wie die Wärmeversorgung zusammenbrechen. 1995 machten die Botschafter der G-7-Staaten einen weiteren Versuch und überreichten dem Vizepremierminister eine Forderung nach endgültiger Stillegung von Reaktor 1, ohne Erfolg. Die bulgarische Regierung kritisierte, daß die EU nicht bereit sei, über konkrete Ersatzlösungen zu diskutieren. 1997 wurden dann aber erstmals auch von offizieller bulgarischer Seite Bedenken geäußert; Energieminister Georgi Stojlov erklärte am 19. Feburar im Radio, daß Kozloduj „sehr gefährlich" und ein besorgniserregendes Gesundheitsrisiko sei: „Die Gefahren übersteigen jedes akzeptable Risiko."

Diese Entwicklung rechtfertigte für die ältere Generation die sozialistischen Wirtschaftskonzepte, und „Reformen" konnten für sie nur darin bestehen, das bereits Erreichte auf bewährtem

Wege zu bewahren. Tatsächlich aber hatte sich Bulgarien in der verzerrten Welt des RGW entwickelt: energieintensiv, rohstoffintensiv und ohne Rücksicht auf ökologische Kosten.

Vor drei Generationen war Bulgarien ein fast ausschließlich landwirtschaftlich orientiertes Land. In der Industrie und im Handwerk arbeiteten am Vorabend des Zweiten Weltkrieges gerade 10,1 % der Werktätigen. Der Anteil der Industrie am Nationaleinkommen war 1938 der mit Ausnahme Albaniens niedrigste in ganz Osteuropa. In der Landwirtschaft wurde bis in die 30er Jahre mittelalterliches Gerät verwendet, hölzerne Pflüge wurden erst langsam ersetzt. Die bäuerliche Bevölkerung versorgte sich selbst und benötigte Geld vor allem, um in den Städten Gas für die Gaslampen und Salz zu kaufen, sowie um Steuern zu bezahlen. In vielen Dörfern führten die Kinder und Großeltern die Ochsen, die erwachsenen Männer arbeiteten häufig im Ausland, zum Beispiel als Gärtner. Die großen Familieninvestitionen waren Holzbetten und Schuhe für die schulreifen Kinder. Die Häuser in den Balkandörfern waren groß, aber man schlief in einem Raum rund um den Ofen, oft gemeinsam mit dem Kleinvieh. Ackerland war knapp, die Produktivität des einzelnen Bauern gering.

Der Kommunismus versprach, diese Unterentwicklung zu überwinden. Das Land wurde industrialisiert, die Bevölkerung zog in die Städte, die Dörfer wurden durch Straßen, Stromleitungen und Fernsehkabel verbunden. Daß das kommunistische Erbe heute ein Hindernis auf dem Weg zu einer entwickelten Wirtschaft sein soll und die Erfolge der letzten Jahrzehnte radikal in Frage zu stellen sind, fällt nicht nur Parteifunktionären schwer zu glauben. „Nach Jahrzehnten der Täuschung und Selbsttäuschung kommt Bulgarien auf den Boden der wirtschaftlichen Wirklichkeit zurück“, lautete 1996 das Urteil führender bulgarischer Wirtschaftsexperten. Die Wurzeln der Orientierungslosigkeit liegen nicht nur im Erbe des Kommunismus. Daß marktsozialistische Rezepte bei den Wählern weiterhin großen Anklang finden, erklärte Rumen Avramov auch mit dem „ökonomischen Gedächtnis“ der Bulgaren. Es sei falsch, Bulgariens Wirtschaftsgeschichte auf den Gegensatz zwischen Kommunismus und Postkommunismus zu verkürzen: Die Strukturprobleme der Wirtschaft hätten eine lange Tradition, und auch Bulgariens „erster Kapitalismus" vor 1944 habe kaum Entwicklungspotential gehabt. Würde man das „ökonomische Gedächtnis" der Bulgaren entschlüsseln, dann stieße man auf stabile Charakterzüge in den letzten 100 (!) Jahren, kulturelle Barrieren, auf denen der Kommunismus aufbauen konnte und die ihn überlebt haben. So ist es für Avramov kein Zufall, daß auch die Bauernunion in ihrer Regierungszeit vor 1923 auf Zwangsarbeit und die „bulgarische Form der Kreditkooperativen" zurückgegriffen hatte, um die kapitalistische Entwicklung „nicht zu korrigieren, sondern zu umgehen". Die Bereitschaft, Schuldenprobleme durch Inflation zu lösen, die Idee von kurzfristigen staatlichen „Produktionskrediten" für einzelne Sektoren bei Fehlen von mittelfristigen Krediten für kleine Unternehmen, auch das Umlenken der Ersparnisse der Haushalte zur Budgetkonsolidierung zeichneten den Vorkriegskapitalismus aus. Entscheidungen fielen im Interesse des Schuldners, nicht des Gläubigers. Mitte der 20er Jahre waren 80% der vergebenen Kredite unter direkter oder indirekter staatlicher Kontrolle; einen Kapitalmarkt, außer für Staatsanleihen, gab es nicht. Die Landwirtschaftskooperativen waren „Maschinen für schlechte Kredite", von den nicht in der Landwirtschaft Beschäftigten wurden 30% vom Staat bezahlt. Institutionelle Reformen wurden auch in der Zwischenkriegszeit durch äußeren Druck verursacht.

Der Wirtschaftswissenschaftler Stefan Bočev schrieb in den 20er Jahren, daß der Kapitalismus in Bulgarien „gegen den Nationalcharakter" lief: Bulgarien habe traditionell eine egalitäre Kultur, die zwar kleines Privateigentum akzeptiere, aber größeren Privatbesitz für ungerechtfertigt halte. Auch sei es eine Schande, für den Profit eines anderen zu arbeiten. Soziologische Untersuchungen seit 1994 bestätigen das Fortleben dieser Denkmuster: 1994 war eine klare Mehrheit der Bulgaren der Meinung, der Staat müsse grundsätzlich verlustmachende Firmen unterstützen, 55% wollten eine überwiegend staatliche Wirtschaft sehen, fast 60% wünschten sich weitgehende Preiskontrollen. Die meisten Bulgaren glaubten weiterhin, nur eine staatliche Anstellung sei eine „richtige Arbeit", selbst wenn eine wachsende Zahl selbst in der Privatwirtschaft tätig war. Arbeit unter einem privaten Vorgesetzten wird als Verlust von Status erlebt, und kleine Betriebe haben es schwer, Angestellte zu bekommen.

Einstieg in die Weltwirtschaft

Als Premierminister Andrej Lukanov im März 1990 Moskau besuchte und in einem persönlichen Gespräch Gorbačëv um sowjetische Hilfe bat, hoffte er noch, Bulgarien aus der (westlich dominierten) Weltwirtschaft herauszuhalten. Da dieser Versuch scheiterte und keine weitere Hilfe kam, verkündete seine Regierung als einzige in ganz Osteuropa am 29. März ein Moratorium für die Schuldenrückzahlungen der Westkredite: Die nationalen Währungsreserven waren auf 138 Millionen Dollar gefallen und konnten gerade noch die Importe für zwei Wochen finanzieren. Doch auch damit entkam Bulgarien nicht seiner wachsenden Abhängigkeit. Im Gegenteil: von Moskau verlassen, waren nun auch westliche Privatbanken als Geldgeber ausgeschlossen. Als einzige Quelle von ausländischem Kapital blieben Kredite internationaler Finanzorganisationen. So kamen die Delegationen, mit denen bulgarische Regierungen ihre Wirtschaftspolitik zu akkordieren hatten, nicht mehr aus Moskau, sondern zunehmend aus Washington, dem Hauptquartier der Bretton Woods Institutionen Internationaler Währungsfonds und Weltbank.

Für die Wirtschaftsexperten der BSP kam dies post factum einer Kapitulation vor feindlichen Interessen gleich: „Bulgarien könnte zu einem regelmäßigen Kunden des IWF werden, und das würde einen hohen wirtschaftlichen, politischen und moralischen Preis kosten", schrieb 1994 Ivan Angelov, später Berater von Ministerpräsident Žan Videnov. Das Wirtschaftsinstitut der Akademie der Wissenschaften warnte im Dezember 1994 vor „inkompetenten Ratschlägen ausländischer Experten“, die nur „gewissen ausländischen Wirtschaften helfen sollten“. Im Gegensatz dazu erklärte die Agentur für Wirtschaftliche Koordination und Entwicklung in Sofia: „Es ist klar, daß alle radikalen Entscheidungen und wichtigen institutionellen Veränderungen unter äußerem Druck geschahen“, und: „Der Währungsfonds disziplinierte zweifellos den Prozeß der volkswirtschaftlichen Gestaltung in Bulgarien. Die Besuche des Fonds wurden zu Managementkursen für die höheren Regierungsbeamten.“ Berater des Präsidenten erklärten 1996 gar, der einzige Freund der bulgarischen Steuerzahler sei der Währungsfonds geworden, denn nur dieser könne die sozialistische Regierung von ihrem „ökonomisch selbstmörderischen“ Kurs abhalten. Die Situation erinnerte einmal mehr an die Zwischenkriegszeit, als ein Vertreter des Finanzkomitees des Völkerbundes als „Berater“ ein Vetorecht bei Entscheidungen der Nationalbank hatte, um den Gebrauch von Auslandskrediten zu kontrollieren.

Aber sowohl jene, die im IWF die Quelle allen Übels sahen, als auch jene, die auf seinen Einfluß hofften, um einer zögernden Regierung Reformen aufzuzwingen, überschätzten seine Macht. Eine Alternative stand bulgarischen Regierungen nämlich immer offen: die wachsende Isolation des Landes in Kauf zu nehmen. Diese Bereitschaft sollte mehrmals – 1993 und 1995 – zum Abbruch der Gespräche führen, damit auch zur Einstellung offizieller Zuwendungen nicht nur des IWF und der Weltbank, sondern auch der G-24 (die größten 24 Industrieländer) und der Europäischen Union. Daraufhin kamen (1993 wie 1995) fast alle Reformen zum Stillstand, bis nach einer trügerischen Ruhe eine schwere Währungskrise die Situation verschärfte: So geriet der Kurs des Lev im Winter 1993/94 (bis zum März 1994 verlor der Lev 40% seines Werts) ebenso wie im Frühjahr 1996 in schwere Turbulenzen. Jedesmal folgten eine Neuaufnahme der Gespräche mit dem Fonds und bulgarische Versprechen, dessen Forderungen doch umzusetzen. Das Pendel bulgarischer Wirtschaftsreformen schlug wieder aus.

Im Februar 1991 wurde von der bulgarischen Regierung die erste Absichtserklärung mit dem IWF unterschrieben und gemeinsam bei einer Pressekonferenz präsentiert. Die Prinzipien zukünftiger Geldpolitik, die Preisliberalisierung und eine neue Fiskalpolitik wurden darin festgeschrieben, die Priorität der Privatisierung betont: Die makroökonomischen Reformen begannen. Doch schnell kühlten sich die Beziehungen ab: Der Finanzminister der Berov-Regierung, Stojan Aleksandrov, versicherte nach seiner Ernennung 1993 sogar, der IWF müsse seine Bedingungen lockern oder Bulgarien darüber nachdenken, sich aus der Organisation zurückzuziehen. Im Frühjahr 1993 kam es zum Abbruch der Gespräche. Aleksandrov gab dem IWF die Schuld für den Niedergang der Staatsbetriebe. Offen ist die Frage, ob Bulgariens Gläubiger zu diesem Zeitpunkt die Kapazität des Landes, die aus der Živkov-Ära geerbten Schulden zu tragen, nicht tatsächlich überschätzten. Bei der Umschuldung konnte es ohne Unterstützung des IWF keine Lösung geben. Auf sein Signal warteten die westlichen Gläubiger Bulgariens, die von der Deutschen Bank angeführten mehr als 300 Geschäftsbanken des „Londoner Clubs" ebenso wie multilaterale Finanzorganisationen. Nach dem Umschuldungsabkommen 1994, bei dem Bulgarien nach einem Schuldennachlaß von fast 50% den Schuldendienst wieder aufnahm, war der IWF zum wichtigsten Kreditgeber geworden: Er hielt Ende 1995 8,25% der Außenverschuldung des Landes. 1995 stockten die Gespräche (und die Reformen) unter der neuen Regierung Videnov erneut. Diese war mit dem Vorsatz angetreten, sich nicht von ausländischen Organisationen beeinflussen zu lassen. Im Frühjahr 1996 folgte der nächste Kollaps der Währung.

In den bulgarischen Medien und in den Reden der BSP-Politiker wurde der IWF meist als isolierte Institution gesehen, selten als Vertreter der Interessen seiner einflußreichsten Aktionäre, der westlichen Industrienationen. Doch die Berichte des IWF wurden von Finanzministerien und Außenministerien in westlichen Hauptstädten mit ebensoviel Aufmerksamkeit gelesen wie von multilateralen Organisationen (der EU, den G-7, der Europäischen Bank für Wiederaufbau und Entwicklung). Bulgarische Regierungen, die naiv hofften, am IWF vorbei Wirtschaftspolitik machen zu können, fanden sich im Westen vor verschlossenen Türen. Die Diskrepanz zwischen außenpolitischen Ambitionen, sich in Europa zu integrieren, und schlechten Beziehungen mit den westlichen Gläubigern führte zu einer wachsenden außenpolitischen Isolation.

Teurer, billiger Strom

Bulgarische Energiepreise sind ein Schlüssel zur Wirtschaftsentwicklung seit 1990. Die Strompreise lagen Anfang 1996 noch unter 3 US-Cent pro KWh, bei einem Durchschnittspreis in den Industrieländern von 10 Cent; selbst im Nachbarland Rumänien kostete Strom 1995 bereits 4,2 Cent. So verbrauchte die bulgarische Industrie weiterhin 5–10 mal mehr Energie als der OECD-Durchschnitt, blieb abhängig vom Atomkraftwerk Kozloduj an der Donau und importierte teure Brennstoffe. Die Mahnungen der Weltbank, dies würde über kurz oder lang zu schweren Problemen im Bankensektor und beim Budget führen (1994 waren die realen Strompreise um ein Drittel zurückgegangen!), wurden ignoriert. Dies führte unter anderem 1995 zum Abbruch der Gespräche mit der Weltbank. Die Verluste allein der Nationalen Elektrizitätsfirma lagen im Jahr 1995 um die 100 Millionen US-Dollar, und im August 1996 war ihr wöchentlicher (!) Kreditbedarf 4 bis 5 Millionen Dollar. Diese Verluste wurden letztlich über die Rekapitalisierung der Staatsbanken an das Budget weitergegeben. Am meisten profitierten Firmen in energieintensiven Sektoren, die auf Kosten der Allgemeinheit ihre Exporte weiter steigerten, die Gewinne zugunsten privater Wirtschaftsgruppen aber privatisierten: So verzeichnete allein Aluminium 1992–94 eine Exportzunahme von 55%. – Eine der ersten wirtschaftspolitischen Maßnahmen der UDK-Regierung war im Frühjahr 1997 die Erhöhung der Strompreise.

Bei den Beamten aus Washington verstärkte sich die Irritation. 1995 kam es zu keinem Abkommen zwischen der Regierung und dem IWF oder der Weltbank, und die Auszahlungen des dritten Beistandsabkommens wurden vom IWF blockiert. Im November 1995 wurden die Mitglieder des Leitungsgremiums des IWF informiert, daß Bulgarien „in seinen Strukturreformen hinter anderen Übergangswirtschaften zurückbleibt“, denn die BSP-Regierung „sehe keine Priorität darin, Budgetbeschränkungen für Firmen zu erhärten". Nach dem Zusammenbruch der Währung im Frühjahr 1996 war bei Verhandlungen mit dem IWF die Erhöhung der Energiepreise erneut ein zentrales Thema und wurde zu einer conditio sine qua non der Unterstützung. Nach den Worten des Südosteuropadirektors der Weltbank, Kenneth Leigh, erwog die Zwillingsschwester des IWF im Sommer 1996 einen vollkommenen Rückzug aus Bulgarien. Tatsächlich stand die Regierung 1996 vor einer Alternative: Umsetzung der Forderungen nach Schließung der verlustmachenden Staatsfirmen oder Abbruch der Beziehungen und ein vermutlicher Staatsbankrott, der zur internationalen und nationalen Zahlungsunfähigkeit führen würde.

So hatten die Vorschläge internationaler Finanzorganisationen zwar einen gewissen Einfluß auf die Reformpolitik des Landes, doch nur in Situationen, in denen den bulgarischen Regierungen das Wasser bis zum Hals stand, schenkten sie dem IWF wirklich Gehör. Dem Ruf Bulgariens schadete die zögernde Reformstrategie ungemein, und nach den Kriterien der EBRD (die Europäische Bank für Wiederaufbau und Entwicklung) lag Bulgarien 1994 in fast allen Bereichen hinter den anderen Reformländern zurück. Sozial benachteiligten Schichten half diese Politik, die von Inflationskrise zu Inflationskrise schlingerte, nicht: 1996 sank in einem Jahr das Durchschnittseinkommen auf ein Viertel des Vorjahres.

Verschleppte Reformen: Privatisierung und Bürokratie

Wenden wir uns den Perspektiven für die bulgarische Wirtschaft zu, so tun wir gut daran, drei Fragen gesondert zu betrachten: den Stand der Strukturreformen und der Privatisierung, Entwicklungen im Bankensektor und schließlich die gegenwärtigen Probleme in der Landwirtschaft, einem der traditionell wichtigsten Sektoren.

Das Ziel von Strukturreformen ist der Aufbau eines Wirtschaftssystems, das u.a. durch Investitionen in Sektoren mit Wettbewerbschancen noninflationäres Wachstum ermöglicht.

Viele der Industrieanlagen, die vom alten System geerbt wurden, verloren durch die geänderten Bedingungen jeden wirtschaftlichen Wert. Andere hatten ein Entwicklungspotential, aber bedurften dringend einer Modernisierung ihrer Technologie und ihrer Geschäftsstrategien. Um aber Investitionen in Sektoren zu fördern, die dynamisch genug sein würden, um auch Arbeitsplätze zu schaffen, bedurfte es rechtlicher und makroökonomischer Sicherheit und klarer Eigentumsrechte. Diese, so die Hoffnung, sollten die Anreize für in- und ausländisches Kapital bieten.

Tatsächlich ist die Geschichte der bulgarischen Strukturreformen seit 1989 das genaue Gegenteil dieses Szenarios: Weder konnten Eigentumsrechte klar definiert noch Investitionsanreize geschaffen werden. Zwar wurde unter der UDK-Regierung Eigentum restituiert: Bis Ende 1992 hatten 51000 Eigentümer und ihre Erben Anträge auf Restitution von Immobilien gestellt, und über 23000 Immobilien mit einem Gesamtwert von über 158 Millionen Leva wurden zurückgegeben. Klopfte aber die eigentliche Privatisierung an die Tür, so ein Beobachter, dann zogen die Regierungen die Decke über den Kopf. Es fehlte nicht an bürokratischen Institutionen: 1991 war eine Privatisierungsagentur ins Leben gerufen worden, die 1992 von einer anderen ersetzt wurde. Später kam eine eigene Agentur für Massenprivatisierung dazu sowie eine Agentur für Auslandsinvestitionen. Aber diese Agenturen konnten kaum arbeiten, trotz Verabschiedung des ersten Privatisierungsgesetzes 1992; im Aufsichtsrat kam es nach jedem der häufigen Regierungswechsel zu Personalrochaden. Im ersten Privatisierungsprogramm vom Herbst 1992 wurden 92 Firmen zur Privatisierung vorgeschlagen, unter ihnen die Fluglinie *Balkan Air*, und das Programm für 1993 sah gar 318 Firmen vor. In Wirklichkeit konnten 1993 weniger als 10 dieser Firmen privatisiert werden, *Balkan Air* bis heute nicht. Die von der BSP unterstützte „Expertenregierung“ Berov war als „Privatisierungsregierung“ angetreten, aber blieb erfolglos. Beim BSP-Parteitag im Juni 1994 legte die Partei den Delegierten einen Rechenschaftsbericht vor, in dem die „Verhinderung von Änderungen des Arbeitnehmergesetzes", die Verschiebung der Privatisierung hin zur „sozialorientierten Privatisierung" und die Förderung von landwirtschaftlichen Genossenschaften als wichtigste Erfolge gefeiert wurden. Bedauernd fügte das BSP-Präsidium hinzu, man habe „das passive Zusehen bei der Entwicklung der Preise und der Wechselkurse" (!) und die Entscheidung „35 Industriebetriebe zu liquidieren" nicht verhindern können. Auch die im Juni 1994 von den Sozialisten bevorzugte Massenprivatisierung verzögerte sich bis zum Frühjahr 1996. Bis zum Juni 1995 hatte die Privatisierungsagentur gerade 63 der ungefähr 1200 Firmen verkauft, für die sie verantwortlich war. Ein neuer Ernst war erst im Herbst 1996 zu spüren, als die Verschärfung der Schuldenkrise den baldigen Verkauf auch gewinnbringender Firmen an ausländische Investoren notwendig zu machen schien.

Diese verschleppte Privatisierung bedeutete nicht notwendigerweise die Bewahrung staatlichen Eigentums: Vielmehr konnte so die für „Insider" profitable, inoffizielle Dekapitalisierung staatlichen Eigentums besser greifen. Der private Sektor expandierte, offiziell erreichte er 1995 mit 389,6 Milliarden Leva 49,5% des BIP. Profite wurden 1995 fast ganz im privaten, informellen Sektor gemacht – nach einer Schätzung von Weltbankexperten 80–100% der Gesamtprofite. So hatte das Land die schlechteste aller Privatisierungswelten: Es entstand zwar ein Privatsektor, aber dessen Profitabilität beruhte oftmals auf der Privatisierung des Gewinns staatlich subventionierter Firmen. Wo Gewinne gemacht wurden, trug das schlechte Investitionsklima dazu bei, daß das Geld ins Ausland floh oder in Konsum angelegt wurde. Die Grenze zwischen öffentlichem Sektor und Privatsektor wurde verwischt und Eigentumsrechte zerstreut, da der Staat seine Kontrollfunktion als Eigentümer nicht mehr wahrnahm. So brachte die Dekapitalisierung eine Umverteilung der Gewinne an Private und eine Verschiebung der Verluste an den Staat und die Allgemeinheit. Der Staat wiederum konnte im informellen Sektor kaum Steuern einnehmen und bewegte sich auf eine schwere Budgetkrise zu.

Multigroup

Selbst in einer Gesellschaft, in der Verschwörungstheorien so beliebt sind wie in Bulgarien und in der wirtschaftlicher Erfolg grundsätzlich (oft zu Recht) mit grauen Geschäften verbunden wird, sticht die Finanz- und Industrieholding *Multigroup* hervor. Es gibt kaum ein mysteriöses Ereignis, bei dem der Name *Multigroup* nicht in den Medien genannt wird, sei es das Attentat auf den makedonischen Präsidenten Gligorov („die Multigroup-Connection" geisterte einige Wochen durch die Medien in Skopje) oder das Attentat auf Ex-Ministerpräsident Lukanov, der geheimnisvolle Selbstmord von Robert Maxwell oder die geheimdienstlichen Beziehungen zwischen Bulgarien und Rußland. Die Firma, in Zug in der Schweiz registriert, ist rein wirtschaftlich nicht mehr zu übersehen. Nach eigenen Angaben kontrollierte sie 1995 zwischen 80 und 100 Firmen und hatte 1994 einen Umsatz von einer Milliarde US $, mit 8000 Angestellten in 11 Ländern. Die Firma wuchs dank ihrer Kontrolle über den bulgarischen Metall- und Kohlemarkt und aufgrund guter Beziehungen zur ex-sowjetischen Wirtschaftselite. Sie expandierte dann auch in andere Bereiche wie den Tourismus: So kaufte sie gemeinsam mit *Balkanbank* das Grand Hotel Varna. Ilija Pavlov, der Präsident von *Multigroup*, wurde zum Nachfolger Lukanovs als Vorsitzender von *Topenergy*, der Energieimportfirma, in die auch der russische Gigant *Gazprom* involviert ist. Pavlov sprach sich oft gegen ausländische Investoren und für das „nationalverantwortliche Kapital" aus. Auch Pavlov war übrigens ein „Ringer" und über seine erste Frau privat mit den Spitzen des kommunistischen bulgarischen Abwehrdienstes verbunden. Viel Gesichertes ist über die Ursprünge seines Vermögens seit 1988 nicht bekannt, „selbst die offizielle Tellerwäschergeschichte ändert sich immer wieder", bemerkte ein westlicher Journalist.

Die Anzahl gewinnmachender Firmen nahm jedes Jahr ab. 1995 kamen die Verluste der staatlichen Firmen auf 53 Milliarden Leva, die Verschuldung staatlicher Firmen erreichte am Jahresende 514 Milliarden. Von diesem enormen Betrag schuldeten staatliche Firmen über 40 % den Geschäftsbanken. Auch Steuern wurden nicht bezahlt, was das Defizit des Staates vergrößerte: Der Staat hatte 1995 Einnahmen im Wert von 328 Milliarden Leva (37,7 % des BIP), aber Ausgaben von 377 Milliarden (43,4 % des BIP), davon 123 Milliarden nur für

Zinszahlungen zur Bedienung der Staatsverschuldung. Die Inlandsverschuldung betrug Ende 1995 345 Milliarden Leva, wovon 55% kurzfristig, innerhalb eines Jahres, zu bezahlen waren. Es war abzusehen, daß der Staatsapparat auf einen Bankrott hinarbeitete: Staatliche Leistungen würden weiter gekürzt werden, vielleicht Hyperinflation die Verschuldung weginflationieren.

„Die Wiedergeburt des Kapitalismus in Bulgarien"

Rumen Avramov und Kamen Guenov boten in einem 1994 veröffentlichten Aufsatz eine der bestechendsten Analysen der entstehenden politischen Ökonomie in ihrem Land. Die Entwicklungen seit 1994 haben ihre Analyse bestätigt.

1. Der Prozeß der Wiedergeburt des Kapitalismus in Bulgarien ist eine Frage der Umverteilung von Kapital und der Verschiebung von Verlusten. Diese Umverteilung könnte ein Vehikel für die Entstehung eines lebendigen Privatsektors sein oder aber direkt zu persönlichem Konsum führen. Letzteres ist unter unklaren Bedingungen wahrscheinlicher.
2. Die Umverteilung der Verluste erfolgt dadurch, daß Banken die Verluste staatlicher Firmen durch Kredite decken. So konnten die 94 größten Firmen 1993 trotz wachsender Verluste ihre operativen Kosten um 20% und die ausgezahlten Gehälter um 46,3% erhöhen. Diese Firmen zahlen ihre Schulden nicht, weder an Firmen noch an Banken, noch an den Staat in Form von Steuern oder Sozialabgaben ... sie nehmen stattdessen weitere Kredite von „ihrer Bank" auf. Gewinnmachende Firmen bezahlen zwar ihre Steuern, haben aber dafür keine Chance auf neue Kredite.
3. Da der Staat die Banken rekapitalisieren muß, wächst seine eigene Verschuldung. Ein wachsender Teil des Budgets wird durch den Schuldendienst gebunden. Dieser steht nicht mehr für andere Leistungen – soziale Transfers, Löhne für Polizei, Ausbilder, Mediziner – zur Verfügung. Letztlich fangen die Haushalte und die wenigen gewinnbringenden Firmen die Verluste auf. Weitere Aktivitäten fliehen in die Schattenwirtschaft, es entstehen parallele Strukturen mit fatalen sozialen Folgen und ausufernder Wirtschaftskriminalität.

4. Die Haushalte tragen ihre Ersparnisse zur Staatlichen Sparkasse, die wiederum andere Banken und das Budget unterstützt. Aber die Ersparnisse der Bevölkerung sind trotz staatlicher Garantie nicht wirklich sicher: Das gesamte Finanzsystem, mit der Regierung an der Spitze, ähnelt zunehmend einer Finanzpyramide. Es ist das Wesen solcher Pyramiden, daß sie über kurz oder lang zusammenbrechen.
5. Eine Schuldenspirale bringt schließlich „die bulgarische Wirtschaft zum Ausgangspunkt des Übergangs zurück", das auf Kredit aufgebaute Potemkinsche Dorf fällt zusammen.

Dieser Augenblick wurde 1966 erreicht, als die bulgarische Wirtschaft erneut um geschätzte 8 % schrumpfte.

Avramov & Guenov, „The Rebirth of Capitalism in Bulgaria", National Bank Review, 4/1994; Avramov, „The Rebirth of the Market in Bulgaria – Economic Memory and Transition", vorgetragen auf dem VII. Treffen des Verbandes Bulgarischer Geschäftsbanken, 27.–29. Mai 1995.

Die Rhetorik der BSP war die meiste Zeit die Rhetorik der „Perestroika", der Glaube, man müsse die „bürokratischen Steuermechanismen" verbessern. So wurden neue Ministerien, Superministerien und Verwaltungsebenen geschaffen. Nach 1995 schuf die Regierung Videnov ein „Superwirtschaftsministerium" für Entwicklung, eine „Bankkonsolidierungsgesellschaft", neue Mechanismen der Kontrolle staatlicher Manager und neue Gremien zur Einleitung der „sozialen Massenprivatisierung". Wirkliche Reformen aber stockten, und der staatliche Apparat wuchs weiter. Kontrolle über staatliches Eigentum und die Manager staatlicher Firmen sah unter der Regierung Videnov so aus: Manager staatlicher Firmen schlugen Kriterien zur Evaluierung ihrer Betriebe vor, und Ministerien und Management erstellten 13 Erfolgskriterien pro Firma. Bei Nichterfüllung von zwei dieser Kriterien würden Manager nicht ihr volles Gehalt bekommen, für falsche Information würden sie mit drei Monaten Gehaltsentzug bestraft. Im Industrieministerium gab es jedoch nur sieben (!) Experten, um die vorgeschlagenen 1700 Firmenstrategien zu beurteilen. „Der Abschreckungseffekt solcher Strafen", so der IWF, „ist gering."

Die „Ringer" und ihre wirtschaftliche Bedeutung

Das Phänomen der „Ringer" (*borci*), der kurzgeschorenen kräftigen Männer in Turnschuhen und Jogginganzügen, die in der Sofioter Innenstadt mit Autos gegen die Einbahnrichtung fahren, um dann in modischen Fastfood-Restaurants lässig ihre Handies vorzuführen, nährt sich aus drei Quellen: der Streichung der großzügigen staatlichen Förderung für Spitzensportler, der Auflösung der kommunistischen Geheimpolizei und der schlechten Bezahlung für staatliche Sicherheitskräfte. Noch bei den Sommerspielen 1988 in Seoul lag Bulgariens Olympiateam weltweit an siebter Stelle, in der Gesamtwertung etwa gleichauf mit der BRD. Dann aber brach die staatliche Förderung für Sportler zusammen. In der allgemeinen Unsicherheit nach 1990 entstand andererseits eine enorme Nachfrage nach „Schutz", und Athleten der Machodisziplinen wie Ringen oder Gewichtheben, in denen Bulgarien zur Weltspitze zählte, boten sich an. Heute arbeiten die einst verwöhnten und geachteten Ringer und Stemmer in privaten „Sicherheitsmannschaften", die Privatbetriebe gegen Bezahlung „beschützen", auch wenn diese keinen Schutz wünschen. Auch Agenten und Polizisten sind zur Hand, viele ohne ihren Job beim Innenministerium aufzugeben.

Es ist ein riskantes Geschäft (der Gründer von *VIS-2* wurde 1995 erschossen, wie mehrere andere auch), aber für viele Polizisten bleibt es ein hervorragendes Nebeneinkommen. Nach einigen blutig ausgetragenen Marktbereinigungen zwischen verschiedenen Ringergruppen sind die wichtigsten Sicherheitsmannschaften als mächtige „Versicherungen" (vor allem für Autos, die sonst gerne gestohlen werden, zunehmend aber auch in anderen Sektoren) auch in andere Branchen der Wirtschaft eingestiegen. Die bekanntesten Firmen *SIC* (*Security Insurance Company*) und *VIS-2* sind in ganz Bulgarien präsent, nicht nur weil ihre „Versicherungsaufkleber" an den Schaufenstern eines Drittels aller Privatgeschäfte kleben: *SIC* hatte 1995 340 Büros im ganzen Land und einen offiziellen Umsatz von etwa 10 Millionen Dollar. Die Firmen haben sich auch in die Welt der Medien begeben, Sport und Kultur werden von ihnen gesponsort. *SIC* hat sich in die Tageszeitung „Standart" eingekauft. Bislang ist der gewährte Schutz verläßlich: Auch Diplomaten haben in Sofia begonnen, ihre Autos bei den „Ringern" zu versichern. Die neue UDK-Regierung hat aber im Frühjahr 1997 eine Kampagne gegen die Ringer gestartet.

Die fehlende Strukturreform unter den Regierungen Berov und Videnov bedeutete auch wenig Attraktivität für Auslandsinvestoren. 1995 kam es zu einem Zusammenbruch: Im ganzen Jahr kamen gerade 90,4 Millionen Dollar an Investitionen, davon 66,6 Millionen im ersten Jahresquartal. Der Verkauf eines Hotels (Hotel Vitoša) brachte 10,7 % der gesamten ausländischen Investitionen. 1996 zog sich auch die BMW-Tochter Rover aus ihrer bereits aufgebauten Produktion in Varna zurück, obwohl dies mit einem Anfangswert von 20 Millionen Dollar die größte Auslandsinvestition von Rover in 10 Jahren war und die Firma den „Goldenen Martenicapreis" 1996 als Auslandsinvestor Nr. 1 erhalten hatte. Die BIBA (Bulgarian International Business Association), ein Verband in Bulgarien tätiger internationaler Firmen, beklagte sich über ein „manchmal frustrierendes Wirtschaftsklima im Land".

Bankensystem in der Krise

Der Finanzsektor war trotz ständig wachsender Verluste einer der Gewinner der letzten Jahre: Hier wurden die höchsten Gehälter bezahlt, 90 % über dem Durchschnittslohn. Noch 1995 wuchs die Anzahl der im Finanzbereich Beschäftigten um 8 %, und Banken waren sichtbare Sponsoren von allerlei Aktivitäten. Für den langjährigen Leiter der Weltbankmission in Sofia, John Wilton, waren die meisten Banken Bulgariens trotzdem bereits 1995 „insolvent in jedem Sinne des Wortes". Das Jahr 1996 sah eine Reihe von Bankzusammenbrüchen und wachsende Panik, als Anleger versuchten, ihre Guthaben abzuheben.

Funktionierende Kreditinstitute sind das Rückgrat jeder modernen Wirtschaft, und die Misere des bulgarischen Bankwesens ist daher ein wichtiges Symptom: Anstatt Antriebsmotor der Wirtschaftsreformen zu sein, wurde der Finanzsektor zu einem großen schwarzen Loch und Banken zum Transmissionsriemen für das Verschieben der Verluste staatlicher Firmen. Da Beamte der entsprechenden Ministerien in den Aufsichtsräten der Geschäftsbanken saßen und gleichzeitig die Firmen verwalteten, wurde die Kreditpolitik von den Interessen der Schuldner geprägt. Viele Banken blieben direkt mit einzelnen Branchen oder gar Firmen verbunden. Die Eigentumsstruktur im Bankwesen hatte sich kaum gewandelt, eine Privatisierungsstrategie für die großen Staatsbanken lag nicht vor. Der Staat gab seine Rolle als Monopolist im Bankensystem nur zögernd auf, in den Aufsichtsräten der meisten Banken sitzen weiter Vertreter der Nationalbank und der Regierung. Trotz regelmäßiger Umorganisationen stieg der Anteil „schlechter Kredite" (uneinbringbarer Forderungen) weiter. Neuer Gläubiger wurde der Staat, der Wertpapiere emittierte und die Banken rekapitalisierte. Die uneinbringbaren Forderungen wuchsen, in vier Jahren baute sich bis 1995 ein Berg neuer schlechter Kredite auf. Im Frühjahr 1996 wurden 75 % aller Kredite nicht mehr bedient. Eine gigantische Finanzpyramide war entstanden, die solange nicht zusammenbrach, wie der Staat die Kosten und Verluste nationalisierte.

In der ersten Reformphase war es möglich, Privatbanken mit wenig Geld zu gründen. Die „Erste Privatbank" soll mit nur 150000 Dollar Startkapital von Valentin Mollov ins Leben gerufen worden sein. Wie ein Beteiligter erklärte, war es unter Bankiers durchaus üblich gewesen, sich mit „Hilf mir doch mit ein, zwei Millionen Dollar für einen Monat" anzusprechen. Viele Banken vergaben an dubiose Privatfirmen Kredite, um Geld zu waschen, oder machten Bekannte zu Kreditmillionären. Auch „Stiftungen" erhielten enorme Beträge (auch um Studien zu finanzieren, etwa über den „Einfluß des Mondlichts auf die Verbiegung von Eisenbahnschienen", wie ein bulgarischer Journalist erklärte). Entscheidend für die Kreditvergabe waren Beziehungen zwischen Staatsadministration, Staatsbanken und Staatsbetrieben. Knappes Anlagekapital wurde ökonomisch sinnlos weiterinvestiert.

Im März 1995 kamen die Mineralbank und die Wirtschaftsbank unter direkte Aufsicht und Weisung der Zentralbank. Ein Rettungspaket wurde verabschiedet, um Banken, die im Energiesektor, Rüstungs- und Transportwesen bedeutend sind, zu retten. Andere Banken wie die Erste Privatbank konnten nicht gerettet werden. So zerstörte neben der Inflation auch der Zusammenbruch der Kreditinstitute das letzte Vertrauen der Anleger.

Probleme in der Landwirtschaft

Die Ausgangslage in der Landwirtschaft zu Beginn der Reformen war ebenfalls äußerst komplex. Die Industrialisierung hatte zwar ein traditionelles Strukturproblem der ländlichen Regionen, die Überbevölkerung, entschärft. Dennoch war die Landwirtschaftspolitik der Kommunisten erratisch: Nach der Kollektivierungswelle, die in den 50er Jahren abgeschlossen war, kam es zur Gründung von 268 monströsen „agroindustriellen Komplexen" in den 70er Jahren und schließlich zur Wende des „Neuen Wirtschaftsmechanismus" 1979. Die wichtigsten Folgen dieser Politik waren die Schaffung einer Vielzahl bürokratischer und technischer Arbeitsplätze in der Landwirtschaft, der Aufbau einer ländlichen Infrastruktur und schließlich das Dulden der privaten Produktion in Abhängigkeit von staatlichen Strukturen. Damit gewann die KPB auf dem Land Loyalitäten. Dazu kam die Abwanderung der jungen ländlichen Bevölkerung in die Städte. In Tlapa, einem typischen, von der Engländerin Deema Kaneff studierten Dorf in Nordbulgarien, waren 1987 von 650 Einwohnern zwei Drittel Rentner, die jüngere Generation arbeitete in den Städten. Weniger als ein Sechstel der Dorfbevölkerung (100) war in der eigentlichen landwirtschaftlichen Produktion beschäftigt, alle anderen Arbeitsplätze bestanden in der Bürokratie.

Im Zuge des „Neuen Wirtschaftsmechanismus" wurde die private Nutzung von Nutzflächen bis zu 0,5 ha Größe gestattet, kleine Parzellen, die von 500 000 Haushalten im ganzen Land von den Landwirtschaftlichen Produktionsgenossenschaften (LPGs) gepachtet wurden. Sie entwickelten sich zur Grundlage der landwirtschaftlichen Versorgung mit arbeitsintensiven Produkten und lieferten 1988 nach amtlichen Angaben 40,8 % des Fleisches, 28,3 % der Milch, 45,2 % des Obstes und sogar 50,5 % aller Eier. Der Anteil der so produzierten Agrarprodukte erreichte im Verlauf der 80er Jahre je nach Bereich zwischen 30 % und 40 %. Die Ineffizienz der LPGs mit ihren großen Bürokratien, monopolistische Strukturen im Bereich der Zulieferung und bei den Abnehmern in der Verarbeitungsindustrie sowie extrem umweltschädliche Arbeitsmethoden stellten jedoch eine schwere Hypothek dar. Die Umorganisationen der bulgarischen „Pseudostroika" konnten diese Probleme nicht lösen.

In der Nationalversammlung 1990–91 bildete sich schnell ein Konsens, das Land an seine Besitzer zurückzugeben. Doch mit der UDK-Alleinregierung 1991/92 setzte sich ein weit ehrgeizigeres und umstritteneres Programm durch: die Rückgabe des Landes „in den alten Grenzen", also in den natürlichen Grenzen von vor der kommunistischen Kollektivierung. Dies erforderte komplizierte historische und rechtliche Recherchen und stieß auf Widerstand. Eine Rückkehr zu den kleinen, zersplitterten Eigentumsverhältnissen wäre kaum geeignet, die Produktivität in der Landwirtschaft zu steigern, meinten Skeptiker. Außerdem würde diese Reform zur Zerschlagung der schon bestehenden privaten Produktion führen. Andererseits hofften Befürworter, daß eine schnelle Restitution klarere Eigentumsverhältnisse und in der Folge einen Grundstücksmarkt schaffen würde. Um die LPGs zu schwächen, wurden von der UDK Liquidierungsräte eingesetzt. Dieser Versuch, die sozialistische Kontrolle über die Landwirtschaft 1992 zu brechen, wurde auf dem Land besonders verurteilt. In dem oben erwähnten Dorf Tlapa beobachtete die Anthropologin Deema Kaneff die Entwicklungen nach der Landwirtschaftsreform der UDK: Der Liquidierungsrat in diesem Dorf war mit Leuten aus der regionalen Hauptstadt besetzt, die die Verwaltung über das Eigentum der Kooperative übernahmen. Er galt als Instrument der Städter, und ihm gehörten keine ehemaligen Mitglieder der KPB an. Das Dorf hingegen war, wie fast alle Dörfer, überwiegend BSP- (früher: KPB-)orientiert. Es entstanden Gerüchte über besonders hohe Gehälter der Mitglieder des Liquidierungsrates, und die Spannungen stiegen. In manchen Landesteilen kam es 1992 zu Handgreiflichkeiten gegen die Liquidierungsräte. Deren „Vandalismus“ wurde von der BSP einstimmig verurteilt. Weltweit gebe es zu Kooperativen keine Alternative, erklärten sozialistische Agrarexperten. Letztendlich bildeten sich in diesem Dorf (wie in vielen anderen) zwei neue Kooperativen, eine „sozialistische“ mit 474 Mitgliedern und eine UDK-orientierte (deren Vorsitzender Mitbegründer des UDK-Zweiges in der Nachbarstadt war) mit 50 Mitgliedern. Dieses Größenverhältnis ist auch ein Spiegel des Wahlverhaltens der Landbevölkerung. Die sozialistische Kooperative hoffte nach 1994 auf erneute staatliche Hilfe. Ein grundsätzliches Problem dieser Jahre war der Machtkampf zwischen UDK und BSP, auf Kosten klarer wirtschaftlicher Ziele. Während erstere von einer Rückkehr zur Zwischenkriegszeit träumte und ein ehrgeiziges (und schlecht durchdachtes) Restitutionsprogramm initiierte, konnte sich die BSP nicht mit dem Gedanken privaten Landbesitzes anfreunden. So kam es vor 1994 zur Zerschlagung der alten Strukturen und nach 1994 zu Verschleppungen bei der Erteilung gültiger Eigentumstitel und zur Verzögerung der Legitimierung der neuen Verhältnisse.

Die Zwischenbilanz der Reformen im Bereich der Landwirtschaft ist heute ebensowenig erfreulich wie in anderen Sektoren der Wirtschaft. Überall war die Produktion dramatisch zurückgegangen: bei Tabak, Wein, Früchten, Getreide, in der Viehzucht. Nach Schätzungen des Vorsitzenden der Vereinigung bulgarischer Weinproduzenten 1996 fiel die Produktion in den letzten Jahren von 374000 auf 200000 Tonnen. Die Krise liegt nicht nur in der verworrenen Eigentumssituation begründet, hinzu kommen seit Jahren sinkende Investitionen und Probleme der Kreditfinanzierung der Landwirte aufgrund der Bankenkrise. Mittlerweile sind nicht einmal mehr die fehlenden Märkte des RGW das Problem, kann sich doch das Land nicht mehr selbst versorgen. Die bulgarischen Agrarexporte fielen dramatisch, 1993 bereits auf 23 % der Exporte von 1990. 1996 mußte Bulgarien Getreide aus Jugoslawien und den USA importieren. Die Krise setzte sich unter der BSP-Regierung nicht nur fort, sie verschärfte sich noch. Die BSP förderte die sogenannten *Orsovski Kooperativi* (nach dem BSP-Politiker Orsov), in die die Ansprüche auf Eigentum eingebracht werden können, noch bevor Besitzer rechtsgültige (und etwa für den privaten Verkauf notwendige) notariell bestätigte Eigentumstitel haben. Dies geschah auch unter dem Einfluß einer starken Landwirtschaftslobby, die an der Aufrechterhaltung der bürokratisch organisierten Kooperativen interessiert war. Das Ergebnis war die schlechteste aller Welten: unklare Eigentumsverhältnisse, Kooperativen ohne klare Eigentümer und ohne die Möglichkeit, Land zu verkaufen. Damit sind erneut Kooperativen entstanden, deren Manager sich ganz auf politische Verbindungen zur lokalen BSP-Hierarchie verließen, ohne sich an geänderte Bedingungen angepaßt zu haben.

Ein großes Problem bleibt der fehlende Bodenmarkt: Grundstücke in der Nähe von Straßen werden verkauft, aber einen Bodenmarkt für Ackerlandverkauf gibt es nicht, da es kein endgültiges Kataster und Grundbuch gibt und Reformen in diese Richtung von der BSP blockiert wurden. So waren in Bulgarien 1995 nur 19% der Agrarfläche in den Händen privater Bauern – ein im osteuropäischen Vergleich äußerst niedriger Anteil.

Landwirtschaftliche Organisation in Osteuropa
(1995, in %)

	Staatliche Betriebe		Kooperativen		Privatanbau	
	vor 1989	nach 1989	vor 1989	nach 1989	vor 1989	nach 1989
Bulgarien	90	40	–	41	10	19
Ungarn	14	7	80	55	6	38
Polen	19	18	4	4	77	78
Rumänien	14	14	61	35	25	51

Quelle: Europäische Kommission, „Agricultural Situation and Prospects in Central and Eastern European Countries", summary report, 1995

In ihrem Wahlkampf 1994 hatte die BSP den symbolischen Brotpreis von 3,5 Leva pro Laib als Wahlkampfversprechen eingesetzt, doch im Sommer 1996 kostete der Laib bereits 25–30 Leva, und für 1997 erwarten Experten einen Preis von weit über 100 Leva. 1995–96 kam es zu einer Futter- und Getreideknappheit, und nach Schätzungen im Sommer 1996 wird Bulgarien 1997 nur die Häfte des benötigten Getreides produzieren können und 1997 800000 Tonnen Getreide importieren müssen. In manchen Dörfern begannen die Bürgermeister im Sommer 1996 rationiertes Mehl zu verteilen: Im Bezirk Tărnovo bestand die Ration aus 330g Brot pro Person, in Kărdžali aus vier Laib Brot pro Haushalt. Für das traditionelle Getreideexportland Bulgarien ist dies eine dramatische Entwicklung. Viel Ackerland wurde aufgrund der verworrenen Eigentumssituation und der Kreditknappheit 1996 nicht bearbeitet. Der Vorsitzende der Landwirtschaftsakademie, Hristo Karzin, schlug im Sommer 1996 originellerweise vor, der Staat solle „dafür sorgen, daß die Felder bearbeitet würden". Um an Getreide heranzukommen, wurden Abkommen zwischen *Neftochim* und *Yugopetrol* geschlossen, ein Tauschhandel von Raffinerieprodukten gegen jugoslawisches Getreide.

V. Bulgarien in der Welt

Neuorientierungen

Die große Illusion, schrieb der bulgarische Soziologe Evgenij Dainov 1995 über das außenpolitische Denken in seinem Land, sei der Glaube, die Großmächte hätten dringende und vitale Interessen auf dem Balkan. Da Bulgarien das Herz dieser Region ist, bestünden diese Interessen vor allem hier. Tatsächlich aber, so Dainov, würde eine rationelle bulgarische Außenpolitik eine Strategie erfordern, das nicht existierende Interesse wichtiger Länder für Bulgarien überhaupt erst zu wecken. Nicht geopolitische Spannungsfelder oder antike Karawanenstraßen zwischen Europa und Asien bestimmen am Ende des 20. Jahrhundert den strategischen Wert einer Region, sondern Wachstumschancen, Rechtsstaatlichkeit, Stabilität für Investoren. Bulgarien, ein „staubiges Gebiet mit staubigen Straßen und Telephonsystemen aus der Zeit des abessinischen Krieges" (Dainov) interessiere dagegen weder Geschäftsleute noch Reiseveranstalter, weder Militärstrategen noch westliche Diplomaten. Anders als in der Zeit der Orientkrise sei nicht das Ringen um Einflußzonen die größte Gefahr für die Region, sondern Marginalisierung: „Letztlich bleibt uns ein Balkan, für den sich niemand interessiert."

Diese Analyse ist im postkommunistischen Bulgarien nicht weit verbreitet. Von Wirtschaftpolitikern der BSP, die vor dem drohenden „Ausverkauf des Landes" an ausländische Investoren warnen, zu führenden Außenpolitikern der UDK, die Rußland durch NATO-Stützpunkte am Schwarzen Meer einzuschüchtern hoffen, reicht die Phalanx jener, die Bulgarien als „Schlüsselland" sehen, dem im Kalkül der Weltmächte allein durch seine geographische Lage eine wichtige Rolle zufallen müßte. Erst die Verschärfung der Wirtschaftskrise 1996, und der sich gleichzeitig lichtende Nebel über der gesamteuropäischen politischen Landschaft verunsicherte diese Weltsicht, in der Bulgarien im Zentrum aller weltpolitischen Überlegungen (und Verschwörungen) steht. Mit den ersten Schritten der westlichen Staatengemeinschaft in Richtung Osterweiterung der NATO und fieberhaften Vorbereitungen in den mitteleuropäischen Staaten für EU-Beitrittsverhandlungen zeichnete sich die Isolation der südosteuropäischen Länder ab. Trotz wohlfeiler Worte bei (seltener werdenden) Bulgarienbesuchen wurde das stolze Land als möglicher Kandidat für EU oder NATO zunehmend vergessen. 1996, in den letzten Monaten der Regierung Videnov, erreichte diese Tendenz ihren Höhepunkt: Stanka Toševa, stellvertretende Chefredakteurin des Wirtschaftsmagazins „Kapital", sprach von Bulgarien als einer „Station, in der kein Zug mehr hält": „Der Premier wird nirgends mehr eingeladen, keiner kommt auf Besuch." Der Ökonom Rumen Avramov analysierte die ersten Jahre der bulgarischen Außenwirtschaftsbeziehungen nüchtern: Nicht Integration in die Weltwirtschaft, sondern Desintegration hätten Bulgariens Platz in der Welt bestimmt. Nicht das Abwehren von Auslandsinvestoren wurde zur Herausforderung, sondern das Ringen um Käufer für die wenigen erfolgsversprechenden Betriebe, um Devisen zur Bedienung der Auslandsverschuldung zu bekommen.

1990 waren grundlegende Axiome im außenpolitischen Denken des Landes ins Wanken gekommen. Ljuben Karavelov, eine der führenden Gestalten im Kampf um Bulgariens Unabhängigkeit im 19. Jahrhundert, schrieb 1873 über das Dilemma bulgarischer Außenpolitik: „In diesen Zeiten, in denen die europäischen Mächte Bevölkerungen von 50 bis 70 Millionen Menschen haben, bleibt den kleinen Völkern nur die Wahl, sich einer Großmacht zu unterwerfen und ihre historische Existenz aufzugeben oder sich mit andern Völkern auf einer liberalen Grundlage zu vereinen und eine defensive Föderation zu bilden." Von 1945 bis 1989 war Bulgarien den ersten Weg gegangen und hatte auf eine eigentliche Außenpolitik verzichtet: Man war der UdSSR unterworfen, Entscheidungen fielen in Moskau.

Todor Živkov reiste in seiner Amtszeit bevorzugt in befreundete kommunistische Staaten in Asien und Afrika, Nachbarschaftspolitik oder Außenpolitik im eigentlichen Sinne war Sache der UdSSR. Bulgarien wurde Stützpunkt zur Ausbildung verschiedener Terroristen (auch der jemenitische Kommunistenchef studierte in Bulgarien), engagierte sich in der Industriespionage im Westen und unterhielt enge Wirtschaftsbeziehungen außerhalb des Comecons vor allem mit Libyen oder dem Irak. Beziehungen zu den Nachbarländern oder zur „Föderation auf liberaler Grundlage“ die in Westeuropa entstanden war (die Europäische Gemeinschaft), gab es kaum.

1990 fand sich Bulgarien so in einer unbekannten Umgebung wieder, im Herzen einer Region im Aufruhr – dem postkommunistischen „Balkan“ – aber nur am Rande eines sich neu ordnenden Europa. Die Sowjetunion verschwand ein Jahr später überhaupt, und Rußland fiel als Machtfaktor in Südosteuropa vor die Zeit von Katherina der Großen zurück, in der das russische Reich die Nordküste des Schwarzen Meeres erreicht hatte. An dessen nördlichen und östlichen Ufern entstanden neue, unabhängige Staaten. Drei Möglichkeiten zur Schwerpunktsetzung ergaben sich dadurch für die bulgarische Außenpolitik. Europa, oder präziser gesprochen das atlantische Westeuropa, mit dem politischen Zentrum in Brüssel, war nun ein möglicher Magnet, die Politik der Integration in europäische Institutionen eine mögliche Strategie. Eine aggressive Balkanpolitik unter dem Banner des romantischen Nationalismus, wie sie im auseinanderbrechenden Jugoslawien, aber auch in der griechischen Diplomatie gegenüber Makedonien zum Ausdruck kam, war die zweite Möglichkeit. Der Versuch, sich weiterhin am GUS-Raum und insbesondere an Rußland zu orientieren, wurde als dritte Möglichkeit von BSP-Politikern ins Spiel gebracht.

Wir wollen die bulgarische Außenpolitik im Lichte dieser Möglichkeiten analysieren: man könnte von einem europäischen, einem balkanischen und einem russischen Entwurf für Bulgariens Zukunft sprechen. Dabei zeigt sich, daß die bulgarische Außenpolitik erfolgreich den größten neuen Gefahren aus dem Weg ging, und in der Nachbarschaftspolitik große Umsicht erwies, eine Tatsache, die im Westen zu wenig als Leistung wahrgenommen wurde. Gleichzeitig aber verabsäumte es das Land, seine Europaorientierung mit dafür notwendigen innenpolitischen Reformschritten zu untermauern und glaubwürdig zu machen. Die Alternative einer Hinwendung zur GUS und zu Rußland entpuppte sich als Reflex der Nostalgie, dem die neuen Gegebenheiten im nördlichen Schwarzmeergebiet weder wirtschaftlich noch politisch Raum zur Entfaltung boten: Das diplomatische Kapital, das die russische Außenpolitik auf dem Balkan zu investieren bereit war, wurde von 1991 bis 1995 zur Unterstützung Serbiens eingesetzt. So wurden von der bulgarischen Außenpolitik zunächst gefährliche Klippen umfahren, bevor eine erschöpfte Mannschaft ohne Koordinierung einen europäische Hafen ansteuerte, den sie immer noch nicht erreicht hat.

Bulgarien und Rußland

Keine Beziehung Bulgariens ist Westeuropa bewußter und erscheint vielen Westeuropäern bedrohlicher als die der Bulgaren zu ihrem großen slawischen Bruder, Rußland. Bereits vor dem russisch-türkischen Krieg von 1878 schrieb der bulgarische Nationalist Rakovski in einem Brief an einen Freund: „Wie sehr wir auch versuchen mögen, Europa davon zu überzeugen, daß wir nicht an Rußland gebunden sind, wir werden keinen Erfolg haben. In Europa ist diese Idee zur Gewißheit erstarrt." Dabei ist die Geschichte der Beziehungen kompliziert und zweideutig, immerhin kämpfte Rußland in den beiden Weltkriegen auf der anderen Seite und hielt in den Balkankriegen meist zum Erbfeind Serbien. Auch heute ist die Beziehung zu Rußland kompliziert und komplexbeladen, wenn sich auch die Machtmittel Moskaus auf dem Balkan enorm beschränkt haben.

Handelspolitisch bleibt Rußland ein wichtiger Partner für Bulgarien, doch politisch versuchten sich viele Bulgaren seit

1990 vom großen Bruder freizuspielen. Sie beriefen sich auf eine bulgarische Tradition, warnte doch bereits Karavelov im 19. Jahrhundert: „Wenn Rußland kommt, um zu befreien, wird es auf große Sympathie stoßen, aber wenn es kommt, um zu beherrschen, wird es viele Feinde vorfinden." Als im August 1991 die Moskauer Putschisten Michail Gorbačëv unter Hausarrest stellten, war Bulgariens Präsident Želev ungeachtet der Risiken (und im Gegensatz zur ex-kommunistischen BSP) einer der ersten Staatsmänner Europas, die den Putsch öffentlich verurteilten. Bulgarien müsse mit dem Ruf der Moskauhörigkeit brechen, ließ er verlauten und gewann damit für einige Zeit einen guten Ruf bei Boris Jelcin). Aber im Zuge der NATO-Debatte und der wachsenden Macht der BSP meldeten sich aus Moskau auch jene Stimmen erneut, die an einem bulgarischen Verbündeten in Südosteuropa interessiert blieben. Es kam zu symbolischen Gefechten (etwa um die Erhaltung oder Beseitigung der sowjetischen Befreierdenkmäler in Sofia und Plovdiv) zwischen BSP und UDK, die Rußlands Rolle in Europa und in der bulgarischen Geschichte betrafen. In Bulgarien gerieten die russisch-bulgarischen Firmen im Bereich der Rohstoffexporte ins Gerede (wie *Topenergy*, das als Partner den russischen Gasriesen *Gazprom* hat), die von alten politischen Seilschaften in der BSP und der ehemaligen KPdSU unterstützt wurden. Letztlich aber zeigten die Diplomatie und auch der Krieg in Ex-Jugoslawien die beschränkte Macht des einst so gefürchteten russischen Bären, dessen Soldaten in Bosnien unter amerikanischem Kommando stehen. Auch der Niedergang der Schwarzmeerflotte im umstrittenen Sevastopol', der russische Prestigeverlust im Zusammenhang mit dem Tschetschenienkrieg und die Probleme der russischen Wirtschaft wurden zu Signalen für die beschränkten Möglichkeiten russischer Außenpolitik in Südosteuropa. Diese Erkenntnis sollte über kurz oder lang zu einer Normalisierung der Beziehungen führen, in der Rußland nicht mehr unrealistischerweise als Schutzmacht verehrt oder gefürchtet wird, sondern eher als einer unter mehreren wichtigen Geschäftspartnern der Zukunft.

Bulgarien und seine Nachbarn

Die Wiederentdeckung des Balkan als europäisches „Pulverfaß“ war eine direkte Folge des blutigen Auseinanderbrechens des kommunistischen Jugoslawien. Bulgarien, unmittelbarer Nachbar Serbiens und des seit 1991 unabhängigen Makedonien, war davon in vielerlei Hinsicht betroffen. Unmittelbar bedeutete der Krieg im Nachbarland eine Verschärfung der Isolation in Europa: Sanktionen gegen Serbien/Montenegro, die zu den strengsten in der Geschichte der Vereinten Nationen gehörten, schnitten die Verkehrsverbindungen Richtung Westeuropa ab. Die Donau, Symbol der geographischen Zugehörigkeit zu Mitteleuropa, wurde zur Grenze, der Schiffverkehr von internationalen Beobachtern streng überwacht, bevor er fast ganz zum Erliegen kam. Zwischen Ruse und Budapest lag schließlich auch Vukovar an der Donau, eine im November 1991 eroberte, zerschossene Stadt. Im Mai 1993 kam es zu einem Abkommen zwischen der Westeuropäischen Union und Bulgarien zur Überwachung des Embargos an der Donau, und die WEU sandte 250 Beobachter. Lukrativer Schmuggel an der bulgarisch-serbischen Grenze und über Makedonien stärkten lediglich kriminelle Wirtschaftsstrukturen, aber für Bulgariens Versuche, sich nach Europa zu öffenen, waren die Sanktionen ein schwerer Rückschlag: Neben dem Schiffsverkehr kam auch der Handel auf dem kürzesten Landweg über Niš und Belgrad nach Mitteleuropa zum Erliegen.

Der Zerfall Jugoslawiens öffnete die Pandorabüchse ungelöster nationaler Fragen, die seit dem Zweiten Weltkrieg nicht mehr aufgeworfen worden waren. Der für die bulgarische Balkanpolitik entscheidende Moment kam im Januar 1992, als sich ein unabhängiges Makedonien an seiner westlichen Grenze etablierte. „Die makedonische Frage war die Ursache jedes größeren europäischen Krieges in den letzten fünfzig Jahren“, schrieb der Kriegsreporter John Reed 1916 aus Bulgarien, und zitierte einen Bulgaren: „Wenn uns das Zululand Makedonien geben kann, dann werden wir mit dem Zululand marschieren." Wir haben bereits auf die „blutige Mythologie" im Makedonienverständnis der Balkanländer hingewiesen: Das makedonische Vardartal, historisch von „vier Wölfen" begehrt beziehungsweise bedroht (von Serbien, Griechenland, Albanien und eben Bulgarien) und in seiner nationalen Identität in Frage gestellt, wurde 1992 erneut von vielen Beobachtern als Ausgangspunkt eines neuen Konflikts gesehen. Man sprach von einer „neuen makedonischen Frage", einem möglichen Dominoeffekt des Balkankrieges im Norden, der Kosovo, Makedonien und dann ganz Südosteuropa erfassen könne. 1992 entschloß sich die bulgarische Politik jedoch, einen konstruktiven Weg zu gehen, und erkannte den jungen makedonischen Staat als erstes Land an. Ausschlaggebend für diesen mutigen Schritt waren neben innenpolitischen Überlegungen (es war die Zeit des Präsidentenwahlkampfes in Sofia, und es gab ein institutionelles Ringen wischen Regierung und Präsidentschaft um die Gestaltung der Außenpolitik) vor allem das Bestreben, die bitteren Erfahrungen der Balkankriege von 1912/13 zu vermeiden.

Die Anerkennung des Nachbarn war eine historische Wende, die in den Worten des makedonischen Herausgebers des „Balkan Forum", Risto Lazarov, „das Eis brach": Die Entscheidung Sofias, bereits im Jänner 1992 diplomatische Beziehungen aufzunehmen, trug wesentlich zur Stabilisierung der Situation im Nachbarland bei. Sie wurde zum Höhepunkt der Balkanpolitik von Präsident Želev und dem jungen Außenminister Stojan Ganev, die einen „Helsinkiprozeß auf dem Balkan" und die Schaffung einer Zone der Stabilität vorschlugen, um die alten Rivalitäten auf der Halbinsel zu überwinden. Es folgte die (in Sofia angekündigte) russische Anerkennung Skopjes, letztlich auch die von Griechenland lange blockierte Anerkennung durch die EU. Die bulgarische Vorreiterrolle führte zu vertieften Beziehungen und zur Eröffnung von Generalkonsulaten bereits im August 1992 sowie zur gemeinsamen Erklärung der Staatspräsidenten 1992 in Burgas, daß „das Vertrauen zwischen Bulgarien und Makedonien gestärkt werden muß".

Bulgarien hatte klargestellt, daß es nicht nochmals bereit war, für eine bulgarische Lösung der makedonischen Frage in den Krieg zu ziehen. Doch der diplomatische Durchbruch und die sich daraus ergebende Möglichkeit, herzliche Beziehungen aufzubauen, wurden von Anfang an durch den fortgesetzten Kulturkampf der Historiker, Journalisten und auch Politiker relativiert: Zwar war der Staat anerkannt worden, doch von einer Anerkennung einer „makedonischen Nation" wollte man in Sofia auch nach dem Fall des Kommunismus nichts wissen. Es gebe „historische Gründe, nicht mit den Ansprüchen für die Existenz einer makedonischen Nation übereinzustimmen", verkündete Präsident Želev im Januar 1991 in Washington. Die Regierungserklärung im Januar 1992 sprach davon, daß „Bulgarien einen Schritt in die Richtung der Entwicklung von Beziehungen zu den bulgarischen Brüdern in der Republik Makedonien" unternommen hatte. Das wies Skopje energisch zurück. Schon bald setzte rund um die „makedonische Sprache" ein diplomatischer Kleinkrieg ein, der dazu führte, daß viele Dokumente nicht unterzeichnet wurden. (Das Makedonische wurde Ende des Zweiten Weltkrieges in Makedonien als eigenständige Standardsprache eingeführt, wird aber von den Bulgaren nach wie vor als westbulgarischer Regionaldialekt betrachtet.) Bereits am 2. August 1992 verabschiedete das bulgarische Parlament eine Deklaration über den 87. Jahrestag des Ilinden-Aufstandes – der Höhepunkt der anti-osmanischen Befreiungsbewegung in Makedonien – mit den Worten: „Keine Macht kann die heroischen Taten der Bulgaren in Makedonien und in Thrakien aus der Erinnerung des Volkes löschen." Die bulgarischen Zeitungen wurden deutlicher: „Ein Makedone ist zweimal ein Bulgare", hieß es dort. 1994 schrieb die Zeitung „Duma" in Sofia: „Ein ganzer Staat ist auf der Verfälschung der Geschichte und auf gestohlenen nationalen Symbolen aufgebaut." An allem Übel in Skopje seien aber nicht die „irregeleiteten Brüder" schuld, sondern die „serbomanischen kommunistischen Machthaber". Makedonischer Nationalismus, so der Refrain der bulgarischen Zeitungen, sei ein „antibulgarisches Gift *made in Belgrade*". 1995 appellierte ein Kommentar in der Zeitung „Standart“ an die Makedonen: „Sofia wird Makedonien weiterhin helfen, wie es dies 1878, 1903, 1912 und 1919 getan hat. Etwas mehr Würde, Brüder!“

Umgekehrt wird in makedonischen Medien seit 1991 keine Gelegenheit versäumt, Bulgarien als zurückgebliebenes Land zu beschreiben, das seine makedonische Minderheit unterdrückt. Meto Jovanovski analysierte das Bulgarienbild in makedonischen Medien zwischen Oktober 1994 und März 1995 und kommt zu dem Schluß: „Es gab kaum einen positiven Text ... Alle negativen Themen wurden durch die offenen Fragen der Sprache und Nation hervorgerufen.“ Typische Schlagzeilen in der wichtigsten Zeitung „Nova Makedonija“ sind „Genozid an den Makedonen in Bulgarien“ oder „Makedonen, Serben und Türken ohne Rechte in Bulgarien“. So konnte sich trotz politischer Annäherung und wachsendem Handel keine wahre Freundschaft entwickeln, das Bild vom „unsicheren Bulgarien“, vom russophilen, ungehobelten Nachbarn ist unter Skopijoter Intellektuellen weit verbreitet. Die Hoffnung der Präsidenten Gligorov und Želev, „das balkanische Buch der Feindseligkeiten zu schließen“, konnte sich vorerst nur politisch, nicht aber in den Herzen der Bürger erfüllen.

Ähnlich erging es den bulgarischen Versuchen, eine Entspannungspolitik zu forcieren, und die „balkanische Mentalität des Historismus“ (Außenminister Ganev 1992) zu überwinden: Es fehlte nicht an gutem Willen, auch wurden mit den meisten Nachbarn Dokumente unterzeichnet, aber zu einer wirklichen Detente kam es aufgrund tief verwurzelter Vorurteile kaum. Das galt sowohl für die Beziehungen zu Griechenland und zur Türkei als auch für jene mit Serbien/Jugoslawien. Am 7.10.1991 wurde ein griechisch-bulgarischer Freundschaftsvertrag unterzeichnet, dem am 28. November 1991 ein Militärabkommen folgte. Griechenland versprach offiziell, sich für Bulgariens Integration in die europäischen Institutionen einzusetzen. Einen Monat später kam es zu einem Abkommen über militärische Zusammenarbeit mit der Türkei, anläßlich dessen der bulgarische Verteidigungsminister Ludžev verkündete: „Die Türkei ist kein Gegner Bulgariens mehr." Die UDK hatte 1991 ein Dokument „Für ein Helsinki der Balkanländer" als strategische Orientierung herausgegeben, und ihre „Anti-Achsenpolitik" (*anti-oseva politika*) verkündet. Bei einer NATO-Konferenz in Brüssel bot sich Želev sogar als unvoreingenommener Vermittler zwischen der Türkei und Griechenland an, und Bulgarien behielt seine Militärattachés in Ankara und Athen, während es sie (aus finanziellen Gründen) aus dem Rest der Welt zurückzog. Bulgarien schlug weiters eine Charta vor, in der die Balkanländer alle bestehenden Grenzen garantieren und alle territorialen Ansprüche zurückweisen sollten. Im April 1992 kam es in Helsinki sogar zu einem Treffen alle Außenminister der Balkanländer.

Doch bereits dieses Treffen zeigte den dunklen Schatten, den der Jugoslawienkrieg auf die Region warf: Das Treffen in Helsinki endete mit dem Versprechen, sich nach Ende des Krieges, der im April 1992 auf Bosnien übergriff, erneut zu treffen. Gleichzeitig verstärkten sich regionale Rivalitäten: Die Anerkennung Makedoniens wurde Sofia von Athen übelgenommen, bereits im Februar 1992 weigerte sich auch Präsident Milošević, in Belgrad mit dem bulgarischen Außenminister zusammenzutreffen. Ein typisches Beispiel für die Probleme der Verständigung bot die vom türkischen Präsidenten Özal angeregte und am 29. Mai 1992 ins Leben gerufene Schwarzmeerkooperation. Die gute Absicht, Kooperation zu verstärken, wurde durch das gegenseitige Mißtrauen und die inneren Probleme der Mitgliedsländer fast wieder aufgehoben. Die Tatsache, daß 9 der 11 anfänglichen Partner in Wirtschaftskrisen steckten (Bulgarien, Rumänien, die Ukraine, Rußland, Georgien, Moldawien, Albanien, Armenien und Azerbaidschan, neben den „entwickelten" Wirtschaften von Griechenland und der Türkei) erschwerte die wirtschaftliche Integration noch mehr. Der sich bis Oktober 1995 hinziehende Krieg in Bosnien und der ungelöste griechisch-makedonische Konflikt machten Hoffnungen auf verstärkte Balkankooperation zunächst zunichte, während Proteste in den Straßen von Belgrad und Sofia und die Revolte in Südalbanien 1997 auf das gemeinsame

Problem der wirtschaftlichen Schwäche und des Zerfalls der Rechtsstaatlichkeit hinwiesen. Die Warteschlangen und Schikanen an fast allen Grenzen, die Schwierigkeiten, selbst einfache Dinge wie Geldtransfers zwischen Sofia und Bukarest zu machen, sowie die nationalistischen Bilder in den Schulbüchern fast aller Länder der Halbinsel, lassen den Tag eines grenzenlosen, entspannten Südosteuropa in weiter Ferne erscheinen.

Die Nachbarländer in den Medien

Die Zeitung „Trud" schrieb im August 1995 über das Bild Bulgariens in den Nachbarländern: „Es gibt auch keine Änderungen in den Schulbüchern der Nachbarn. Dort sind die Nachbarn so großartig und die Bulgaren so vulgär, grausam und aggressiv wie immer schon. ... Auch bleibt von der modernen bulgarischen Geschichte kaum etwas übrig, wenn wir die Kriege mit den Nachbarn, die Geschichte der IMRO, und die Massaker der Bulgaren durch Serben, Griechen und Türken auslassen würden".

Umgekehrt wird in den bulgarischen Medien immer wieder über das „byzantinische (= unzuverlässige) Griechenland", die bedrohliche Türkei und das irrationale Serbien geschrieben. Berichte über Serbien verweisen auf die „versklavten Bulgaren in den westlichen Grenzgebieten (Ostserbien)". Ilčo Dimitrov, Bildungsminister unter Videnov, schrieb am 18. August 1995: „Die Expansion Serbiens nach Osten, auf Kosten Bulgariens, ist ein alter Traum der Anhänger Großserbiens." In „Demokracija" heißt es am 8. Mai 1995: „Krieg mit Slowenien, Krieg mit Kroatien, Krieg mit Bosnien ... was wird der vierte und fünfte Krieg sein? Es kann keine normalen Beziehungen geben, bevor die Serben nicht ihr psychisches Gleichgewicht finden." Und in „Našen Trud" meint ein Kommentar zur Aussage des jugoslawischen Außenministers in Sofia „Wir werden Bulgarien nie angreifen" ironisch: „Das ist eine gute Nachricht. Offensichtlich erinnern sich unsere westlichen Nachbarn an Slivnica" (wo Serbien 1885 von Bulgarien besiegt wurde). In Kommentaren zur Tagespolitik finden sich immer wieder Hinweise auf den „bulgarisch-serbischen Krieg, als die Serben uns mit all dem Verrat und Neid eines slawischen Nachbarn in den Rücken fielen" (26. Mai 1995, „Demokracija"). Serbien wird auch als großer Manipulator in Skopje gesehen.

Das Bild der Türkei wird von der Unterdrückung der Kurden und der Gefahr des Fundamentalismus bestimmt: Leserbriefe in „Duma" sind besonders geladen, wie jener von 1995: „Wer wird jene verurteilen, die Bulgaren in Zügen töten, und Inschriften hinterlassen wie: ‚Ungläubige, wir werden euch schlachten'?". Karikaturen in „Duma" zeigen Ahmed Doğan, den Chef der türkischen Minderheitenpartei dabei, in den Rhodopen Minarette zu pflanzen. Immer wieder wird eine geopolitische Bedrohung angedeutet.

Griechenland ist das Land der „byzantinischen Intrigen": „Der griechische Verteidigungsminister in typisch byzantinischer Manier ...", „mit byzantinischer Hinterlist", heißt es typischerweise. Auch die anti-bulgarischen Kampagnen der Vergangenheit werden regelmäßig in Erinnerung gerufen: „Ein Dorf wurde in Brand gesteckt, ein bulgarischer Friedhof zerstört", lautete im März 1995 eine Schlagzeile in „Standart", über einem Artikel, der sich auf Ereignisse der Zwischenkriegszeit bezog. Streit um das bulgarische Kloster auf dem Athos wird in die historische Perspektive des „griechischen Appetits auf die bulgarische Kirche" gestellt. „Griechenland möchte Herr der Halbinsel sein", verkündet „24 Časa" am 13. Januar 1995.

Quelle: „Balkan Peoples in the Bulgarian Media", Rumen Janovski, Balkan Neighbours Newsletter, 1995/2

Hürdenlauf nach Europa

Die klarste Vision von Bulgarien als Teil gesamteuropäischer Strukturen war jene von Präsident Želev, die von der Regierung Dimitrov mitgetragen wurde und auch in der BSP einige wichtige Vertreter fand. Außenpolitisch gab es um das Ziel der „Integration in europäische Strukturen" bald einen breiten Konsens. Im Mai 1992 wurde Bulgarien Mitglied des Europarats, unterzeichnete im März 1993 das Assoziationsabkommen mit der EU, trat 1994 der „Partnerschaft für den Frieden" mit der NATO bei und brachte 1995 einen Beitrittsantrag zur Europäischen Union ein. Der Assoziationsvertrag mit der EU wurde vom bulgarischen Parlament 1993 gar einstimmig ratifiziert, eine Besonderheit in diesem polarisierten Haus. Damit aber hatte der Hürdenlauf in den Club der wohlhabenden europäischen Länder gerade erst begonnen.

Erstens stellten der Essener Gipfel der EU im Dezember 1994 und das Weißbuch der Kommission 1995 klar, daß ein breiter Prozeß der Rechtsangleichung vor allem im Wirtschaftsrecht einzuleiten sei, um das *acqui communautaire*, die gemeinsame Rechtsordnung der Mitgliedstaaten, zu übernehmen. Beim bulgarischen Ministerrat wurde dazu ein „Regierungskomitee für Europäische Integration“ gegründet, doch Fortschritte wurden durch die instabile bulgarische Politik verzögert. Zweitens stellte sich schnell heraus, daß die Gruppe der Anwärter sich zu spalten begann, mit den mitteleuropäischen Ländern in der ersten und den südosteuropäischen Ländern in einer zweiten Gruppe. Wie eine Studie der Bertelsmannstiftung 1995 feststellte, haben sich „die Aussichten auf einen tatsächlichen EU-Beitritt der Mittel- und Osteuropäischen Ländern nicht verbessert ... Im Gegenteil, das Szenario für eine Osterweiterung scheint unsicherer denn je. Durch die Ausweitung auf nunmehr zehn Beitrittskandidaten ist das Rennen um eine Aufnahme in die Union noch unübersichtlicher und unkalkulierbarer geworden.“ Die inneren Schwierigkeiten der EU, die vor der Öffnung eine Reform der eigenen Institutionen vornehmen muß, lassen die Chancen der Nachzügler nicht gut erscheinen. Zwar wird Bulgarien formell wie die anderen Beitrittsbewerber behandelt, aber es fehlt dem Land an wichtigen Fürsprechern. Während sich die skandinavischen Länder des Baltikums annehmen, Österreich und Deutschland für ihre mitteleuropäischen Nachbarn eintreten und Rumänien in Frankreich einen gelegentlichen Fürsprecher findet, „ist Bulgarien in Europa meist allein“ (so die stellvertretende Außenministerin Irina Bokova im Frühjahr 1996).

Die EU-Politik gegenüber den Reformstaaten orientiert sich an vier Linien: Die Strategie einer schrittweisen Annäherung, die Assoziationsverträge (Europaabkommen), der politische (strukturierte) Dialog und das PHARE-Programm. Doch diese Schritte führten nicht automatisch zur Aufnahme in die EU, und die schrittweise Annäherung ist vor allem ein unilateraler

Prozeß, der im Land selbst vorangetrieben werden muß. Der EU-Gipfel in Kopenhagen 1993 hatte die Latte erwartungsgemäß hoch gelegt: „Ein Beitritt kann erfolgen, sobald ein assoziiertes Land in der Lage ist, den mit einer Mitgliedschaft verbundenen Verpflichtungen nachzukommen und die erforderlichen wirtschaftlichen und politischen Bedingungen zu erfüllen." Die Europaabkommen stellen zwar einen Fahrplan in Richtung einer weitgehenden Handelsliberalisierung innerhalb von 10 Jahren dar, doch im Fall Bulgariens wurde durch das Embargo gegen Jugoslawien und Probleme bei der Ratifizierung des Abkommens in der EU der Prozeß der Handelsöffnung verzögert. Schließlich kam der innere Zusammenbruch der Wirtschaft einer verstärkten Handelsintegration in die Quere: Selbst die kurz zuvor von Bulgaren bitter kritisierten protektionistischen Maßnahmen der EU gegen bulgarische Exporte in Schlüsselsektoren (Agrarprodukte, Textilien) sollten sich vor dem Hintergrund der Krise als nebensächlich erweisen, denn das Land entfernte sich immer weiter davon, seine Exportkontingente auszuschöpfen (und wurde schließlich sogar zum Getreideimporteur!). Der politische Dialog konnte kein Ersatz für eine nationale Außenpolitik sein, die Bulgarien bei allen Partnern regelmäßig positiv in Erinnerung rief. Skeptische Berichte des IWF und der Weltbank über die wirtschaftspolitische Kompetenz bulgarischer Regierungen machten diese Eigenwerbung nicht leicht. Die PHARE-Programme wiederum, die einen geförderten Knowhow-Transfer von Westen nach Osten anstreben, leiden unter der Krise genau jener bulgarischen Institutionen, die es zu entwickeln gilt. Dennoch gibt es Fortschritte, wie die Entwicklung von eigenen mit Europafragen beschäftigten Institutionen (etwa das Institut für Europäische Studien in Sofia) zeigt, die konkrete Konzepte für die Verwaltung erarbeiten.

Immerhin herrschte bei der Frage der EU innenpolitischer Konsens über das Ziel. Keinerlei Konsens gab es bei der Frage der Beziehungen zur NATO, wo sich Präsident Želev und die UDK zu vehementen Verfechtern entwickelten, die BSP jedoch aus Rücksicht auf russische Sensibilitäten bremste. Der neue Präsident Stojanov sieht sich hier in der Kontinuität seines Vorgängers. So wurde die NATO-Debatte zu einem symbolgeladenen, innenpolitischen Konfliktthema, das zusehends den Bezug zur politischen Wirklichkeit verlor. In dieser Wirklichkeit liegt der Zustand der Streitkräfte weitgehend im Argen, Gelder für eine notwendige Umrüstung und Konvertierung des russischen Materials gibt es nirgends. Der niedrige Verteidigungsetat (1994 nur 2,75 % des Bruttoinlandsprodukts, eine der niedrigsten Raten in Europa) ist ebenso ein Ausdruck der wirtschaftlichen Schwäche des Landes wie seiner friedlichen Außenpolitik. Er konservierte jedoch die Abhängigkeit der Armee von russischen Waffenimporten. Neben dem Abrüsten im Rahmen des Vertrages über konventionelle Streitkräfte in Europa kam es durch die Finanzschwäche zu einem außervertraglichen „Abrüstungsprozeß", einem Zerfall der militärischen Infrastruktur. Es fehlten Mittel für Strukturreformen: So hatte die bulgarische Armee 1995 98000 Mann, davon etwa 22000 Offiziere und 27000 Unteroffiziere. Ohne Hilfsprogramm der NATO, die hierfür kein Interesse zeigte, ist jeder Prozeß der tieferen Integration unrealistisch. Immerhin konnte Bulgarien durch Teilnahme an UN-Militäroperationen wie in Kambodscha Erfahrungen gewinnen.

Bulgarien – USA

Wichtig sind auch die Beziehungen zu den USA, die vor allem von den UDK-Präsidenten und der Regierung Dimitrov gepflegt wurden. Ein Besuch von Dimitrov in den USA im März 1992 wurde zu einem der Höhepunkte seiner Regierung und fand ein sehr positives Echo in Washington. Aber das Mißtrauen der Videnov-Regierung gegenüber Amerika, und ein verstärktes amerikanisches Engagement in Makedonien, Albanien und vor allem in Bosnien marginalisierten Bulgarien erneut. Die wichtigsten Delegationen, die in den letzten Jahren aus Washington nach Sofia kamen, waren jene der Bretton Woods-Schwestern Währungsfonds und Weltbank. Das Fehlen einer organisierten bulgarischen Diaspora in den USA, Kanada oder Australien (im Gegensatz zu den Griechen, Serben, Kroaten und sogar Makedonen) wurde ebenfalls ein Handikap.

Die Isolation des Landes zeigt sich auch bei einem der emotionalsten Themen, die in Bulgarien zur Außenpolitik diskutiert werden: die Visumpflicht für Reisen in die EU, in Bulgarien als „Schwarze Schengener Liste" bekannt. Kaum etwas vermag bulgarische Intellektuelle mehr zu reizen als das Wort „Schengen". Das ist nicht die Schuld dieser luxemburgischen Kleinstadt, sondern die der dort abgeschlossenen EU-Abkommen über den freien Personenverkehr innerhalb der europäischen Union, der mit strengen Außenkontrollen (und eigenen „Schengen-Visa") einhergeht. Bulgarien, Auswander- und Transitland für Bürger der Türkei und des Nahen Ostens, befindet sich auf der Liste jener Länder, deren Bürger im Gegensatz zu jenen aus den Ländern Mitteleuropas Visa brauchen. Dies wird als Diskriminierung gesehen, vor allem, da die Prozeduren zum Erlangen solcher Visa an vielen EU-Botschaften in Sofia tatsächlich erniedrigend sind: stundenlanges Anstehen, unfreundliche Behandlung, bürokratische Schikanen. Eine verbreitete Karikatur zeigt eine nackte Frau mit der Überschrift „Der Eintritt nach „Schengenland". Die Westeuropäer lassen nur Prostituierte und Verbrecher einreisen, lautet der Vorwurf, aber nicht ehrliche Bürger (dieser Vorwurf wird bestärkt dadurch, daß viele ominöse bulgarische Geschäftsleute ihr Geld in Wien, Zürich oder Berlin haben).

„Ein neuer eiserner Vorhang geht durch Europa", schrieb der Politologe Ognjan Minčev 1995: Während im 19. Jahrhundert Bulgaren in ihrem Bauerngewand an der Straße standen und französische Schilder mit der Botschaft „Ich reise nach Manchester. Bitte zeigen Sie mir den Weg", hochhielten, käme der heutige Bulgare nirgends mehr hin. „Die langen Schlangen vor den westlichen Botschaften bestehen aus gedemütigten Menschen, deren Würde systematisch zerstört wird", schreibt er und verurteilt die „Festung Europa". „Warum setzen sich keine Bürgerbewegungen in Westeuropa für uns ein? Jeder Besucher ist schuldig, bevor er noch verdächtigt wird ... Anders als unsere Großeltern dürfen die Bulgaren von heute nicht mehr von Europa lernen, um sich zu verbessern. Und das ist einfach nicht fair", protestiert Minčev. „Wie soll die junge

Generation den Westen kennenlernen, wenn sie nicht einmal mehr reisen darf? Worin besteht das Versprechen der EU?", pflegt auch der Journalist Evgenij Dainov seine Besucher zu fragen – auf eine Antwort wartet er immer noch.

VI. Nationale Identität und nationale Minderheiten

„Die Volksrepublik Bulgarien ist ein mononationaler Staat, sie schließt in ihrem Territorium keine fremden Gebiete ein, im bulgarischen Volk sind keine Teile anderer Völker und Nationen enthalten. Kraft bekannter Umstände hat jedoch unser Volk ein bitteres historisches Schicksal erlitten".

Griša Filipov, kommunistischer Ministerpräsident, am 8. März 1985.

„Es gibt zwei Varianten für eine Lösung der ethnischen Probleme. Die erste ist die bosnische Variante mit Blut und Waffen, die andere ist die bulgarische, auf dem parlamentarischen Weg, unter Zuhilfenahme friedlicher Mittel und über die Hebel der Macht."

Ahmed Doğan, Parteichef der „Bewegung für Rechte und Freiheiten", am 8. November 1995.

Staat und Nation

Ist Bulgarien ein Staat der orthodoxen Bulgaren? In der Volksbefragung von Dezember 1992 zeigt sich die ethnische Vielfalt des Landes. Unter 8,5 Millionen Einwohnern identifizierten sich 822000 als Türken und 288000 als Roma, daneben weitere 65500 als bulgarische Moslems oder „Pomaken". In der Kategorie „Religion" fanden sich 1,07 Millionen Moslems und 7,3 Millionen Christen. Die meisten bulgarischen Türken leben im Nordosten des Landes um die Städte Razgrad und Šumen sowie in den Bergen des Südens um Kărdžali. Die bulgarischen Moslems findet man in den Rhodopen sowie in Teilen Mittelbulgariens. Die Roma leben verstreut, nach Schätzungen eines internen kommunistischen Dokuments gab es Anfang der 80er Jahre Roma-Mahalas (Viertel) in 160 Städten und in beinahe 3000 der 5846 bulgarischen Dörfer.

Ist damit auch Bulgarien von der Gefahr wachsender interethnischer Spannungen bedroht? Die bulgarische Vergangenheit und die südosteuropäische Gegenwart sind kaum ermutigend. Am Beginn dieses Jahrhunderts war die ethnische und kulturellen Vielfalt in Bulgarien noch um vieles ausgeprägter. Lamartine stellte bei seinem Aufenthalt in Plovdiv 1833 fest, daß „die Bulgaren die Türken haßten". Das Bild der türkischen Flüchtlinge an den Grenzen zur Türkei auf der Flucht vor bulgarischen Schikanen ging durch die Welt. Lange wurde den Bulgaren von der Partei die Ideologie diktiert worden, es gebe keine nationalen Minderheiten und daher keine Türken mehr in Bulgarien. So sahen viele Beobachter nach 1989 in einer bulgarisch-türkischen Konfrontation die größte Gefahr für die junge Demokratie. 1989/90 schien das Land am Rande eines Bürgerkriegs in den gemischt bulgarisch-türkischen Regionen zu stehen.

Doch alles kam anders. Was seit 1989 geschah, war ein Novum in der bulgarischen Geschichte, ein Regimewechsel ohne politische Gewalt (anders als 1878 oder 1945). Es war eine der hoffnungsvollsten Überraschungen, daß die Lösung interethnischer Konflikte in parlamentarische Bahnen gelenkt wurde. Die türkische Minderheit wurde durch eine Partei, die „Bewegung für Rechte und Freiheiten" (BRF) parlamentarisch vertreten, und 1993 wurde eine Regierung von ethnischen Bulgaren, unterstützt von der BSP, mit dem Mandat der (türkischen) BRF gebildet. Umfragen zeigen, daß seit 1992 die Akzeptanz der Türken unter der bulgarischen Bevölkerung zugenommen hat. Vor dem südosteuropäischen Hintergrund hat die bulgarische Gesellschaft ein wichtiges Signal gesetzt.

Wichtig war die Rolle verschiedener Politiker, sowohl der BRF als auch der UDK. Die nationalistische Rhetorik der BSP nach der ersten Wahlniederlage verfing 1991 nicht. Ein populistischer Nationalismus konnte sich nicht durchsetzen. Der Präsidentschaftswahlkampf des von der BSP unterstützten Juristen Vălko Vălkanov 1992 gegen Želev war bislang der Höhepunkt nationalistischer Politik. Intoleranz und Vorurteile geistern weiter durch die Medien, aber im Gegensatz zu vielen der Nachbarländer konnte sich keine starke nationalistische Partei durchsetzen.

Kommunismus und Nationalismus

Es war in Bulgarien wie in Griechenland oder Serbien ein Glaubensartikel, daß der unabhängige Staat der Nationalstaat eines einzigen Volkes sei, der der slawischen, orthodoxen Bulgaren. Die Vertreibungen, „ethnischen Säuberungen" und arrangierten Bevölkerungsaustausche in der ersten Hälfte dieses Jahrhunderts hatten die Größe bulgarischer Minderheiten in den Nachbarländern und ethnischer Minderheiten in Bulgarien dramatisch reduziert. Nach 1945 wanderten auch noch viele der sefardischen Juden nach Israel aus. Die nationale Geschichtsschreibung hatte die Beiträge anderer Völker aus den Schulbüchern ausradiert: Von einer balkanisch-osmanischen Synthese, wie sie in vielen Stadtbildern ins Auge sticht, ist dort nirgends die Rede.

Die Wichtigkeit nationaler Geschichtsschreibung stand in Bulgarien seit den 50er Jahren nicht in Frage. Nach 1945 hatte sich das Regime vom Nationalismus abgewandt, hatte doch Georgi Dimitrov ehrgeizige Pläne für eine Balkanföderation. Dafür war er sogar bereit, eine „makedonische" Nation und Minderheit in Bulgarien anzuerkennen! In der Minderheitenpolitik wurde wie in Stalins Sowjetunion formal Toleranz geübt. Es gab Unterricht in türkischer Sprache und einen entsprechenden Lehrstuhl an der Universität Sofia. Die Verfassung von 1947 erklärte: „Nationale Minderheiten haben das Recht, in ihrer Muttersprache unterrichtet zu werden und ihre Muttersprache sowie ihre nationale Kultur zu entwickeln" (Artikel 71).

Diese Entwicklung wurde unter Živkov konsequent zurückgedreht. Stalinistische Umbenennungen wurden rückgängig gemacht, die Verehrung der mittelalterlichen Chane als Staatengründer offiziell gefördert. Es gab nun auch historische

Epochen vor dem Kommunismus, in denen „die Interessen der führenden Klassen mit denen des Volkes übereinstimmten". Selbst Klöster wurden als historische Zitadellen des bulgarischen Geistes von der Partei wiederentdeckt.

Aggressive Minderheitenpolitik unter Živkov

Die einzigen auch unter Živkov geschätzten Minderheiten waren die sehr kleinen Gruppen von Juden (5 000 Personen) und Armeniern. Die ideologische Entwicklung ging in die Richtung einer „einheitlichen bulgarischen sozialistischen Nation". Dimitrov hatte eine makedonische Nationalität anerkannt, nach seinem Tod ging man in Bulgarien von einer „jungen makedonischen Nation" seit 1918 aus, dann von der Geburt einer makedonischen Identität erst seit dem 2. Weltkrieg, bevor das ganze Konzept zurückgenommen wurde. In einer Volksbefragung 1965 war die Zahl der deklarierten „Makedonen" in Bulgarien von 187789 im Jahre 1956 auf 8750 gefallen. Das Parteiprogramm von 1971 verkündete: „Die Bürger unseres Landes von unterschiedlicher nationaler Herkunft werden immer näher zusammenkommen." Politbüromitglieder erklärten, daß Bulgarien ein „nationaler Einheitsstaat sei", und daß es keine Minderheiten darin gebe. Betroffen waren aber vor allem Roma, Pomaken und Türken. Eine aggressive Minderheitenpolitik, die sich in der erzwungenen Annahme eines bulgarischen Namens äußerte, wurde zunächst gegen die Roma (50er Jahre), dann gegen die Pomaken (1971–1972) durchgesetzt. Hugh Poulton beschrieb die Namensänderungen: „Bewaffnete Einheiten mit geladenen Waffen kamen in das Dorf. Die Pomaken wurden gezwungen, einer nach dem anderen auf dem roten Teppich zum Tisch in der Mitte des Platzes zu gehen und ihre alten Identitätskarten zurückzugeben. Sie erhielten dann neue mit bulgarischen Namen." In manchen Dörfern belagerte die Armee das Dorf, es kam zu Widerstand und Toten. 1984/85 ging die Partei gegen die türkische Minderheit vor. Eine Verschärfung dieser Verfolgungen sollte im Sommer 1989 die nationale Glaubwürdigkeit der Partei beweisen und Dissidenz als „unpatriotisch" disqualifizieren. Im Sommer 89 wanderten an die 300 000 Türken in die Türkei aus, die im August die Grenze sperrte. Das türkische Eigentum in Bulgarien wurde geplündert.

Abb. 11: Bulgarische Türken verlangen ihre alten Namen zurück. Ihre friedlichen Proteste waren erfolgreich, politisch sind die Türken in Bulgarien heute gut integriert.

Die Živkov-Thesen, die 1967 verlautbart wurden, waren ein Aufruf zu mehr Nationalstolz: „Hinter unserem Mutterland liegt eine dramatische und heroische Geschichte, aber es gibt kaum einen Staat, der so eine Unterschätzung und Relativierung seiner historischen Vergangenheit zuläßt ... wir müssen stolz auf unsere Geschichte sein, auf unsere Vergangenheit und auf unsere glorreichen revolutionären Traditionen." Zum 1300. Jahrestag des Staates 1981 demonstrierten Živkov und Patriarch Maksim, das Oberhaupt der orthodoxen Kirche, Einigkeit.

Unter Živkov und seiner einflußreichen Tochter Ljudmila Živkova wurde der Kommunismus zu einer nationalen Bewegung. Živkova verwandelte den Justizpalast in das Museum für nationale Geschichte, sie sammelte Kunstwerke und bereitete die Feiern 1981 vor. Die Mystifizierung der Vorfahren reichte von den Protobulgaren, „einem mächtigen und kraftvollen Volk, das im Laufe von Jahrtausenden das anthropologische Bild des Menschen verändert hat", bis zu den kommunistischen Partisanen. Die Feiern 1981 wurden in monumentalen Denkmälern in Sofia, Šumen, und anderen Städten verewigt. Viele Künstler waren bei den Vorbereitungen involviert, und die großen historischen Epen, die als Filme produziert wurden, erfreuten sich echter Popularität. Die Vermählung von Kommunismus und Nationalismus half, die de-facto-Rolle einer 16. Sowjetrepublik im Bewußtsein der Bevölkerung wieder aufzuheben: Immerhin war Bulgarien der ältere Bruder der nördlichen Russen, der eigentliche „Zivilisator der Slawen".

Türken und Pomaken in Bulgarien

Bulgarien war das unmittelbare Hinterland des osmanischen Machtzentrums Istanbul. Kein anderes Gebiet auf der Balkanhalbinsel hatte 1878 eine derart kompakte türkische Bevölkerung, doch zwischen 1878 und 1913 verließen 250000 Türken Bulgarien. Weitere Wellen folgten in der Zwischenkriegszeit (aus der damals rumänischen Dobrudža). In den 50er Jahren verließen 150000 Türken das Land, um 1965 verblieben etwa um die 750000. Daneben setzte sich eine Politik der Assimilierung durch Namensänderungen und Unterdrückung der Sprache durch. 1958 wurden türkische Schulen mit bulgarischen Schulen zusammengefaßt und der Türkischunterricht eingeschränkt, am Anfang der 1970er Jahre war er gänzlich unterdrückt. 1974 wurde der Lehrstuhl für Türkisch an der Universität Sofia durch einen für „Arabische Studien" ersetzt. Politbüromitglied Stanko Todorov erklärte, daß „alle, die zur Propagandamusik von Ankara tanzen und die nicht in ihren Dörfern und Städten leben wollen, umgesiedelt werden" könnten. Um einen sozialistischen Staat zu bauen, müsse man einen kompromißlosen Kampf gegen den rückständigen Islam, besonders unter den Pomaken, führen: Das war für einige Jahrzehnte die offizielle Ideologie.

„All die Dinge, die in Westeuropa geschehen sind, die Renaissance, die Reformation, die Aufklärung und Verfassungen, haben wir versäumt aufgrund der Türken."

Universitätsangestellter in Sofia , The Guardian, 15. Februar 1991

„Die bulgarische Regierung kündigte an, daß sie auf Versuchsbasis türkischen Kindern erlauben wird, ihre eigene Sprache als Freifach zu studieren."

The Guardian, 17. Juni 1992

Nach dem Sturz Živkovs wurden am 29. Dezember 1989 explizit auch der türkischen Minderheit Menschenrechte zugestanden. Es kam zu einer von lokalen Parteiorganisationen aufgestachelten Protestbewegung, Schüler traten in Streik, um die 100000 Demonstranten kamen nach Sofia. Eine aktive Intervention der Gewerkschaften verhinderte eine Eskalation, eine „Erklärung zur nationalen Frage" des Parlaments am 15. Januar 1990 nahm einige der Zugeständnisse wieder zurück. Es bildeten sich nationalistische Organisationen wie die „Vaterländische Partei der Arbeit", die mit der BSP kooperierte. Die neue Verfassung gestand zwar das Recht zu, eine andere Sprache zu lernen und zu benützen, doch sie verbot Parteien auf „ethnischer, konfessioneller oder rassischer Grundlage".

Diese Regelung wurde freilich flexibel zugunsten der „Bewegung für Rechte und Freiheiten" (der de facto-Partei der bulgarischen Türken) ausgelegt, einer der Schlüssel zum interethnischen Frieden. Der Parteivorsitzende Ahmed Doğan, der vor 1989 den Namen Medi Doganov annehmen mußte, war als Student der Philosophie in die 200 Mitglieder starke „Befreiungsbewegung der Türken in Bulgarien" involviert gewesen. 28 wurden 1985 verhaftet, er kam in das gefürchtete Gefängnis in Pazardžik. Proteste gegen die Behandlung der Türken waren neben der ökologischen Situation eines der Hauptanliegen der ersten Dissidenten, 1990 gründete er die „Bewegung für Rechte und Freiheiten".

Die „Bewegung für Rechte und Freiheiten"

(bulg: *Dviženie za prava i svobodi)* wurde am 4. Januar 1990 gegründet. Jeder bulgarische Bürger kann Mitglied werden, die Statuten bekennen sich zu einem integralen und unteilbaren Bulgarien mit Rechten für alle. Nach den Wahlen 1990 schickte die BRF 23 Kandidaten ins Parlament, darunter 19 Türken, drei Bulgaren und einen Russen. Nach den Wahlen 1991 nahm die Partei die Rolle eines Königsmachers ein, denn keine der beiden anderen Parteien hatte allein eine Mehrheit. Tatsächlich war das 1991 gewählte Parlament einzigartig in der bulgarischen Geschichte, da in ihm 8% der Abgeordneten, mehr als in jedem anderen Parlament seit 1879, Mitglieder der türkischen Minderheit waren. Zunächst unterstützte die BRF die Regierung Dimitrov, aber als diese nicht auf die ökonomischen Schwierigkeiten der türkischen Bevölkerung einging, zerbrach die Koalition. 1992 waren nochmals 40000 Türken in die Türkei ausgewandert. Bei Parlamentswahlen 1994 verlor die BRF leicht, aber in Lokalwahlen 1995 hielt sie in vielen Städten ihre führende Position. In einigen Stadträten gelang es der BRF bereits 1991, den Bürgermeister zu stellen, das Recht auf Türkischunterricht konnte durchgesetzt werden, wenn es auch oft an verfügbaren Lehrern fehlte.

Doğan ist eine der schillernden Gestalten der bulgarischen Politik: Er ist stolz auf seinen Großvater, der Schäfer war, arbeitet aber auch an seinem Ruf als Lebemann, der ihm nach seiner öffentlichen Scheidung Sympathie unter den konservativeren Pomaken kostete. Er gilt auch als mittlerweile äußerst wohlhabender Geschäftsmann, der einige seiner Firmen aus demselben Gebäude wie die Partei führt. Als moderater Führer einer frustrierten Minderheit war er eine der Schlüsselfiguren des bulgarischen Übergangs.

Pomaken, bulgarischsprechende Moslems, sind vor allem in den Rhodopen des Südens anzutreffen. Die Pomaken gelten als besonders traditionell und gläubig. In den Augen der meisten Bulgaren wurden sie zwangsislamisiert, der Name „Pomake" deutet auf den „Verrat" hin: Er leitet sich vom Wort „Helfer" ab. In der kommunistischen Zeit wurde argumentiert, daß der

Moment zur „Rückkehr“ der irregeleiteten Bulgaren gekommen sei und arabisch-türkische Namen abgelegt werden sollten. Da in der KP-Diktion die bulgarischen Mohammedaner nichts mit der türkischen Nation gemein hatten und in den Statistiken als Bulgaren geführt wurden, verursachten die Ergebnisse der Volkszählung 1992 ein überraschendes Problem: Etwa 35000 bulgarisch sprechende Moslems der Region bezeichneten sich als „Türken“, obwohl nicht einmal alle die Sprache beherrschten. Viele Bulgaren waren erzürnt, und 1993 wurde ein parlamentarischer Untersuchungsausschuß eingesetzt, um die „Umstände der Befragung“ zu klären. Für bulgarische Nationalisten mußte die Erpressung durch „türkische Interessen“ hinter einer solchen Selbstbezeichnung stehen. Ein wirtschaftliches Problem teilen die bulgarischen Moslems mit den Türken: Der niedrige Preis für den Tabak in den letzten Jahren, eine Industrie in der die meisten der Pomaken und viele Türken beschäftigt sind. Der Zusammenbruch des großen RGW-Markets war einer der Gründe für die Krise, das Monopol von *Bulgartabak* ein weiterer. Die Berggebiete der Rhodopen zählen zu den ärmsten und abgelegensten Teilen des Landes, und die Arbeitslosenraten gehören heute zu den höchsten im ganzen Land.

Roma – die vergessene Minderheit

Wenn man die politische Geschichte des modernen Bulgarien schreibt, wird häufig eine der größten Minderheiten Südosteuropas vergessen: die bulgarischen Roma. Unsicherheiten beginnen bereits bei ihrer Zahl. Gab es 1880 noch unter 20000 vom Zensus erfaßte Roma, so waren es 1956 bereits 197865. Da sie eine hohe Geburtenrate haben, schätzte man ihre Stärke zu Beginn der 90er Jahre auf zwischen 400000 und 800000. In der Volksbefragung des Jahres 1992 identifizierten sich aber nur 288000 der Befragten als Roma. Die meisten davon, 257000, gaben Romani, eine Sprache mit indischen Wurzeln, als Muttersprache an.

Abb. 12: Selbstbewußte Roma-Frauen. In ihren eigenen Stadtvierteln treten sie dem Besucher mit Stolz entgegen; im Land selbst aber begegnet ihnen Mißtrauen und Haß.

Deklarierten sich bulgarischsprechende Roma als Bulgaren, obwohl sie von diesen als Zigeuner angesehen werden? Haben sich viele der zu 70% aus Moslems bestehenden Roma als Türken bekannt? Roma-Aktivisten klagen: Steige ein Roma auf der sozialen Erfolgsleiter hinauf, so beginne er oft seine ethnische Zugehörigkeit zu verleugnen. „Jeder Roma wird versuchen, sich als Bulgare auszugeben", erklärte ein Roma-Aktivist und Lehrer im Sofioter Viertel Filipovci, „sonst hat er zum Beispiel keine Chance auf eine staatliche Wohnung."

Das ist beim derzeitigen Image der Minderheit nicht erstaunlich. Isabel Fonseca meint in ihrem Buch über die osteuropäischen Roma, daß die Roma Bulgariens die am meisten entwurzelten in ganz Osteuropa sind, und spricht von Bulgarien als „landschaftlichem Eden", das für die Roma eine „Tundra menschlicher Intoleranz" sei.

Auszüge aus dem Bericht des Bulgarischen Helsinki-Komitees vom 5. November 1993:

„Die größten Probleme als Minderheit hatten auch im vergangenen Jahr die Zigeuner ... Im Berichtszeitraum wurden bei Untersuchungen vergangener Mißhandlungen an Zigeunern durch die Polizei keine Fortschritte erziehlt. Das Menschenrechtsprojekt zur juristischen Verteidigung von Zigeunern registrierte mehrere neue, schwerwiegende Rechtsverletzungen. Am 19. September 1992 wurde der 14jährige Anton Assenov an der Bushaltestelle von Šumen unter dem Vorwand, er habe verbotene Wettspiele organisiert, von der Polizei schwer geschlagen. Die Staatsanwaltschaft weigerte sich, eine Untersuchung gegen die Polizei einzuleiten. Am 24. März 1993 wurde Christo Christev in Stara Zagora wegen Diebstahls von Kupferdraht von der Polizei geschlagen, getreten und anschließend verhaftet; auf der Polizeistation wurde er erneut mißhandelt. Am 5. April zwischen drei und fünf Uhr morgens untersuchten etwa 60 Polizisten das Zigeunerviertel von Novi Pazar nach Kriminellen und Tatverdächtigen. Polizisten mit Tarnanzügen traten die Türen von Privathäusern ein, schlugen die Bewohner, bedrohten sie mit Gewehren. Einige vergingen sich an Frauen. In der Nacht des 19. Juni 1993 schlugen Polizisten, die angeblich nur Personalien überprüfen wollten, einige Zigeuner in einer Bar in Dobrič grausam zusammen. Nach Aussagen von Augenzeugen und Opfern spuckten die Geschlagenen Blut, einige hatten gebrochene Rippen, und einer Frau wurde eine Pistole in den Mund gehalten ..."

Die Probleme der Roma, ihre soziale Lage und ihre Diskriminierung sind für den Politikwissenschaftler J. F. Brown eine Zeitbombe: „Wenn diese Bombe nicht in diesem Jahrhundert entschärft wird, könnte sie am Anfang des nächsten Jahrhunderts in die Luft gehen." Dies ist freilich keineswegs ein rein bulgarisches Problem, wie auch Roma-Aktivisten besorgt zugeben. Rudko Kawczynski, Präsident einer Romaorganisation in Hamburg, warnte 1995 vor Entwicklungen in der ganzen Region: „Ich glaube, wir stehen einen Schritt vor einem neuen Holocaust, diesmal an den Roma in Europa."

In der Verfassung von 1947 hatten Zigeuner den Status einer Minderheit, mit dem Recht, ihre Sprache zu verwenden. In der Verfassung von 1971 wurde dies geändert. Auch wurden in diesen Jahrzehnten die Namen der Zigeuner bulgarisiert. Die meisten älteren Roma kennen sich noch heute nur bei ihrem alten Namen, haben aber einen bulgarischen Namen in offiziellen Dokumenten. Aus der kommunistischen Leugnung einer verachteten Minderheit wurde nach 1990 ein Gefühl aus Angst und Haß. Man wird immer wieder auf Bulgaren stoßen, die ihre türkischen Mitbürger bewundern und als ehrlich und fleißig bezeichnen. Eine klare Mehrheit der Bevölkerung sieht in Roma hingegen nur Diebe oder Schwarzmarkthändler, und man wird kaum ein positives Urteil finden. So kommt es auch immer wieder zu Übergriffen der Polizei, vom Bulgarischen Helsinki-Komitee dokumentiert, zum Niederbrennen von Häusern, zu Schlägereien.

Die soziale Situation der Roma gibt Anlaß zur Sorge: Die Bilder der Roma-Kinder am Sofioter Bahnhof , die hinter der Halle schlafen und Klebstoff schnüffeln, gingen durch viele Medien der Welt. Viele Roma leben in heruntergekommenen Stadtvierteln ohne Wasser und manchmal ohne Elektrizität, und ihre Kindersterblichkeit liegt weit über dem Durchschnitt. Schulbesuch wird vernachlässigt, und die Analphabetismusraten sind sehr hoch. Die letzten Jahre brachten eine wachsende Isolation: Da sie in eigenen Vierteln leben und ihre Arbeitsplätze in Fabriken meist als erste verloren, führen Roma und Bulgaren heute segregierte Leben. Die Kommunen praktizieren eine Rassentrennungspolitik bei der Wohnungszuteilung, in der Armee werden junge Roma fast ausschließlich zu Arbeitseinheiten eingezogen. Der einfache Bulgare würde nie eine Mahala betreten. So wird das Bild durch Bettler und Wahrsager, aber auch durch die feindselige Berichterstattung der Medien geprägt.

Sliven gilt als „Hauptstadt der Zigeuner“ aber auch Sofia (das Viertel Fakultet), Plovdiv, Ruse und Varna haben größere Mahalas. 1958 wurde Nomadismus für illegal erklärt, und viele Roma wurden auch in kleineren Gemeinden angesiedelt. Dies verschärfte soziale Probleme, denn in vielen dieser Gemeinden sind alle jungen Bulgaren in die Städte gezogen. Zurück bleiben ältere, ländliche Bulgaren und junge, unzufriedenen Roma.

Gesellschaftlich an den Rand gedrängt, sind die Roma auch politisch kaum sichtbar. Im Gegensatz zur türkischen Minderheit gelang es ihnen nicht, sich zu organisieren. Nur selten wurden sie politisch umworben, wie bei den Lokalwahlen in Kărdžali 1995, als ihre 3000 Stimmen wahlentscheidend waren und sowohl die BRF als auch die BSP Lebensmittel an sie verteilte. Politische Organisationen wurden bald vom bulgarischen Spaltpilz befallen, oder wurden als „ethnische Parteien" nicht zugelassen. Im Dezember 1991 fand ein Runder Tisch zu Fragen der ethnischen Probleme ohne Vertreter der Roma statt. Ein Teil des Problems ist, daß auch die bulgarischen Roma untereinander stark differenziert sind: So gibt es christliche und moslemische Roma, verschiedene Klans, die niemals untereinander heiraten würden, einige Dutzend verschiedener Romanidialekte, Roma, die Türkisch sprechen und solche, die nur Bulgarisch verstehen. Auch die alte, kastenähnliche Differenzierung nach Arbeitsgebieten besteht weiter.

VII. Kultur und Gesellschaft

Die Architektur von Sofia ist eine Metapher für die verschiedenen Ebenen der bulgarischen Kultur. Sofia ist eine alte Stadt mit antiken Wurzeln, doch auf den ersten Blick erkennt man davon wenig: die Antike und das Mittelalter, auch die osmanische Periode und die Handelsviertel des 19. Jahrhunderts liegen unter den Schnellstraßen und hinter den Prunkbauten der stalinistischen Zeit begraben. Den Stadtkern beherrschen die Repräsentationsbauten der Gründergeneration, die mit Hilfe ausländischer und im Ausland ausgebildeter Architekten eine Großstadt im europäischen Stil erschaffen wollte. Denkmäler für Volksdichter und Helden der Unabhängigkeitskämpfe und nach russischen Generälen benannte Hauptstraßen waren im kommunistischen Stadtbild die wichtigsten Zeugen der Vergangenheit. Der Großteil der Stadt aber wurde in den letzten 50 Jahren im stalinistischen Monumental- und im sozialistischen Einheitsstil errichtet, deren angenehmste Eigenschaft die grünen Parkanlagen sind, die das Grau der Gebäude mildern. Nur vereinzelt sind echte Reste alter Gebäude erhalten geblieben, wie etwa die Kirche Sveti Georgi im Innenhof des Hotels Sheraton. In den kommunistischen Jahrzehnten galt Sofia als „Genf des Balkan", als saubere, leblose Stadt. Dies änderte sich in den letzten Jahren mit der Rückkehr von anarchischer Lebendigkeit: Farbige Plakate, Straßencafés, Musikanten und geschmückte Auslagen sind Farbtupfen in einer zunehmend bunten Stadt, deren öffentliche Anlagen als Folge einer verarmenden Stadtverwaltung jedoch kaum noch gepflegt werden. So ist die Hauptstadt ein Spiegel der gegenwärtigen bulgarischen Kulturkrise: Auf die gepflegte, kalte Ordnung des Kommunismus folgte eine Periode der Rastlosigkeit und lebendigen Unruhe, aber auch der sichtbaren Verarmung und des Verfalls der öffentlichen Prestigebauten. Hinter der kommunistischen Fassade werden erneut die verschiedenen Schichten der Vergangenheit sichtbar, nicht nur der offizielle, vom Regime der Ideologie untergeordnete Historismus.

Anlehnung an den Westen

Der an Mitteleuropa orientierten Architektur des jungen bulgarischen Staates entspricht eine ebensolange Tradition der Denker, ihre kulturelle Identität in der Anlehnung an westliche Traditionen zu suchen. Ein 1994 in Sofia erschienenes (vom bulgarischen Wissenschaftsministerium gefördertes) Buch mit dem Titel „Warum sind wir so, wie wir sind? – Auf der Suche nach der bulgarischen kulturellen Identität" bietet Anhaltspunkte. In Aufsätzen von 19 Schriftstellern, Philosophen und Historikern, alle vor 1944 erschienen, geht es vor allem um die „Verantwortung der bulgarischen Intelligenzia", jener Gruppe von Künstlern und Akademikern, die auf ihren Schultern die Verantwortung für die Erarbeitung nationaler Werte spürte. Diese Intelligenzia unterschied sich in vielem von der übrigen bulgarischen Bevölkerung. Ins Auge sticht, daß 15 der 19 zitierten Denker jahrelang im Ausland studierten (die meisten, sechs von 19, in Leipzig). Sie kehrten dann, erfüllt von der Mission, sich der (oft unterschiedlich definierten) Rückständigkeit ihres Landes anzunehmen, nach Sofia zurück. Erst wenn sich auch hier Nationalgalerien mit nationaler Malerei füllen würden, wenn auch hier Theater als Tempel entstünden, in denen „eine Liturgie mit der bulgarischen Sprache gefeiert wird", um das bulgarische Lebensbewußtsein auszudrücken (Slavejkov), würde Bulgarien den Respekt der Welt verdienen. Nur dann würde das Ausland aufhören, die alte Kulturnation Bulgarien herablassend zu betrachten.

Der Literaturprofessor Bojan Penev definierte 1924 in einem Artikel unter dem Titel „Unsere Intelligenzia" das bulgarische Kulturideal als Synthese aus deutscher Tiefsinnigkeit, französischem Stil, russischem Idealismus und englischer Kreativität. Den bulgarischen Beitrag sah er in der Läuterung der bei anderen Kulturen häufigen Extreme, in der dem nüchternen Bulgaren eigenen Bodenständigkeit. Ähnlich wie fast jede Nation östlich des Rheins sah sich auch Bulgarien als Mittelpunkt eines durch Osten und Westen festgelegten Spannungsfeldes. Es zählt zu den besonderen Merkmalen der bulgarischen Kulturgeschichte, daß Rußland in dieser symbolischen Geographie oft als Teil des Westens gesehen wurde, da viele westeuropäische Ideen ihren Weg nach Bulgarien über Rußland fanden, von der liberalen Tărnovo-Verfassung, die die russischen Truppen im 19. Jahrhundert mitbrachten, bis zum Sozialismus Blagoevs. Auch die Werte der Perestroika 1989 können in dieser Tradition gesehen werden.

Der Essayist und Kulturhistoriker Konstantin Galabov sah in der „Europäisierung" das nationale Schicksal Bulgariens: „Betrachten wir uns: Der Hut, den wir tragen, das Glas, aus dem wir trinken, der Zug, in dem wir reisen, das Papier, auf dem wir schreiben ... alles kommt aus dem Westen. Aus dem Westen sind auch die Ideen, mit denen wir leben. In kurzer Zeit haben wir so viel übernommen, daß es undenkbar ist, nicht auch noch das übrige anzunehmen", schrieb er 1930. „Wir dürfen nicht in unserer gegenwärtigen Isolation bleiben, sonst riskieren wir, als Volk zu sterben." So blickten bereits lange vor dem Kommunismus bulgarische Dichter zu den europäischen Naturalisten und den russischen *Narodniki* (den Volksdichtern), orientierten sich bulgarische Maler und Architekten an den Stilen von Historismus, Expressionismus oder Art Nouveau. Die in Westeuropa gepflegte Verachtung des Balkan als barbarisch und rückständig wurde verinnerlicht und als Verleugnung des osmanischen Erbes zum Ausdruck gebracht. Zumindest in den Städten konnte man einfach die türkischen Kleider ablegen und sich mit Anzug und Krawatte einer anderen Kultur zugehörig fühlen. Dazu der Hinweis auf die alten Wurzeln der Kultur und vor allem darauf, daß die „Europäisierung" keine Neuerung war, sondern eine Rückkehr zu den eigentlichen, vorosmanischen Wurzeln. Der Schriftsteller Aleko Konstantinov hatte diesen Drang nach Europa schon 1895 in seinen satirischen Skizzen in der Gestalt des Rosenölhändlers Baj Ganjo mit einem Augenzwinkern verewigt; dieser hatte sich seiner türkischen Kleider entledigt, um als echter Europäer durch die Welt zu reisen.

Fresken und kulturelle Identität

Das Theaterstück „Pentecost" des englischen Autors David Edgar behandelt Ereignisse in einem imaginären postkommunistischen Balkanland, dessen Einwohner der Autor auch auf englischen Bühnen Bulgarisch sprechen läßt. Im Mittelpunkt steht ein Fresko in einer kleinen Kapelle, das den Werken des Italieners Giotto, dem Vorläufer der italienischen Renaissancemalerei, ähnelt. Das Fresko sei aber älter als die Werke Giottos, behauptet eine einheimische Kunstkritikerin, und somit ein Beweis, daß die Renaissance und die moderne westliche Kultur nicht in Italien, sondern auf dem Balkan ihren Anfang nahmen. Dies bedeute, daß die Einheimischen das Recht hätten, sich „etwas universaler, erwachsener, ein wenig europäischer" zu fühlen. (Unweit von Sofia befindet sich in der Kirche von Bojana tatsächlich eines der schönsten Werke mittelalterlicher Kunst, die „Wandmalereien von Bojana", von Bulgaren gerne als „Beginn der Renaissance" bezeichnet.) Doch die Geschichte endet tragisch: Zunächst wird lange über die Art der Restaurierung und den Besitz der Kirche gestritten, dann besetzen Flüchtlinge aus aller Welt die Kirche und fordern Asyl in Westeuropa. Dieses wird verweigert, es kommt zur gewalttätigen Befreiung der Kapelle, das Fresko geht in Flammen auf.

Am Ende des Stücks, in der zerstörten Kirche, spricht die Kunstkritikerin vielen bulgarischen Intellektuellen aus der Seele: das Volk wurde unter den Kommunisten in gleichförmige Uniformen gesteckt und entdecke beim Versuch, diese wieder auszuziehen, daß es darunter nackt sei und die kulturelle Vergangenheit zerstört wurde: „So wenden wir uns vom Proletkult Rambo zu, oder der Pornographie. Weißt Du, vielleicht ist es am besten, wenn wir in das nächste Jahrtausend in unserer lächerlichen nationalen Verkleidung marschieren ... wenn die Alternative das Gewand von Schwarzenegger ist, oder die, gar keine Kleider zu tragen."

David Edgar, „Pentecost", Uraufführung am 12. Oktober 1994 in Stratford upon Avon

Kulturelle Nomenklatura

Die Kulturpolitik des kommunistischen Bulgarien war letztlich eine Fortführung des nationalen Bestrebens, kulturelle Größe zu beweisen. Es wäre verfehlt, beim Versuch, das Wesen kommunistischer Kulturpolitik zu erfassen, einzig die Ideologisierung und die Einschränkungen durch die Zensur zu betonen. Der bulgarische Kommunismus entfaltete ein ehrgeiziges Programm, um einer traditionellen Kulturmission gerecht zu werden, die von der Förderung elitärer Kunstformen des 19. Jahrhunderts wie Oper, Symphonieorchester oder Ballett bis zur Förderung der Folklore alle Bereiche erfaßte. Dies führte zur Hypertrophie kultureller Institutionen und zu megalomanischen Veranstaltungen wie der Feier von „1300 Jahren Staatlichkeit" 1981. Die Kulturpolitik der Kommunisten unterschied sich von der des vorkommunistischen Bulgarien vor allem durch die vollkommene Zentralisierung aller Entscheidungen, durch die der Kunst vom Staat reichlich zur Verfügung gestellten Mittel und durch die verbreitete Humorlosigkeit ihrer Schöpfungen. Aber sie erreichte oft – gerade in den unpolitischen Künsten – ein hohes Niveau: zu den Sofioter Musikwochen kamen Künstler wie Vaclav Neuman, Kurt Masur und Anne-Sophie Mutter. Nach 1990 kamen aus finanziellen Gründen kaum noch internationale Künstler.

Letztlich schien es dem Regime jedoch gleichgültig, ob es sich um Spitzensport oder Gesang, um Gewichtheber oder Folkloreensembles handelte: Solange nationales Prestige und politische Bedenkenlosigkeit gewahrt waren, wurde gefördert. Dies bedeutete Unterdrückung von Kreativität, Phantasie und jeglichen Abweichungen vom bürokratisch vorgegebenen Kanon. Die Kunst wie die Wissenschaft bürokratisierten sich, die „kulturelle Nomenklatura" erfaßte immer weitere Bereiche des alltäglichen Lebens. Obwohl folkloristische Musik auf hohem Niveau seit den 50er Jahren gefördert wurde, betrachtete man auch Lieder wie *„Mladata Traktoristka"* (die kleine Traktorfahrerin) als Volkskunst und bremste innovative

Abb. 13: Folkloreensembles, auch viele Kindergruppen, wurden im sozialistischen Bulgarien gehätschelt, gefördert und gedrillt. Sie dienten dem nationalen Prestige, aber sie waren auch oft so gut, daß sie auf internationalen Festivals viele Preise gewannen.

Komponisten und Musiker. Komponisten wurden danach beurteilt, ob ihre Schöpfungen „bulgarisch genug" waren. Obwohl im ganzen Land Folkloreensembles gefördert und Festivals für Volksmusik und Volkskunst etabliert wurden, erklärte man eine wichtige Inspiration dieser Musik, die Musik der Roma, für „nicht-existent" und verbot sie. Die Bezahlung von Dichtern erfolgte nach der Anzahl der geschriebenen Sätze und ihrer ideologischen Verläßlichkeit. Unter Živkov wurden als Touristenattraktion auch wieder Mönche im Rilakloster angesiedelt, das vom Reiseveranstalter Balkantourist als „Kulturdenkmal" betreut wurde. Gleichzeitig unterdrückte das Regime echte Religiösität mit großer Brutalität. „Ruhige Kinder, gehorsame Erwachsene“ war 1988 der Titel eines Artikels in „Rabotničesko Delo“, in dem über bulgarische Kinder berichtet wurde, die bei internationalen Folklorefestivals Preise gewannen, wobei sie sich „wie mechanische Puppen“ bewegten. Das war das Ideal kommunistischer Kunst ebenso wie kommunistischer Erziehung.

Živkov bemühte sich persönlich um die Sympathie der Künstler, nachdem er seine Reputation durch den Widerstand gegen stalinistische Schriftsteller (wie den Sekretär des Schriftstellerverbandes, Georgi Karaslavov, der 1962 zurücktreten mußte) etabliert hatte. Kreative Energien wurden an das Regime gebunden, Schriftsteller mit materiellen Ködern angelockt, um sie ruhigzustellen, „Sie bezahlen uns nicht dafür, daß wir schreiben, sondern dafür, daß wir nicht schreiben“, beschrieb der später ermordete Georgi Markov die Manipulation der humanistischen Intelligenzia. Authentische Bräuche, kritische Literatur, echte Religiösität und alternative Musik (Jazz, Rock n' Roll) wurden mit den Machtmitteln eines Polizeistaates unterdrückt und an den Rand gedrängt. Das kulturelle Leben ähnelte einer Dressur in einem Käfig, in den kaum neue Impulse eindringen konnten.

Bis 1989 war das berufliche Leben der meisten Künstler und Denker entweder in den Verbänden (Komponistenverband, Schriftstellerverband) oder in geförderten staatlichen Instituten geregelt. Diese hatten Zugang zu eigenen Ferienhäusern, vergaben Reisestipendien und garantierten die Veröffentlichung der Werke.

Die Theater des Landes wurden per Ukas bereits 1949 verstaatlicht, das Netz der Theater ausgebaut, alle Kosten aus dem zentralen Budget bezahlt. Ähnlich war es in der Musik, in Bulgarien traditionell die Königin der Künste: Jeder Aspekt des Musiklebens war unter staatlicher Kontrolle, wer sich damit abfand, wurde gefördert. Vor allem Gesang konnte aufgrund der orthodoxen Tradition auf ein reiches Erbe zurückgreifen (das beste Instrument in der Musik der Orthodoxie ist bekanntlich die Stimme). Bulgarische Sänger wie Boris Hristov,

Nikolaj Gjaurov, Raina Kabaivanska oder der Frauenchor des bulgarischen Radios „Mystère des voix bulgares" wurden weltberühmt. Aufgrund reichlicher Förderung gab es in Sofia zwei Symphonieorchester, eine Oper, Kammerorchester und mehrere Chöre, ebenso hochstehende Konservatorien und Musikhochschulen. Bekannten Musikern wurden im Westen teure Instrumente gekauft, und sie durften dann dort ihre Ausbildung genießen. Gefördert wurde auch die Massenproduktion von billigen und guten Volksmusikinstrumenten.

Schriftsteller an der Leine

Die mehreren hundert Mitglieder des bulgarischen Schriftstellerverbandes waren in verschiedene Kategorien eingeteilt. In der ersten Kategorie fanden sich die führenden Männer (Frauen waren selten) des Verbandes selbst, die treuesten Genossen der Partei. Diese wurden besonders gut bezahlt und hatten das Recht, bis zu zehn Mal im Jahr ins Ausland (auch in den Westen) zu fahren. In der zweiten Kategorie fanden sich Autoren mittleren Alters, noch nicht einflußreich genug oder keine Parteimitglieder, die ebenfalls gut bezahlt wurden, aber gewöhnlich nur im Ostblock reisen durften. Zur dritten Kategorie gehörten junge Schriftsteller, die noch keine mächtigen Freunde hatten. Preise für Bücher richteten sich nach der Anzahl der Worte und der Kategorie des Verfassers, mit ein Grund dafür, daß epische Gedichte beliebter waren als Lyrik. Ein junger Schriftsteller hatte eine Auflage von 1 500 Stück, ein Schreiber der ersten Kategorie brachte es vielleicht auf 25 000 Stück, Werke des Parteivorsitzenden Živkov wurden bis zu 50 000 mal gedruckt. Lieferte ein Schriftsteller regelmäßig seine Seiten ab, dann konnte er ein komfortables Leben führen. Der Verlag *„Bâlgarski Pisatel"* besaß das Monopol dafür, die Klassiker zu drucken und zu verkaufen, und bezahlte aus diesen Einnahmen die Ausgaben des Verbandes. Neu verlegte Texte wurden von ihm geprüft, Unkonventionelles zur Begutachtung an die Partei weitergeleitet. So wurde unauffällige Mittelmäßigkeit belohnt. In jeder Druckerei gab es eine verantwortliche Person, die die Texte überprüfte. Im Verband selbst befand sich ein schwarzes Telephon mit einer Hotline zum Parteisekretariat. Im Gegensatz zur postkommunistischen Zeit gab es keinen Mangel an Papier.

Niemals zuvor gab es in Bulgarien so viele Arbeitsplätze für Künstler oder Kulturschaffende wie in der kommunistischen Zeit. Das entwickelte System der Begünstigungen und Strafen, der materiellen Anreize und Verführungen zähmte die kulturelle Nomenklatura, und die derart gezähmte Intelligenzia trug ihrerseits maßgeblich zur Stabilität des Regimes bei. Geschickt gelang es diesem, das Aufkommen von Märtyrern zu unterbinden. Eine speziell auf die Intelligenzia angesetzte Abteilung der Geheimpolizei und ein weit verbreitetes Spitzelwesen trugen ihrerseits zur politischen Kontrolle bei. So sprach der Kulturminister Dimo Dinov 1991 vom „Syndrom des Verrats", das viele Künstler in der Zeit des Postkommunismus befallen habe.

Dadurch wurden die Kulturhierarchie und die von ihr vertretenen kulturellen Werte äußerst anfällig für die Gefaaren, die der Regimewechsel mit sich brachte. Denn die gewünschte Oberflächlichkeit der Kunst hinterließ eine gefährliche Leere, in der Traditionen ihres Sinnes beraubt, aber keine neuen Ideen erarbeitet worden waren, wie dies etwa in den Dissidentenkreisen Mitteleuropas der Fall gewesen war. Mangelnde Glaubwürdigkeit für die stolze Intelligenzia war nach 1990 eine Folge: Hochschulen, Medien, Schriftsteller ebenso wie die orthodoxe Kirche fanden sich in ihrer Verstrickung mit dem Regime in einer zu schwachen Position, um nach dem Fall des Kommunismus neue Werte zu vertreten. Die Gesellschaft ihrerseits fand sich von ihrer Intelligenzia im Stich gelassen. Die Sprache der Sozialwissenschaften blieb ideologischen Klischees verhaftet, und diese lebten auch im politischen Leben nach 1990 weiter. Viele Intellektuelle sahen ihre Identität durch jede Form der Öffnung gefährdet und einige suchten Feindbilder in der amerikanischen Massenkultur, in ausländischen Sekten oder im Islam. Manche flüchteten sich in einen sterilen Antikommunismus, verharrten in einer nostalgischen oder verzweifelten Nabelschau oder ergänzten (wie einige Institute der Akademie der Wissenschaften) die in Boulevardzeitungen kursierenden Verschwörungstheorien.

Der Titel eines während der russischen Perestroika erschienenen Artikels des Philosophen, Dissidenten und späteren Präsidenten Želju Želev, „Der große Moment der Intelligenzia", ist somit irreführend. Die Periode der Perestroika und der Beginn der Veränderungen in Bulgarien markierten nur für einige Monate einen Höhepunkt des gesellschaftlichen Einflusses der Intelligenzia, als Dichter, Schauspieler und Museumsdirektoren wichtige politische Positionen einnahmen und die öffentliche Diskussion bestimmten. Schon bald sollten sich viele Mitglieder der kulturellen Nomenklatura wieder der BSP zuwenden, die ihnen eine Rückkehr zu den reichlich gefüllten staatlichen Futtertrögen der Vergangenheit versprach.

Kultur in der Krise

Der Zusammenbruch des kommunistischen Staates führte zunächst zur abrupten Verarmung von Kulturträgern und kulturellen Institutionen. Nachdem im Februar 1992 die Kulturministerin der ersten UDK-Regierung daran scheiterte, neue Richtlinien für staatliche Kulturpolitik auszuarbeiten, änderte sich wenig an der Ratlosigkeit des Staates. Die besagte Kulturministerin trat im Mai 1992 mit den Worten zurück: „Die bulgarische Kultur liegt im Sterben, und ich kann nichts dagegen tun". Ein hoher Beamter des Kulturministeriums erklärte mir 1994, daß das wahre Kulturministerium in seinem Land die private Soros-Stiftung sei, denn nur diese habe auch das Geld, um Projekte finanziell zu unterstützen.

An Symptomen für die Krise staatlicher Kulturpolitik fehlt es nicht: Plünderungen wertvoller Kunstschätze aus Kirchen und Museen gefährden das historische Erbe, berühmte Malereien der Nevski-Kirche bröckeln ab, da es an Geld für die Restaurierung fehlt. Die Kirche richtete einen Hilfsappell an Laien und Geschäftsleute. Viele kleine Museen werden geschlossen, Bibliotheken kaufen nur noch wenige neue Bücher, Theaterproduktionen sind eingeschränkt, die Filmindustrie kommt zum Stillstand. Im klassischen Ballett wird nur noch ein reduziertes Repertoire geboten, denn die ehemals guten Kontakte zu russischen Lehrern sind abgebrochen, seit diese für Devisen im Westen arbeiten können. Bereits 1992 schätzte die Sofioter Prima Ballerina, daß „es mehr bulgarische Tänzer in Deutschland gibt als in Bulgarien". Ähnlich ist die Situation der klassischen Musik. Selbst die vor 1989 verbotenen Rock-Gruppen beklagen sich über die neue Armut: Sie dürfen zwar nun lange Haare tragen, Tätowierungen zeigen und Konzerte organisieren, aber es fehlt an einer Öffentlichkeit, die sich Konzerte leisten kann. „Die Leute denken nur an Würstchen und Milch", beklagen sich die Gruppen und wünschen sich fast wieder die Zeiten herbei, in denen sie von Jungfunktionären des Komsomol (des kommunistischen Jugendverbandes) immerhin ernstgenommen und der „Dekadenz" bezichtigt wurden (damals wurde bei verbotenen Konzerten von den Autoritäten einfach der Strom abgeschaltet).

Trotz eines großen und aufmerksamen Publikums leiden auch andere etablierte Künste, wie die Oper. „Singen ist für Bulgaren so natürlich wie Atmen", meinte die Opernsängerin Stefka Mineva 1992. Sie hoffte auf ein Überleben der Oper durch das Interesse des Publikums. „Unser Publikum ist fanatisch, die Leute werden bereit sein, auch sechs Tassen Kaffee zu opfern, um eine Karte zu kaufen. Für sie ist Oper eine Kunst, die den Geist erhebt." Ähnlich erklärte der Violinist des 1968 in Sofia gegründeten *Kollegium za Kamerna Musika* den Stellenwert der Musik: Ende der 70er Jahre fuhr er im ganzen Land herum, um mit Erfolg in Dörfern klassische Musik zu spielen. Einmal kamen alle Kinder eines Dorfes in der Nähe von Vidin, um Schuberts Forellenquintett zu hören: „Es war beindruckend. Wir dürfen diese Leute, denen Musik so viel Kraft gibt, nicht verlassen!" Doch von den elf Musikern dieses Ensembles waren 1992 bereits fünf im Ausland, in Schweden, Spanien, Deutschland und Griechenland. Eine ähnliche Auswanderungswelle traf andere Orchester des Landes. Die Qualität bulgarischer Musiker führt dazu, daß diese heute in der ganzen Welt ihr Geld verdienen können: „Die Mehrheit der guten Musiker hat das Land verlassen und spielt in Südamerika, Nordamerika, Westeuropa", erklärte mir 1995 ein Violinist des Konservatoriums.

Damit stellt sich eine bis heute unbeantwortete Frage: Wie viele Theater, Symphonieorchester und Künstlerverbände lassen sich aus Steuergeldern in einem Land finanzieren, in dem das Durchschnittseinkommen im Dezember 1996 30 Dollar betrug? Werden die staatlich geregelten Eintrittspreise dem Markt überlassen, so werden sich die wenigsten Kunst leisten können, die Theater leer bleiben und letztlich nicht überleben können. Bleibt aber alles beim alten, wird sich der chaotische Zusammenbruch ebenfalls fortsetzen. Die Absicht des Kulturministeriums, sich „von einer regierenden in eine koordinierende Institution staatlicher Macht zu verwandeln" (1992) wurde von der Wirklichkeit jedenfalls überholt, denn ohne Budget ist selbst Koordinierung kaum möglich. Die bislang geförderten Prestigeinstitutionen befinden sich in einer Existenzkrise. Es ist zu befürchten, daß die vom Kommunismus geförderten Institutionen das Schicksal der verschwundenen „Hochtechnologie" teilen oder durch Emigration dem wohlhabenderen Westen zugute kommen.

Die Zukunft sieht in den Bereichen, die am wenigsten von staatlicher Förderung abhängig sind, am Besten aus. Für manche Maler, Bildhauer und Schriftsteller bestehen Hoffnungen, von der Nachfrage des bulgarischen Publikums und Marktes leben zu können. Ein Problem ist neben der verbreiteten Armut potentieller Kunstliebhaber daher das Fehlen marktwirtschaftlicher Institutionen für den Kunsthandel. Eine wachsende Anzahl von privaten Galerien ist entstanden, und auch die lokale Soros-Stiftung bemühte sich in einem eigenen Kunstzentrum um eine Erfassung moderner Künstler und unterstützt deren Bekanntwerden im Ausland. Es sind dennoch keine leichten Zeiten. Auf dem größten Umschlagort für Literatur in Sofia, dem offenen Büchermarkt am Slavejkov-Platz im Stadtzentrum, wird ein wachsendes Angebot früher verbotener ausländischer Übersetzungen angeboten. Dies trägt zur kulturellen Öffnung des Landes bei, erschwert aber das wirtschaftliche Überleben bulgarischer Schriftsteller. Es ist offensichtlich, daß heute auch bulgarische Leser leichte Unterhaltungsliteratur oder Nachschlagwerke höher einschätzen als Heldenepen.

Ein nackter Löwe im bulgarischen Wappen

Sucht man ein Symbol für die Desorientierung staatlicher Kulturpolitik, dann findet man es in der postkommunistischen Geschichte des bulgarischen Wappens. Staatswappen, in manchen Ländern selten beachtete Symbole gemeinsamer Geschichte, sind heute in ganz Südosteuropa umstritten: So war das kroatische Schachbrett 1991 für Kroaten wie Serben ein Grund, zu den Waffen zu greifen, so hat das makedonische Sonnensymbol zu einer kompletten griechischen Wirtschaftsblockade geführt, und so hat schließlich Bosnien-Herzegowina nach dem Vertragsabschluß in Dayton kein Staatswappen mehr. In Bulgarien gab es von 1990 bis 1996 aufgrund parteipolitischer Streitigkeiten ebenfalls kein Wappen, so daß das neue Regime mit den kommunistischen Symbolen der rechtlich abgeschafften Volksrepublik vorliebnehmen mußte. In diplomatischen Kreisen wurde dies mit Erstaunen gesehen. Vordergründig ging es um die Frage, ob dem bulgarischen Löwen nach dem Abdanken der Volksrepublik wieder eine Krone aufzusetzen sei, ob es sich um einen oder mehrere Löwen handeln solle und ob der Löwe lächeln oder brüllen dürfe: In der Vorkriegszeit gab es drei Löwen mit Krone, in der Volksrepublik nur einen Löwen mit rotem Stern.

Aber die Debatte verwies auf eine tiefere Identitätskrise in einer kulturell gespaltenen Gesellschaft. War Bulgarien schon lange vor dem Kommunismus eine sozialistisch orientierte, egalitäre, geistig republikanische Gesellschaft? Oder gibt es eine in der Tradition begründete, antisozialistische Tradition, an die man anschließen könne? Sollen Denkmäler der kommunistischen Zeit abgetragen oder sollen sie bewacht werden? Soll der 9. September, der Tag der Machtübernahme 1944, als Tag der Trauer oder als Jubiläum begangen werden? Ein Konsens fehlt. Eine Studie zeigte 1995, daß 42,8 % der Befragten den 9. September für einen „guten Tag" der bulgarischen Geschichte hielten, gegen 29 % Unentschlossene und 28,2 % ablehnende Stimmen.

Im Fall des Wappens verhinderten die Streitigkeiten lange ein Vorwärtskommen. Kommunistische Symbole schmückten den Staat weiterhin, damit er nicht nackt vor der Welt stand. Noch im Sommer 1996 fand der BSP-Vorschlag, ein Löwe ohne Krone, keine Mehrheit im Parlament.

Die postkommunistische Kulturkrise im weiteren Sinne ist aber nicht nur eine Krise des Geldes: Sie ist auch eine Krise der Identität. Was haben die Jahrzehnte der „Europäisierung" oder der Anlehnung an Rußland an dauerhaft Gültigem hinterlassen? Auf welcher moralischen Grundlage kann die Gemeinschaft Opfer und Verzicht einfordern? Worauf ist ein Bulgare oder eine Bulgarin stolz? Es gibt, wie das Beispiel Jugoslawiens zeigte, gefährliche Antworten auf scheinbar abstrakte Fragen nach Identität, Reinheit der Sprache, moralischen Vorbildern und gesellschaftlichem Geschichtsbild. Auch in Bulgarien zählen die Versuche, neue Antworten, neue Orientierungen zu finden, somit zu den wichtigsten Entwicklungen in einer verwirrten Gesellschaft.

Eines der besten Bildungssysteme der Welt

Was nur wenige wissen: Bulgariens Schulsystem zählt, auch nach vier Jahrzehnten Kommunismus und trotz der allgemeinen Wirtschaftskrise, zu den erfolgreichsten Bildungssystemen der Welt. Bei der „aufwendigsten je unternommenen Untersuchung" (der englische „Economist" in einem Leitartikel im März 1997) analysierte eine Studie (die „Third International Maths and Science Study") die Kenntnisse von 13jährigen Schülern in 41 Ländern in Grundkenntnissen der Mathematik und der Naturwissenschaften. Die sich ergebende Reihung der nationalen Bildungssysteme wurde in den bulgarischen Medien im politisch heißen Frühling 1997 mit Begeisterung aufgenommen. In der Mathematik belegten Schüler aus Bulgarien Platz 11 (im Vergleich: 8. Platz für die Schweiz, 12. für Österreich, 23. für Deutschland), bei den Naturwissenschaften kam Bulgarien gar auf Rang 5 (Österreich 8., Deutschland 19., die Schweiz 25.). Unter den Europäern waren nur die Niederlande und die Tschechische Republik ähnlich erfolgreich.

Die, die Bulgarien näher kennen, sind kaum überrascht: In diesem Land, das als erstes in der Region bereits im letzten

Jahrhundert den Analphabetismus überwinden konnte, hat allgemeine Schulbildung seit dem Anfang des 19. Jahrhunderts beinahe den Rang einer Ersatzreligion. Jeder Ausländer wird in Bulgarien von Untersuchungen hören, die bewiesen haben, daß die Bulgaren zu den intelligentesten Völkern der Welt gehören (die im Land verbreitetste Version dieser Theorie spricht den Bulgaren Platz zwei zu, „hinter den Juden", wie Bulgaren meist hinzufügen). Doch nicht Gene oder das bulgarische Joghurt (im Land selbst beliebte Erklärungen) sind die Ursachen für die in der ganzen Welt erfolgreichen bulgarischen Naturwissenschaftler, sondern eine tief verwurzelte Tradition der Bildung. Anfangs waren es Zünfte in den wohlhabenden bulgarischen Städten, die kleine Schulen unterhielten. Nach der Unabhängigkeit kamen dann Lehrer mit Büchern unter dem Arm selbst in die kleinsten Dörfer. Schon vor der Unabhängigkeit gab es im ganzen Land öffentliche Leseräume. Auf den Dachböden von Bauernhäusern im Balkangebirge findet man heute noch manchmal die vor 100 Jahren verwendeten Schulbücher: Ein Landarbeiter lernte damals beispielsweise etwas Französisch, Literatur, Geschichte, Mathematik und Naturwissenschaften.

Kritischer als um die Grundausbildung – die 8jährige Grundschule, danach Fach- oder allgemeinbildende Mittelschulen oder Berufsschulen – steht es jedoch heute um die Höhere Bildung. Sie ist in ihrer heutigen Form überwiegend ein Ergebnis kommunistischer Bildungspolitik. Von etwa zehntausend Bulgaren mit Universitätsabschluß 1939 stieg die Zahl bis 1989 auf mehr als 340000. Doch dies schuf auch Probleme, sind doch mehr als ein Drittel dieser Absolventen Ingenieure, viele davon mit einer sehr engen Spezialisierung. Diese stehen heute vor einem äußerst schwierigen Arbeitsmarkt, da kaum noch klassische Ingenieure gesucht werden. Die Krise der Wirtschaft und die Praxisferne der Ausbildung betreffen aber auch viele andere Gebiete. So zählen Wirtschaftsabsolventen und Juristen zu den meistgesuchten Absolventen, gleichzeitig befinden sich unter ihnen auch viele arbeitslose Akademiker. Viele der besten Absolventen der bulgarischen Mittelschulen sind bereits ins Ausland gegangen, auch viele der Studenten denken an Emigration. Professoren werden an den Hochschulen schlecht bezahlt, es mangelt an Büchern, selbst die Heizung kann die ehrwürdige Kliment-Ohridski-Universität in Sofia nicht bezahlen. Die Internationalisierung der Hochschulen leidet unter der Finanzkrise, selbst Lehrende haben nicht das Recht, ins Ausland Faxe zu schicken. 1996 verlor die Universität in Sofia zusätzlich Geld durch den Zusammenbruch von einigen Banken. Wo bulgarische Kreativität hinführt, wenn sie an offizielle und institutionelle Grenzen stößt, zeigte das Beispiel der bulgarischen Informatiker: Außerordentlich begabt, konzentrierten sich einige von ihnen auf die Programmierung von Computerviren. Nach Schätzungen stammten 1991 bereits 150 der 600 zerstörerischsten Computerviren in der Welt aus Bulgarien. In einer funktionierenden Wirtschaft wäre das Talent dieser Programmierer wohl gesellschaftlich nutzbringender zum Ausdruck gekommen.

Zur Finanz- kommt die Identitätskrise der Hochschulen. Mit weiten Autonomierechten ausgestattet, galt das Augenmerk der Professoren zunächst nicht der Verbesserung der Lehre, sondern ideologischen Kämpfen um das nach einem UDK-Abgeordneten benannte „Panev-Gesetz". Ziel dieses Gesetzes war es, Verwaltungsfunktionen zu „entkommunisieren". Ehemaligen Parteisekretären, Mitgliedern höherer Parteiorgane und des Staatssicherheitsdienstes sowie Parteihistorikern war es für einige Jahre nicht gestattet, an Hochschulen leitende Funktionen zu übernehmen. Wer ein Amt übernehmen wollte, mußte unterschreiben, kein Funktionär der KPB und kein Informant der Geheimpolizei gewesen zu sein. Das führte zum Austausch tausender Wissenschaftler in den Managementpositionen akademischer Einrichtungen und zu einer starken Polarisierung (die BSP sprach von Ähnlichkeiten mit „Säuberungen der 40er Jahre"). 1995 hob die BSP das Gesetz wieder auf. Doch keine der beiden Parteien hatte ein Konzept dafür, wie man die Krise der Universitäten überwinden könnte.

Eine wichtige Entwicklung war so die Gründung privater Einrichtungen, mit starker finanzieller Unterstützung der Soros-Stiftung: die „Amerikanische Universität in Blagoevgrad" entstand neben der „Neuen Bulgarischen Universität" in Sofia. Weiters bildete sich eine private „Freie Universität" im ehemaligen ideologischen Ausbildungszentrum der KPB an der Küste nördlich von Varna sowie als Managementschule die „International University" in Sofia. Letztere ist ein Beispiel dafür, daß sich in Bulgarien mit guter Bildung in beruflich vielversprechenden Bereichen heute auch Geld machen läßt. Es bleibt zu hoffen, daß sich trotz innerer und äußerer Emigration (in andere, besser bezahlte Berufe beziehungsweise besser zahlende Länder) die guten Traditionen bulgarischer Bildung auch im Hochschulbereich erhalten lassen.

Die Konstruktion einer offenen Gesellschaft

Als in den frühen 80er Jahren Psychiater und Ärzte an der Klinik für die Behandlung von Alkoholismus der Medizinischen Akademie in Sofia eine Vereinigung anonymer Alkoholiker gründen wollten, wurde ihnen dies von den Autoritäten verboten. Was die Ärzte anstrebten, war zwar offensichtlich keine Keimzelle von politischem Widerstand, doch für eine Partei, die die gesamte Gesellschaft zu kontrollieren suchte, waren selbst kleine Selbsthilfegruppen eine Herausforderung. Zwischen den Individuen und Familien auf der einen und dem Parteistaat auf der anderen Seite waren alle Arten von unabhängigen Organisationen verboten. Erlaubt waren vom Regime abhängige Verbände für verschiedene Bevölkerungsgruppen, wie Pioniere für Kinder, der Komsomol für die Jugend, Sport-, Frauen- oder Veteranenverbände. Ansonsten herrschte eine Paranoia vor jeder dem Zugriff des Staates entzogenen Institution: Würden sich Menschen selbstständig treffen, um ihre Interessen abzuwägen, könnte sich dies zur politischen Herausforderung entwickeln. In jedem Fall stellte es die Allmacht des Parteistaates in Frage.

Die Idee der „Civil Society"

In einigen Ländern Mitteleuropas, vor allem in Polen (im Schatten der katholischen Kirche und der Gewerkschaft Solidarność), aber auch in der ČSSR und in Ungarn hatten sich seit den 70er Jahren Keimzellen unabhängigen Denkens entwickelt. Viele der frühen Teilnehmer stiegen nach der Wende zu Aktivisten der neuen demokratischen Gesellschaften auf. Ihre Leitidee war die „zivile Gesellschaft" (das englische Schlagwort *civil society* wurde in alle osteuropäischen Sprachen übersetzt), ein Raum unabhängiger Initiativen, eine „parallele Polis" der Bürger und ihrer Vereinigungen, Vereine und Selbsthilfegruppen, ihrer Gewerkschaften und unabhängigen Medien. Nach der Wende wurde das Ideal einer lebhaften zivilen Gesellschaft auch von internationalen Institutionen zur Orientierung verwendet; so finanzierten die Europäische Kommission, USAID oder der Europarat Programme, die explizit diesen Sektor stärken sollten. Der Gedanke dahinter ist, daß eine demokratische politische Kultur und eine pluralistische Gesellschaft mehr bedeuten als regelmäßige, korrekt abgehaltene Wahlen. Nur in einer lebhaften zivilen Gesellschaft könnten sich Menschen auch zwischen Wahlgängen als Staatsbürger betätigen und würde dem übermächtigen Staat ein Gegenüber erwachsen, das diesen kontrollieren kann.

Die Ideen einer pluralistisch-demokratischen *civil society* kamen nach 1990 auch nach Bulgarien, wurden adaptiert und für einige der Reformer zum Banner eines gesellschaftspolitischen Reformprogramms: Die Nachfolger der Aufklärer des 19. Jahrhunderts in Bulgarien sehen sich heute in der Tradition von John Stuart Mill und Alexis de Toqueville, von Karl Popper und der Charta 77. Während der Staat zusammenbrach, entwickelte sich so eine anfangs kleine Welt der Vereinigungen, und *Non-Governmental Organization (NGO)* wurde als Konzept auch ins Bulgarische übernommen. Das „Zentrum für das Studium der Demokratie", das sich mit Menschenrechten, Umweltfragen, Fragen der Rechtsreform und der Europapolitik beschäftigte, wurde als erste größere NGO mit amerikanischer Unterstützung etabliert und entwickelte sich schnell zu einer geachteten Denkfabrik. NGOs in verschiedenen Bereichen wie Umweltlobbying, Menschenrechtsschutz, soziale Programme oder Arbeit mit Minderheiten, wuchsen heran. 1997 waren bereits einige Tausend NGOs registriert und sie begannen, vor allem in den größeren Städten, wachsenden Einfluß auf das kulturelle, politische und wirtschaftliche Leben des Landes zu nehmen.

„Ich glaube nicht, daß viele Leute mit uns sympathisieren", versicherte 1996 eine der bekanntesten Figuren dieser Bewegung, die Minderheitenexpertin Antonina Željaskova. Tatsächlich stellt etwa ihr „Internationales Zentrum für das Studium von Minderheiten und interethnische Beziehungen" für viele Nationalisten eine Provokation dar: Es organisiert Kongresse über Minderheitenprobleme, setzt sich öffentlich für Roma ein, unterhält internationale Kontakte mit ähnlichen Gruppen. Doch es waren nicht nur NGOs, die sich mit national heiklen Themen auseinandersetzten, die angefeindet wurden; oftmals war es das Prinzip der „zivilen Gesellschaft" an sich, das Widerspruch erregte. Viele der neuen Organisationen standen der Opposition näher als der BSP und wurden daher von letzterer als feindselig eingestuft. Ein Großteil der NGOs finanzierte sich auch aus ausländischen Quellen: Neben den Programmen der internationalen Organisationen war die wichtigste Geldquelle die „Offene Gesellschaft" (*Otvoreno Obštestvo*), der bulgarische Arm der internationalen Soros-Stiftung. Diese Stiftung gab zwischen 1990 und 1995 sechs Millionen Dollar aus, unter anderem für Stipendien für bulgarische Studenten, für die Unterstützung von unabhängigen Medien und NGOs und für unabhängige Kultur. Die OG war aufgrund ihrer finanziellen Möglichkeiten eine besondere Zielscheibe der Kritik (so investierte die Stiftung etwa 2 Millionen Dollar in eine Druckerei in Varna, unterstützte über 1200 Studenten in fünf Jahren dabei, im Ausland ein Studium abzuschließen, und finanzierte Hunderten Universitätsprofessoren jährlich den Besuch ausländischer Kongresse). Die BSP und ihr nahestehende Medien sahen in der OG ein Symbol für Imperialismus und verurteilten den Versuch, die politische Kultur des Landes zu verändern: Immer wieder kam es zu feindlichen Medienkampagnen, die Regierung Videnov verbot staatlichen Institutionen sogar, mit NGOs, die der OG nahestanden, zu kooperieren. Die Möglichkeit von NGOs, verschiedene Probleme unabhängig vom Staat zu thematisieren, wurde als gefährlich eingestuft.

Vertreter von manchen kleineren NGOS, wie dem „Zentrum für Liberale Strategien" oder dem „Zentrum für Soziale Praktiken", nahmen auch tatsächlich eine Beraterrolle für führende Politiker ein (und standen vor allem Präsident Želev und dessen Nachfolger Stojanov nahe), ihre Mitglieder schrieben regelmäßig Kolumnen in bulgarischen Zeitungen. Gleichzeitig entwickelten sie eine eigene Interpretation des bulgarischen Dilemmas. Für sie stand eine Frage am Anfang aller Bemühungen: War der Kommunismus ein Import gewesen, der von außen dem Land aufgezwungen wurde? Oder wuchs er größtenteils auf einheimischem kulturellem Boden? Ihre Antwort war, daß die sozialistische Gesellschaft eine Fortführung der vormodernen, geschlossenen bulgarischen Gesellschaft gewesen sei. In dieser Welt stand nicht „Erreichen", sondern „Überleben" im Mittelpunkt, der Mythos von fatalen, alles bestimmenden äußeren Kräften begrenzte den Erwartungshorizont.

Die Vertreter der neuen Aufklärung, die sich erneut für eine Verwestlichung des Landes einsetzen, berufen sich immer wieder auch auf traditionelle bulgarische Eigenschaften, beschwören den hohen Stellenwert von Bildung und lokaler Selbstverwaltung in der vorkommunistischen Kultur. Aber zumeist ist ihr Blick nach vorne, genauer: Richtung Westen gerichtet. Damit teilen sie ein Problem der Vorgänger in der Zwischenkriegszeit: Mit einer gesellschaftlichen Vision, die sich an Westeuropa und den USA orientiert, und einer Finanzierung aus westlichen (staatlichen und privaten) Quellen könnte es leicht zur Entwicklung einer abgehobenen, diesmal liberalen und nicht kommunistischen, Intelligenzia kommen, die eine den meisten Bulgaren unverständliche Sprache spräche. Andererseits sind gerade die Sofioter NGOs Hoffnungsträger: Sie schließen Informationsdefizite, öffnen Brücken der Kommunikation mit dem Ausland, brechen den Teufelskreis aus

Selbstmitleid und Verschwörungstheorien. Sie setzen so die Tradition bulgarischer „Verwestlicher" in neuem Gewand fort.

Orthodoxe Kirche und religiöse Kultur

Die Orthodoxie ist so sehr ein Grundbestandteil der bulgarischen nationalen Identität, daß selbst das atheistische kommunistische Regime der Orthodoxie oberflächlich Respekt zollte. Aber auch die Kirche suchte in den kommunistischen Jahrzehnten den Ausgleich, ein Versuch, der ein schwieriges Erbe hinterließ. So ist es nicht erstaunlich, daß die bulgarische Kirche in der postkommunistischen Zeit der Spiegel einer allgemeinen Entwicklung ist – wie der Rest der Gesellschaft innerlich gespalten in der Beurteilung der jüngsten Vergangenheit. 1992 führte diese innere Spaltung zu einer bis heute andauernden äußeren Spaltung, die eine der wichtigsten Institutionen bulgarischer Kultur in einer kritischen Zeit schwächte.

Orthodoxe bulgarische Bischöfe zitieren gerne den heiligen Kliment: „Es wird Bulgarien geben, solange es die Orthodoxie geben wird." Tatsächlich kann die älteste slawische Kirche mit ihren bedeutenden Heiligen Kyrill und Methodius und deren Schülern Kliment und Naum auf ein langes, stolzes Erbe verweisen, das auch die KPB akzeptierte. Der Mönch Paisij Hilendarski rief im 18. Jahrhundert die Bulgaren erstmals zu mehr nationaler Würde auf, die bulgarischen Klöster versteckten viele der frühen bulgarischen Nationalrevolutionäre. Der Kampf um eine eigene bulgarische Kirche im Osmanischen Reich wurde zum ersten nationalen Kampf der Bulgaren. Daß in den abgelegenen Klöstern die bulgarische Kultur die Zeit des „osmanischen Jochs" überlebte, akzeptierte selbst die kommunistische Geschichtsschreibung, und um Klöster zu schützen, erfanden Mönche gerne weitere Anekdoten darüber, wie sich der Revolutionsheld Vasil Levski auch in ihrem Kloster vor dem Zugriff der osmanischen Polizei versteckte (so scheint es, als sei der Besuch selbst der entlegensten Klöster eine Hauptbeschäftigung Vasil Levskis gewesen). Es gab also genug Gründe auch für Živkov, zum 1300. Jahrestag des bulgarischen Staates dem Patriarchen Maksim beim Festmahl zu gratulieren. Klöster wurden als historische Zitadellen des bulgarischen Geistes von der Partei wiederentdeckt, restauriert und als Touristenattraktionen gepflegt.

Doch darauf beschränkte sich die Toleranz der Partei. Religion als Schmuck, Klöster als Museen, mit dem einen oder anderen Mönch dekoriert: das durfte es geben. Was es nicht geben durfte, war tatsächliche Religiosität. Zwar suchte Živkov die Nähe zum Patriarchen und erlaubte die Existenz von Priesterseminaren, aber wer diese besuchte, konnte sich als „vertrauensunwürdige Person" auf eine besonders brutale Militärzeit einstellen; seine Angehörigen bekamen häufig Schwierigkeiten bei der Arbeit. Gläubige, die zu hohen Festen in die Kirche gehen wollten, waren immer in Gefahr, verhaftet und geschlagen zu werden. Dies geschah zu Ostern 1983 in Sofia, als junge Leute, die zur Mitternachtsmesse gingen, in eine Polizeifalle gerieten und blutig geschlagen wurden. Alte Leute wurden in den Kirchen geduldet, für junge Leute bedeutete Religionsausübung eine Gefahr. Auch in der kommunistischen Zeit war das Begräbnis für viele ein Anlaß, einen Popen einzuladen, aber man huschte erst im Morgengrauen am Tag danach zum Grab, um den Bestatteten noch zu segnen. Ähnlich wie die griechische Kirche unter den Osmanen wurde die Kirche unter dem Kommunismus als Teil der Macht kooptiert, gleichzeitig auch unterwandert.

Es gibt ein im Westen weit verbreitetes Bild von der orthodoxen Kirche als unterwürfig und von der Orthodoxie als staatshörig. Samuel Huntington spricht in seinem Buch über den Kampf der Zivilisationen von einer archetypischen „orthodoxen Kultur". Doch die Theorie vom traditionellen Caesaropapismus orthodoxer Kirchen trifft im bulgarischen Fall nicht zu, hat doch der Kampf um eine unabhängige Kirche im 19. Jahrhundert zu sehr demokratischen Kircheninstitutionen geführt (sichtbar bei den Kirchenversammlungen 1856, 1861 und 1871): In den Pfarren wurden Priester gewählt, auf der nächsten Stufe die Bischöfe, ein Rat aus Bischöfen und je zwei Delegierten aus jeder Diözese wählte die Kandidaten für das Amt des Exarchen. Es ist hier nicht das Erbe einer sehr langen Tradition, sondern das der letzten 40 Jahre, das heute Schwierigkeiten bereitet. Diese schwächten die Legitimität der Kirchenhierarchie in der post-kommunistischen Zeit. Auf dem Höhepunkt der antikommunistischen Welle kam es 1992 zu einer Kirchenspaltung, eine Fraktion unter der Leitung des UDK-Abgeordneten und Priesters Kristofer Săbev löste sich los und wandte sich gegen den langjährigen Patriarchen Maksim. Săbev ernannte sich selbst zum Bischof und gründete ein Komitee, um sich zum neuen Patriarchen wählen zu lassen. Die UDK-Regierung unterstützte das Komitee und dessen Angriffe auf den Patriarchen Maksim, es kam zu Schlägereien auf den Straßen. Dem Ruf der Kirche half dies nicht. Beteuerungen, es handle sich um eine Verschwörung, waren häufig: „Ich bin zutiefst überzeugt, daß dieses Schisma von ausländischen Kräften manipuliert wurde", erklärte etwa der Präsident der Bewegung für die Vereinigung der bulgarischen orthodoxen Kirche, Spas Mihailov, 1995. Die Öffentlichkeit beobachtete die Rivalität mit Irritation, doch es fand sich keine schnelle Lösung. Als der ehemalige König Simeon Bulgarien 1996 besuchte, hielt er aus diplomatischen Gründen Treffen mit beiden Teilen der gespaltenen Orthodoxie.

Nach Meinung von Spas Mihailov bot das Schisma vor allem neuen Sekten eine Chance, daher die Vermutung ausländischer Interessen: Gefährlichen Sekten, die eine „Mischung aus Christentum und Satanismus" predigten, seien wie Wölfe über Bulgarien hergefallen. So brachte nicht nur die Diskussion über ihre Vergangenheit die Kirche in Schwierigkeiten, auch das Auftreten von ungewohnter Konkurrenz verunsicherte sie. Es gibt nur 1300 orthodoxe Priester, wie soll die Kirche sich also gegen den Ansturm neuer Religionen verteidigen, fragen ihre Vertreter? Die Neuankömmlinge seien gut ausgestattet ins Land gelassen wurden, während die Kirche, ein vom Kommunismus geschwächter Organismus, erst versuchen müsse, wieder auf die Füsse zu kommen. „Die Gesellschaft begeht rituellen Selbstmord", titelten die Zeitungen, Sekten verwirren die

Kinder mit „psychotropen Substanzen". „Die Sekten zerstören das Immunsystem des Landes, machen es verwundbar für äußere Einmischungen. So werden wir mit dem Westen identisch und verlieren unsere Identität", klagte 1993 der Vorsitzende des Parlamentsausschusses für Nationale Sicherheit, Nikolaj Slatinski. „Sekte" ist dabei sehr offen definiert und umfaßt alle „nicht-traditionellen Religionen", darunter fast alle protestantischen Kirchen. Medien warfen ihnen auch Kindesentführungen, Anstiftungen zum Selbstmord und Drogenhandel vor. So kam es unter anderem zu Demonstrationen gegen Mitglieder der „Krishna Conscience Society". Gerade für amerikanische protestantische Kirchen gibt es jedoch eine lange Tradition der Missionierung in Bulgarien, die erste Mission der Methodisten kam schon 1857. Der Erfolg sollte die orthodoxe Hierarchie beruhigen: Bereits im letzten Jahrhundert war deren kultureller Einfluß wesentlich größer als der bescheidene Erfolg bei Bekehrungen, und auch heute bleiben die meisten Bulgaren ihrer eigenen Orthodoxie treu.

Denn es ist nicht nur die offizielle Kirche, die den Glauben der Bulgaren ausdrückt, es ist auch eine tiefverwurzelte ikonographische Sprache, weit verbreitete Bräuche und Traditionen und schließlich als Ruhepunkt die in abgelegenen Tälern liegenden Klöster. Diese sind ein wichtiger Teil der bulgarischen Identität, auch viele nicht religiöse Sofioter Intellektuelle nennen gerne ihr „Lieblingskloster", das sich zum Rückzug von der Hektik des Alltags eignet. In den Klöstern gibt es Betten für Pilger, diese zahlen nichts, müssen aber ihr eigenes Essen mitbringen. Wallfahrten zu Ehren der verschiedenen Heiligen haben einen neuen Aufschwung genommen, Besucher kommen das ganze Jahr über zum Beispiel in das Trojan-Kloster im Balkangebirge (ein beliebtes Versteck von Vasil Levski), um für Gesundheit zu beten. Im August besuchen hintereinander Bulgaren und Roma das Bačkovo-Kloster südlich von Plovdiv zu Ehren der Jungfrau Maria.

Auch hat sich die Beliebtheit offen bezeugter religiöser Aktivitäten sichtbar gesteigert. Popen werden zu Eröffnungen von Büros oder Banken eingeladen, um diese zu segnen,

Abb. 14: Bačkovo-Kloster: eines der ältesten bulgarischen Klöster, als Pilgerkloster bei Bulgaren und auch bei den Roma beliebt.

kirchliche Heiraten oder Begräbnisse sind fast wieder die Regel. Man spricht von einem religiösen Wiedererwachen und sieht ein wachsendes Interesse an der theologischen Fakultät (wo sich die Zahl neuer Studenten von 1989 bis 1991 verdoppelte). Religiöse Kunst, wie das Malen von Ikonen, lebt wieder auf und damit auch die Traditionen, die sich mit den heiligen Bildern verbinden: So werden Ikonen von einem Popen gesegnet, damit sie wirklich die Anwesenheit des Heiligen ausdrükken, Maler bereiten sich durch Gebete auf das Malen vor, um sich spirituell zu reinigen. In den Kirchen, aber auch bei Prozessionen auf dem Land, wird die Verehrung sichtbar, man kniet vor Ikonen nieder, küßt sie und zündet regelmäßig Kerzen an. Mit den wieder gefeierten Festen kommt auch der orthodoxe Kalender in das Gedächtnis der Menschen zurück, die jahrhundertealte Einteilung des Jahres zwischen St. Demetriustag (der 26. Oktober, Beginn des Winters) und St. Georgstag (am 6. Mai). Viele Feste werden wieder gefeiert: am 18. Januar zu Ehren des heiligen Atanasius, der mit seinem weißen Pferd losreitet, um den Frühling zu bringen; am 1. Februar das Fest zu Ehren des heiligen Tripton, der christlichen Version des Dionysos, bei dem Weinstöcke gesetzt werden; am 9. März das Fest der 40 Märtyrersoldaten aus der armenischen Stadt Sevastius; am 25. März Mariae Verkündigung, ein so großes Fest, daß selbst die Vögel an diesem Tag keine Nester bauen; am 20. Juli das Fest des heiligen Elias, Herrscher über Regen, Donner und Blitz. Im August gibt es besondere Feste zur Beschwörung guten Wetters, im November solche, die dem Schutz vor Wölfen dienten. Dazu kommen die eigentlichen hohen Feste, wie Ostern und Weihnachten.

Am Gründonnerstag legen die Hausfrauen rote Eier vor dem Sonnenaufgang so auf, daß sie die ersten Strahlen fangen. Damit werden dann, für die Gesundheit, die Wangen der Kinder gerieben. In der Osternacht werden auch Eier unter Ikonen in der Kirche gelegt, die dann ein Jahr lang Glück bringen: eines wurde dann traditionell im Feld vergraben, ein anderes blieb unter der Hausikone. Besondere Kräfte haben rote Eier.

In vielen Gebieten gibt es noch lokale Feiern, wie das Fest von Konstantin und Helena, bei dem in einigen Gemeinden die sogenannten Nestinari wie in Trance auf brennenden Kohlen tanzen.

Man hat von einer „heidnischen Religiosität" der Bulgaren gesprochen, und viele der Volkstraditionen bestätigen dies: eine pragmatische, ländliche Frömmigkeit, mit Gott als „fernem Onkel", wie dies ein bulgarischer Anthropologe ausdrückte. Auch die Heiligen erschienen in einem farbigen Licht: So stellen sich Bulgaren St. Elias als Mann mit goldenem Wagen vor, der über das Himmelsgewölbe fährt, von weißen Pferden gezogen und mit Pfeil und Bogen bewaffnet, Zeus und Apollo in einer Person. Sein Blitz trifft manchmal auch Menschen, und er gilt als so jähzornig, daß sich Menschen an seine Schwester (!) Maria Magdalena wenden, um seinen Zorn zu besänftigen. Am 20. Juli, seinem Feiertag, werden zur Beruhigung des Heiligen in ländlichen Gebieten alte Hähne geopfert, das Blut tropft man zum Schutz vor Bösem auf die Schwellen der Häuser. Viele Traditionen haben so eine sehr konkrete Funktion, spielen eine Rolle in der Zähmung der für die Landwirtschaft wichtigen Elemente.

Auch der weitverbreitete und sichtbare Kult der Ahnen ist bodenständig, wenn diesen etwa Essen, Blumen und Wachskerzen auf die Gräber gestellt werden. Der wichtigste Todesbote ist der Erzengel Michael, der im Moment des Todes kommt und die Seele in den Himmel oder in die Hölle führt. Daneben gibt es die drei unheimlichen Schwestern, die das Leben des Menschen kennen: Nach der Geburt eines Neugeborenen kommen sie ins Haus; die erste sagt, wie lange das Kind leben wird, die zweite, wen es heiraten wird, und die dritte kennt den Tag des Todes und die Todesart. Um alle drei gut zu stimmen, werden ihnen am Abend Köstlichkeiten auf den Tisch der Küche gelegt. Überall im Land sieht man auch die typischen Todesanzeigen, die zu verschiedenen runden Todestagen (40 Tage, 1 Jahr, 5 Jahre) an Zäunen, in Treppenhäusern, auch in Zeitungen zu sehen sind. Beliebt sind auch die heiligen Brüder Kosma und Damian, Wunderheiler in der

Überlieferung, denen viele Kirchen und Kapellen gewidmet sind. Sie gelten als *Vrahove* (Heiler), und am 1. Juli kommen die Leidenden zu ihren Kirchen, vor deren Ikonen immer Kerzen brennen. Die Kranken versammeln sich in den Kirchen am Vorabend und verbringen die Nacht dort. An diesen Tagen kann man viele Tausende Besucher in den Klöstern sehen.

Vanga in Petrič

Wenn man auf die kürzlich verstorbene Seherin Vanga zu sprechen kommt, senken viele Bulgaren die Stimme. Diese Frau, die als Vangelia Gušterova 1911 in Makedonien auf die Welt kam, erblindete im Alter von 12 Jahren, gleichzeitig gewann sie die Fähigkeit, in die Zukunft zu sehen und Botschaften der Toten zu übermitteln. Sie wurde schon im kommunistischen Bulgarien verehrt; ihre Gaben veranlaßten das Regime sogar, Agenten zu Vanga zu schicken, um deren Fähigkeiten zu testen (ich sprach einmal mit einer Medizinerin an einem für solche Untersuchungen eingerichteten Institut). Immer wieder trifft man in Sofia auf Leute, die bei ihr in Petrič in Pirin-Makedonien zu Besuch waren. „Sie akzeptiert nicht jeden bei ihr, man muß vor dem Raum sitzen und warten, ob man eingelassen wird", erklärte mir eine Studentin. Nach 1991 wurde sie eine öffentliche Person und gab auch dem Fernsehen Interviews. Weiters wurde ihr zu Ehren mit Spendengeld in der Nähe von Petrič im Oktober 1994 die erste Kirche des post-kommunistischen Bulgarien, Sv. Petka, gebaut: Die Bauzeit betrug nur zwei Jahre, viele bekannte Künstler, allen voran der Maler Svetlin Rusev, beteiligten sich. Als es bei der Eröffnung der Kirche zu Streit kam – viele Details der Malerei stimmten nicht mit den kanonischen Regeln überein – stellte sich Vanga gegen die offizielle Kirchenhierarchie und vor die Künstler. „Viele in der Kirche glauben, daß der Geist in Vanga nicht von Gott ist", meinte ein Theologe, Ivan Dimitrov, aber schließlich kapitulierte die Hierarchie, und die Kirche wurde geweiht. „Ich beziehe die Fähigkeit, in die Zukunft zu sehen, von der besonderen Aura um Petrič", sagte Vanga kurz vor ihrem Tod 1996. Das Wasser der Quelle in der Nähe der Kirche gilt als Heilwasser.

Eine Eigenschaft der bulgarischen Religiösität ist ihre Offenheit für Magie. Tatsächlich ging der Glaube an Magie (im Rahmen der Orthodoxie oder außerhalb) in Bulgarien nicht verloren, sondern erlebte nach 1990 einen Aufschwung. Im ganzen Land erwachte eine Begeisterung für Geisterheiler und Zukunftleser, Horoskope und Wunderheiler. Bekannte Magier wie Angel Goev lassen ihre Amulette von verschiedenen alten Meistern weihen und sind im ganzen Land bekannt. Esoterische Zeitungen und Zeitschriften zählten zu den meistverkauften Publikationen der neuen freien Presse. Das ist eine weitere Herausforderung für die Kirche, denn diese wird dadurch an den Rand gedrängt.

Danksagung

Als ich im Sommer 1994 von der westukrainischen Universität Czernovitz nach Bulgarien umzog, hatte ich in meinem Gepäck Kontaktadressen, die mir Richard Crampton in Oxford und Klaus Nellen vom Wiener Institut für die Wissenschaften vom Menschen gegeben hatten. Diese waren Gold wert, und der Energie und Zuversicht dieser ersten Kontakte, die zu geschätzten Freunden wurden, verdankt dieses Buch an meisten: Evgenij Dainov, Ivan Kristev, Mariana Miloševa, Dejan Kjuranov, Krasimir Stancev, Rumen Avramov, Dimitrina Petrova beschämen jeden mitteleuropäischen „Intellektuellen" mit ihrem nüchternen und entschlossenen Engagement. Eine unersetzliche Stütze war von Anfang an auch meine Forschungsassistentin Nina Angelova.

Viel lernte ich von Studenten in Sofia und Varna im Laufe meiner Lehrtätigkeit. Für den „Standard" sprach ich in den letzten Jahren mit Bulgaren aller Lebensbereiche (besonderer Dank an Želju Želev, Atanas Paparisov, Irina Bokova, Filip Bokov, Asen Agov, Julia Gurkovska, Todor Vilcev, Dobrin Kanev, Petăr Dertliev, Ahmed Doğan, Anastasia Moser). Kollegen vom Civic Education Project in Bulgarien (Richard, Jeff, Jill, Alan, Mel, Elie, Shuman) and Budapest (Jon, Phil, Daniel), Klaus Schuch, Marcus Brand, Rene Höltschli, Eric Frey sowie Peter Pulzer und Richard Crampton aus Oxford und Craig Nation von der School of Advanced International Studies teilten in langen Gespächen ihre Einschätzungen.

Danken möchte ich auch dem Institut für den Donauraum (vor allem Othmar Huber und Erhard Busek) und dem Beck-Verlag, besonders Christine Zeile und Petra Rehder. Sie haben mit ihren Anregungen und Ermutigungen das Buch am Leben gehalten, als ich in Gefahr stand, durch meine Aufgaben in Bosnien ganz abgelenkt zu werden. Es war eine Freude, mit

Petra Rehder zusammenzuarbeiten. Ich danke ihr für viele gute Ideen und ihre Geduld.

Ganz besonderer Dank schließlich an Katherina Wolf für Unterstützung und Ansporn, in Sofia wie in Sarajevo.

Sarajevo, 1997 *Gerald Knaus*

Anhang

Zeittafel

2. Jt. v. Chr.	Einwanderung der Thraker in den Balkan
ab 750	Griechische Kolonisation in der nördlichen Ägäis und an der Schwarzmeerküste, unter anderem in den Städten Odessos (Varna), Apollonia (Sozopol) und Mesembria (Nesebăr)
7. Jh. v. Chr.	Skythische Stämme erscheinen an der unteren Donau
513/514	Skythenfeldzug der Perser führt durch Bulgarien
4. Jh v. Chr.	Odrysenreich, große Zeit der Thraker
358-341	Thrakerkriege unter Philipp von Makedonien, Neugründung von Plovdiv als Philippopolis
148 v. Chr.	Makedonien wird römische Provinz
44 v. Chr.	Moesien wird römische Provinz
4 v. Chr.	Thrakien wird römische Provinz
330 n. Chr.	Die römische Hauptstadt wird nach Konstantinopel verlegt
375 n. Chr.	Hunneninvasion, Beginn der Völkerwanderung
6. Jh.	Slawenstämme bevölkern den Balkan
602	Zusammenbruch der byzantinischen Donaugrenze gegen Slawen und Awaren
679/80	Protobulgaren unter Asparuh lassen sich im nordöstlichen Bulgarien nieder, erste Hauptstadt wird Pliska
681–1018	Erstes Bulgarisches Reich
802–814	Kriege Chan Krums, Niederlage des byzantinischen Kaisers
863	Mission der „Slawenapostel" in Mähren
864	Der Bulgarenchan Boris läßt sich taufen und wird zu Michael
ab 886	Missionswerk von Kliment und Naum im Bulgarenreich
893	Preslav wird bulgarische Hauptstadt
893–927	Simeon von Bulgarien, das „goldene Zeitalter"
919	Gründung eines unabhängigen bulgarischen Patriarchats
967	Kriegszug des Kiever Herrschers Svjatoslav gegen Bulgarien schwächt das Erste Bulgarische Reich
972	Nordostbulgarien fällt wieder an Byzanz

1018	Ende des Westbulgarischen Reiches, nachdem der Byzantiner Kaiser Basileios II. Zar Samuil besiegte und Ohrid einnahm
1185–1187	Aufstand der bulgarischen Brüder Petăr und Asen gegen Byzanz
1185–1393	Zweites Bulgarisches Reich, Hauptstadt Tărnovo
1205	Der Kreuzfahrerkaiser Balduin wird von den Bulgaren geschlagen
1241/42	Tatarenvorstoß verwüstet den Donauraum, 1242 wird Bulgarien Vasall der Goldenen Horde
1330	Bulgarische Niederlage gegen die Serben bei Velbužd, Serbien wird zur dominierenden Macht der Region
1352	Die Osmanen besetzen erstmals europäischen Boden
1382	Die Osmanen erobern Sofia
1393	Tărnovo wird osmanisch
1396	Kreuzfahrerheer wird bei Nikopolis an der Donau von Osmanen geschlagen
1400	Die Osmanen erobern die Dobrudža
1444	Schlacht bei Varna, die Osmanen siegen erneut
1453	Konstantinopel wird von Mehmet II. erobert
18. Jh.	Russisch-türkische Kriege
1806	Aufständische Serben erobern Belgrad
1821	Erster griechischer Aufstand in der Moldau
1828/29	Russisch-türkischer Krieg
1830	Unabhängigkeit Griechenlands wird anerkannt, somit ist der erste christliche Balkanstaat wiedererstanden
1839	Hatt-i Serif von Gülhane, erster Höhepunkt der osmanischen Reformen (Tanzimat)
1856	Gleichberechtigung der Christen im Osmanischen Reich
1870	Ferman zur Errichtung des bulgarischen Exarchats, damit eigenständige bulgarische Kirche
1876	Aufstand der Bulgaren und Massaker der osmanischen Soldaten führen 1877 zum russisch-osmanischen Krieg
1878	Russische Truppen erobern Sofia, Vorfriede von San Stefano, Berliner Kongreß
1879	Liberale Tărnovo-Verfassung angenommen, Alexander von Battenberg zum ersten bulgarischen Fürsten gewählt
1885	Aufstand in Ostrumelien und Vereinigung von Ostrumelien mit Bulgarien, bulgarisch-serbischer Krieg endet mit serbischer Niederlage
1887	Ferdinand von Sachsen-Coburg wird bulgarischer Fürst
1891	Gründung der bulgarischen Sozialdemokratischen Partei
1909	Formelle Anerkennung der Unabhängigkeit Bulgariens durch die Osmanen
1912	Erster Balkankrieg

1913	Zweiter Balkankrieg, Bukarester Frieden besiegelt Bulgariens Niederlage
1915	Bulgarien schließt sich den Mittelmächten an und besetzt Makedonien
1918	Niederlage und Thronverzicht von Ferdinand zugunsten seines Sohnes Boris
1923	Staatsstreich gegen die Agrarier, Ermordung Stamboliskis
1925	Bombenattentat der Kommunisten in der Kathedrale von Sofia
1934	Staatsstreich in Bulgarien, Auflösung des Parlaments
1935	Diktatur des Königs Boris
1941	Beitritt Bulgariens zum Dreimächtepakt
1944	Besetzung Bulgariens durch die Rote Armee, Beginn der Machtübernahme der KPB, Rückkehr der KP-Führung aus dem Exil in Moskau
1946	Im September Ausrufung der „Volksrepublik" nach einem Referendum
1947	Hinrichtung des Bauernführers Nikola Petkov in Sofia
1948–1949	Stalinistische Säuberungen und politische Prozesse in der KPB, Hinrichtung von Traičo Kostov
1949	Gründung des Rates für Gegenseitige Wirtschaftshilfe (RGW)
1954	Todor Živkov wird Erster Parteisekretär, zwei Jahre später Premierminister
1956	April-Linie von Todor Živkov definiert
1971	Neue bulgarische Verfassung, Bulgarien ein „sozialistischer Staat der Werktätigen in Stadt und Land"
1978	Ermordung des Schriftstellers Georgi Markov durch bulgarische Agenten in London
1981	Feiern zu „1300 Jahre Bulgarien"
1984	Höhepunkt der Gewalt bei der Umbenennung bulgarischer Türken
1987	Beginn der Pseudostroika in Bulgarien mit dem Juli-Parteikongreß, Parteibeschlüsse zum Ende der zentralen Planwirtschaft
1989	Gründung unabhängiger Gruppen (Podkrepa, Ökoglasnost), im Sommer Massenflucht der bulgarischen Türken
10. Nov.	Sturz Živkovs
Dezember	Gründung der Union Demokratischer Kräfte
1990	Gespräche am Runden Tisch im Januar und Februar, Haftbefehl gegen Živkov, Schuldenmoratorium der Regierung Lukanov
Juni	Wahlsieg der Bulgarischen Sozialistischen Partei (53 % der Stimmen) gegen die UDK (36 %), Wahl von Želev zum Präsidenten

September	Bulgarien wird Mitglied der Weltbank und des IWF
November	die Volksrepublik wird wieder zur Republik
1991	Parlamentsvereinbarung über den „friedlichen Übergang zur Demokratie“, Preisliberalisierung,
März	Auflösung des Warschauer Paktes
Juni	Auflösung des RGW
Juli	Verabschiedung der neuen Verfassung
Oktober	knapper Wahlsieg der UDK (34,36 % der Stimmen) gegen die BSP (33,14 %), Bildung der Minderheitsregierung von Filip Dimitrov
1992	Anerkennung Makedoniens durch Bulgarien, Wiederwahl von Präsident Želev
Mai	Bulgarien wird in den Europarat aufgenommen, Mißtrauensantrag führt zum Sturz der Regierung Dimitrov, Bildung der Expertenregierung Berov
1994	Abkommen zur Schuldenkrise
Dezember	Wahlsieg der Bulgarischen Sozialistischen Partei
1996	Ermordung Andrej Lukanovs,
Dezember	Wahlsieg von Petăr Stojanov in den Präsidentschaftswahlen gegen den Sozialisten Marazov, Rücktritt der Regierung Videnov
1997	Straßenproteste in bulgarischen Städten, Bildung einer Übergangsregierung unter dem Sofioter Bürgermeister Sofijanski
April	vorgezogene Neuwahlen, Wahlsieg der „Vereinigten Demokratischen Kräfte“ (52,2 %) über die BSP (22,2 %), neue Regierung unter Ivan Kostov

Bulgarien auf einen Blick

Amtl. Bezeichnung: Republik Bălgarija
Flagge: waagerecht weiß-grün-rot
Fläche: 110 993 km²
Nachbarstaaten: Rumänien, Serbien, Makedonien, Griechenland, Türkei
Bevölkerung: ca. 8,52 Mio., Durchschnittsalter 35,5, 81,1 E./km²
Ethnische Minderheiten: 822 000 Türken, 288 000 Roma, 655 000 bulgarische Moslems (Pomaken), Armenier, Russen, Griechen, Juden (Volksbefragung 1992)
Religion: 1992 bekannten sich 7,3 Millionen Bulgaren zum orthodoxen Christentum, 1,07 Millionen zum Islam
Staatsform: Parlamentarische Republik, Staatsoberhaupt und Oberbefehlshaber der Armee ist ein auf vier Jahre gewählter Präsident mit beschränkten Kompetenzen; der Regierungschef wir vom Präsidenten er-

nannt und muß dann eine Mehrheit im Parlament finden. Im Parlament sind alle Parteien und Koalition verteten, die mehr als 4 % der Stimmen erhalten. Ethnische oder religiöse Parteien sind laut Verfassung (1991) verboten

Hauptstadt und größte Städte: Sofija (1,2 Mio.), Plovdiv (357 000, Varna (306 000), Burgas (198 000), Ruse (190 000), Stara Zagora (156 000), Pleven (134 000)

Währung: 1 Lev = 100 Stotinki

Inflation: 1991: 334 %, 1992: 183 %, 1993: 73 %, 1994: 96 %, 1995: 33 %, 1996: 270 %

Auslandverschuldung: (Ende 1995): 9,4 Milliarden US-$

Mitgliedschaften: (UNO, Europarat, Assoziationsabkommen mit der EU, NATO-Partnerschaft für den Frieden

Offizielle Feiertage: 1. Januar, 3. März (Befreiung von den Osmanen); 1. Mai (Tag der Arbeit), 24. Mai (Tag der slawischen Buchstaben)

Spezielle Eigenschaften: Wenn Bulgaren nicken, dann bedeutet das „Nein“. Schütteln sie den Kopf, dann signalisieren sie ihrer Zustimmung.

Literaturhinweise

Geschichte, Kultur, Politik:

Ascherson, Neal, Black Sea – The Birthplace of Civilisation and Barbarism, London 1996

Bell, Bell, Peasants in Power: Alexander Stamboliski and the Bulgarian Agrarian National Union, 1899–1923, Princeton University Press 1997

Black, C. E., The Establishment of Constitutional Government in Bulgaria, Princeton 1943

Chirot, Daniel, The Origins of Backwardness in Eastern Europe – Economic and Politics from the Middle Ages until the Early Twentieth Century, Berkeley 1991

Crampton, Richard, Bulgaria 1978–1918: A History, Boulder, Colorado 1983

Crampton, Richard, A Short History of Modern Bulgaria, Cambridge University Press 1987

Dainov, Evgeni and Garnisov, Vasil, Politics, Reform and Daily Life. Evolution of popular attitudes to key issues in the reform process in Bulgaria (1993–1994), Center for Social Practices, Sofia 1995

Fine Jr. , John V. A., The Early Medieval Balkans – A critical Survey from the Sixth to the late Twelfth Century, University of Michigan Press 1983

Grothusen, K.D. (Hg.), Südosteuropa-Handbuch. Band IV. Bulgarien, Göttingen 1990

Härtel, Hans-Joachim, Bulgarien. Vom Mittelalter bis zur Gegenwart, Pustet Verlag, Regensburg 1996

Hösch, Edgar, Geschichte der Balkanländer – Von der Frühzeit bis zur Gegenwart, München 1988
Jelavich, Barbara, History of the Balkans – Eighteenth and Nineteenth Centuries, Cambridge 1983
Jelavich, Barbara, History of the Balkans – Twentienth Century, Cambridge 1983
Jelavich, Charles and Jelavich Barbara, The Establishment of the Balkan National States, 1804–1920, Seattle 1977
Knaus, Gerald, Die Bulgarische Sozialistische Partei und der Übergang des Dritten Weges, 1990–1995, Studie für das Institut für die Wissenschaften vom Menschen, Wien 1996
Lampe, John R. and Jackson, Marvin R., Balkan Economic History, 1550–1950, Bloomington 1982
Libal, Wolfgang, Mazedonien zwischen den Fronten – Junger Staat mit alten Konflikten, Wien/Zürich 1993
Mandelbaum, Michael (Hg.), Postscommunism – Four Perspectives, Council of Foreign Relations Press 1996
Moser, Charles, Theory and History of the Bulgarian Transition, Free Initiative Foundation, Sofia 1994
Norwich, John Julia, Byzantium – The Early Centuries, Harmondsworth 1993
Norwich, John Julia, Byzantium – The Apogee, Harmondsworth 1993
Poulton, Hugh, Who are the Macedonians?, London 1994
Poulton, Hugh, The Balkans: Minorities and States in Conflict, London 1992
Rehder, Peter (Hg.), Das neue Osteuropa von A–Z, München [2]1993
Runciman, Steven, Byzantine Style and Civilization, Harmondsworth 1975
Runciman, Steven, History of the First Bulgarian Empire, London 1930
Wagner, Richard, Völker ohne Signale – Zum Epochenbruch in Osteuropa, Berlin 1992
Ware, Thimothy, The Orthodox Church, Harmonsworth 1963
Weithmann, Michael (Hg.), Der ruhelose Balkan, München 1993
Whitow, Mark, The Making of Orthodox Byzantium, 600–1025, London 1996

Zur Politik der letzten Jahre finden sich die besten Artikel in den wissenschaftlichen Zeitschriften „Südosteuropa – Zeitschrift für Gegenwartsforschung", herausgegeben vom Südost-Institut München; „Südosteuropa Mitteilungen", Vierteljahresschrift der Südosteuropa-Gesellschaft, München; „Osteuropa – Zeitschrift für Gegenwartsfragen des Ostens, herausgegeben von den Deutschen Gesellschaft für Osteuropakunde, Berlin; „Transition", herausgegeben von OMRI (Open Media Research Institut), Prag und „Berichte des Bundesinstituts für ostwissenschaftliche und internationale Studien", Köln.

Reiseführer:

Bousfield, Jonathan/Dan Richardson: Bulgaria – The Rough Guide, 1993, 330 S. – Detaillierter, sehr aktueller Reiseführer auch zu wenig bekannten Reisezielen, mit zahlreichen Stadtplänen, dazu interessante Hintergrundinformationen zu Kultur, Geschichte und Gesellschaft.

Eckert, Gerhard: Bulgarien. Kunstdenkmäler aus vier Jahrtausenden von den Thrakern bis zur Gegenwart, DuMont Kunst-Reiseführer, Köln 1989, ca. 300 S. – Ausführliche kunsthistorische Beschreibungen nach bewährtem Muster, aber im geschichtlichen Teil geprägt von nationalistischen und kommunistisch-ideologischen Wertungen.

Engelbrecht, Elena und Ralf: Bulgarien-Handbuch, Reise Know-How-Verlag, 1995, über 500 S. – Eine Fülle von interessanten und kuriosen Details, salopp formuliert, z. T. aber unkritisch schwärmerisch und etwas betulich.

Hootz, Reinhardt (Hg.): Kunstdenkmäler in Bulgarien. Ein Bildhandbuch, Deutscher Kunstverlag München 1993. – Ausführlicher Führer durch die Geschichte der bulgarischen Architektur, z. T. von der offiziellen Ideologie gefärbt, aber mit zahlreichen Schwarzweißphotos, Grundrissen und genauen architektonischen Beschreibungen.

Russev, Krassen: Das neue Bulgarien. Die klassische Urlaubsregion nach dem gesellschaftlichen Wandel, Trescher-Reihe Reisen, 1993, 170 S. Kurze, übersichtliche Informationen über das Wesentliche, mit schönen Photos.

Weiß, Helmuth: Bulgarien, DuMont-Reise-Taschenführer, Köln 1993. – Wohl derzeit der beste deutsche Bulgarienführer, übersichtlich, mit zahlreichen Stadtplänen, Photos und Hintergrundinformationen.

Bulgarische Literatur in deutscher Übersetzung:

Anthologie zeitgenössischer bulgarischer Lyrik, übersetzt von Norbert Randow, Gutke-Verlag, Köln 1995

Bulgarische Erzählungen des 20. Jahrhunderts, hrsg. v. Randow, Norbert, Insel 1996

Bulgarische Märchen, hrsg. v. Ognjanova, Elena, Insel 1992

Dimitrova, Blaga, Verurteilt zur Liebe, Edition Xylos 1981

Kănčev, Nikolaj, Das Buch der Ränder: Bulgarien-Lyrik, Wieser-Verlag, Klagenfurt 1996

Südwinde, Neue bulgarische Lyrik, hrsg. v. Ognjanoff, Christo, rego 1978

Wider die Wand aus Rücken – Neue bulgarische Literatur, Rabenrat-Verlag, Hannover 1993

Bulgarien im Internet

Wer Informationen über Bulgarien im Internet sucht, kann sich an verschiedene Adressen wenden, die weiterführende Verbindungen anbieten:
http://ASUdesign.eas.asu.edu/places/Bulgaria/map.html
http://www.bulgaria.com/
http://www.bulgaria.com/travel/
Damit kommt man zu Websites, die Reiseinformation bieten, das Neueste über den Ex-König Simeon (http://pisa.rockefeller.edu: 8080/Bulgaria/), Volkslieder oder Diskussionsgruppen, auf Englisch wie auf Bulgarisch. Auch bulgarische Kochrezepte findet man dort, sowie die Adressen der Universitäten (die Uni Sofia ist unter – http://uni-sofia.bg – zu erreichen).

Politisch interessant sind die Adressen von Radio Freies Europa und OMRI (Open Media Research Institute):
http://www.rferl.org/
http://www.omri.cz/Publications/Net/

Für die Wirtschaft interessant sind die Seiten der Privatisierungsagentur, mit Informationen über Firmen, Gesetze etc:
http://www.privatization.bg/

Oder man liest bei der Wirtschaftszeitung „Pari" nach:
http://www.pari.bg
Die Bulgarische Nachrichtenagentur erreicht man unter:
http://www.hri.org/news/agencies/bta

Stand: Februar 1997

Zu Schreibung und Aussprache

Bulgarische Begriffe und Eigen- und Ortsnamen werden in diesem Buch in der wissenschaftlichen Umschrift wiedergegeben, mit der die bulgarische Originalform exakt erschlossen werden kann also, z. B. statt Schelju Scheljew *Želju Želev*. Nur bei der Hauptstadt Sofia wurde die deutsche Form Sofia (statt *Sofija*) gewählt.

Buchstabe	Umschrift	Aussprache
Aa	a	*a*
Бб	b	*b*
Вв	v	*w*
Гг	g	*g*
Дд	d	*d*
Ее	e	*ε*
Жж	ž	stimmhaftes *sch* wie in ‚Journal'
Зз	z	stimmhaftes *s* wie in ‚Rose'
Ии	i	*i*
Йй	j	*j*
Кк	k	*k*
Лл	l	*l*
Мм	m	*m*
Нн	n	*n*
Оо	o	*o*
Пп	p	*p*
Рр	r	*r*
Сс	s	stimmloses *s*
Тт	t	*t*
Уу	u	*u*
Фф	f	*f*
Хх	h	*ch* wie in ‚Buch'
Цц	c	*ts*
Чч	č	*tsch*
Шш	š	*sch*
Щщ	št	*scht*
Ъъ	a	reduziertes ə wie in ‚habe'
ь	’	kennzeichnet die Palatalität des vorangehenden Konsonanten
Юю	ju	ju
Яя	ja	ja

Register

Agrarreform 71
Ahmed Midhat Pasča 18, 62
Akademie der Wissenschaften 176
Albanien 51, 55, 76, 144, 147
Aleksandr II., russ. Zar 65
Aleksandrov, Stojan 122
Amselfeld (Kosovo Polje) 55
Analphabetismus 182
Angelov, Ivan 120
Arbanasi 24
Arbeitslosigkeit 110, 115 f., 163
Arbeitsmarkt 119 f., 125, 133, 176
Asen I., bulg. Zar 43, 51
Asparuh, bulg. Chan 42 f.
Athos 41, 53, 149
Auslandsinvestitionen 109 f., 120, 126, 131, 139
Auslandsverschuldung 102, 109 f., 112, 115 f., 120, 122, 139
Avramov, Rumen 118 f., 128, 139
Awaren 38, 41 f., 44

Bačkovo 32, 191 f. (Abb.)
Bajezid, Sultan 54 f., 57
Balčik 36 f.
Balkangebirge (Stara Planina) 16, 20–24 (Abb.), 38, 43, 191
Balkankriege 29, 68 f.
Ballett 172, 177 f.
Banken 109, 111, 122, 124, 127 f., 131 ff., 135, 183
Battenberg, Alexander von 67 f.
Bauernpartei 71, 101, 107
Belene 20
Belgrad 63 f., 143, 145
Belogradšik 20
Berliner Kongreß 67 f.
Beron, Petăr 91
Berov, Ljuben 98 ff., 102, 122, 125, 131
Bevölkerungsaustausch 34, 36, 157
Bildung 102, 104, s. a. Schulen, Hochschulen
BIP 110 ff., 126 f., 152
Blagoev, Dimităr 72, 84, 97, 170
BMW-Rover 131
Bogomilen 50, 53
Bojana 84, 171
Bokova, Irina 150
Boris I., bulg. Chan 43, 46
– III., bulg. König 73
Bosnien 55, 142, 147 f., 152
Bosporus 38 f., 65
Bradbury, Malcolm 39
Brăila 64
Brežnev, Leonid 79, 81, 83
BRF (Bewegung für Rechte und Freiheiten) 92, 94, 96, 98 f., 104, 108, 156, 162, 167
BSP (Bulgar. Sozialist. Partei, ehem. KPB) 27, 76 f., 84 f., 89–107, 110, 120, 122, 134–137 f., 140, 142, 149, 151, 161, 167, 177, 180, 183, 186
Bukarest 28, 63 f.
Bulgarisierung 158 ff., 163, 166
Burgas 72, 144
Byzantin. Reich 21 f., 32, 34, 41 f., 44 ff., 48 ff., 54
Byzanz s. a. Konstantinopel

Canetti, Elias 17, 19
Canning, Stratford 61
Ceaușescu, Nikolae 76, 83, 88
Cevdet Pașa 61
Chazaren 42, 45, 49
Chruščëv, Nikita 78 f., 83
civil society 13, 185 f.
Club zur Unterstützung von Glasnost und Perestroika 85 f., 95

Constanţa 36
Cramton, Richard 11
Černomyrdin, Viktor 89
Červenkov, Vălko 78, 80

Dainov, Evgenij 103, 138, 154
Demonstrationen 27, 84, 86 ff. (Abb.), 106 ff., 161
Derwische 36
Deutschland 73 f., 150, 178, 181
Dimitrov, Božidar 58
–, Filip 91 f., 94, 99, 102, 108, 149, 152, 162
–, Georgi 27, 72, 77 f., 84, 97, 157 f.
–, Ilčo 102, 148
–, Ivan 195
Dimitrova, Galina 111
Dinov, Dino 176
Dissidenten 11, 15, 76, 185
Dobrič 165
Dobrotica 35
Dobrudža 17, 35 f., 49, 160
Doğan, Ahmed 94, 149, 155, 161 f.
Donau 17–20, 33, 35, 38, 41 ff., 49, 60, 62, 64, 75, 117, 143
Drjanovo 47
Džurov, Dobri 83

Edgar, David 171
Edirne 17, 44, 54, 65, 69
Eigentumsrecht 134 ff.
Eisenbahn 20, 62
Energieversorgung 80 f., 89, 105, 114, 117
Energiewirtschaft 111, 117, 123, 127, 132
Engels, Frierich 97
England 59, 65
Entkommunisierung 92, 94
Erdgas 81, 89, 113, 127
Erdöl 81 f., 89, 113 f.
EU 13 f., 117, 121 f., 139 f., 144, 149 ff., 153 f.
Europarat 149, 185
Evtimij, Patriarch 53
Export 80, 82, 103, 112 f., 135, 151

Feste 193 f.
Fičev, Nikola (Kol'jo Fičeto) 22, 60, 62
Filipov, Griša 155
Filov, Bogdan 73 f.
Fischfang 32 f.
Fonseca, Isabel 164
Franken 45 f.
Frankreich 150

Gabrovo, 62
Galabov, Konstantin 170
Gallipoli 54
Gancev, Georgi 108
Ganev, Stojan 144, 146
Gečev, Rumen 103
Geheimdienst 11, 92, 127
Genčev, Nikolaj 85
Genossenschaften 71, 93, 119, 135 f.
Gepiden 42
Gewerkschaften 86, 88, 92, 94 f., 161, 185
Giurgiu 18 f.
Gjaurov, Nikolaj 175
Gladstone, William E. 64
Glagoliza s. Schrift
Gligorov, Kiro 127, 146
Goev, Angel 196
Gök Türk 42 f.
Gorbačëv, Michail 81 ff., 86, 89, 120, 142
Göring, Hermann 72
Goten 20
Gregor von Sinai 53
Griechenland 32, 69 f., 77, 103, 140, 144, 146–149, 157, 178
Grüne Partei 86, 91
Guenov, Kamen 128
Gülhane-Dekrete 61
GUS 140 f.

Habsburger Reich 18, 59, 67
Hafenwesen 34 f.
Handwerk 118
Hatt-i-Hümayun 61
Haushaltsdefizit 100
Hauterive, Graf d' 12
Heilige 28, 188, 193 f.
Helsinki 147, 165 f.
Herodot 38, 40
Hesychasmus 53
Hochschulen 26, 101, 104, 157, 176, 182 ff., 186
Holocaust 74, 165
Hrabr, bulg. Mönch 48
Hristov, Boris 174
Hunnen 38
Huntington, Samuel 189
Hunyádi, ungar. Feldherr 56

Ignat'ev, Nikolaj 65
Import 80 f., 89, 103, 112 f., 135 f.
Industrie 68, 79, 116, 125
–, chemische 79
–, elektronik- 114 ff.
–, Lebensmittel- 116, 133, 151
–, Maschinenbau- 116
–, Metall- 79 f., 115
–, petrochemische 79, 114
– Tabak- 163
– Textil- 116, 151
Indžova, Reneta 99
Inflation 102 f., 106, 110, 115, 119, 121, 124
Infrastruktur 105 f., 118, 133, 166
Ingres, J.A.D. 12
Irak 140
Iskăr 20
Israel 74
Istanbul 17, 19, 33, 39, 63 ff., 67, 72, 160
Italien 67
Ivan Aleksandăr, bulg. Zar 43, 53
– Asen II., bulg. Zar 22, 43, 51
– Rilski, bulg. Heiliger 28
– Šišman, bulg. Zar 43
Ivanovo 53
IWF 80, 100, 107, 110, 120–124, 129, 151 f.

Janitscharen 57, 59 f., 62
Jantra 23
Jelcin, Boris 142
Jovanovski, Meto 146
Jugoslawien 135, 140, 142 f., 146 f., 151, 181
Justinian, röm. Kaiser 20, 26, 35
– II., byzant. Kaiser 43

Kabaivanska, Raina 175
Kalojan, bulg. Zar 43, 51
Kaneff, Deema 133 f.
Kanitz, Felix 12
Karakačanov, Aleksandar 92
Karaslavov, Georgi 174
Karavelov, Ljuben 139, 142
Karl der Große 44
Karpaten 44, 53
Karzin, Hristo 137
Kaukasus 20, 40, 42
Kawczynski, Rudko 165
Kazanlak 40
Kărdžali 31, 104, 137, 155, 167
Kernkraft 79, 117, 123
Kiev 45, 49, 53
Kirche, bulgarische orthodoxe 26, 45–48, 63, 93, 159, 176, 188–191
–, griechische orthodoxe 63
–, protestantische 191
–, römisch-katholische 46, 185
Kjuranov, Čavdar 86
Kjustendil 74
Klima 17
Kliment von Ohrid 46 ff., 188
Klöster 21, 28, 36, 47 f., 53, 64, 158, 188 f., 191 f. (Abb.), 195
Knabenlese (devşirme) 57
Konstantin Porphyrogennetos, byzant. Kaiser 41
Konstantinopel (Byzanz) 39, 42 f., 46, 48 f., 51, 55

Kooperativen s. Genossenschaften
Koprivštica 23 f., 64
Kornais, Janos 111
Korruption 99, 105, 109
Kosma und Damian 195
Kosovo 144
Kostov, Ivan 91, 99, 108
Kozloduj 19, 79, 117, 123
KPB 72 f, 75–78, 81, 83–86, 88, 90, 133 f., 184, 188, s. a. BSP
Kreditwesen 132 f., 135, 137
Kremikovci 79 f.
Kreuzzüge 21 f., 46, 51, 55
Krim 35, 40, 54 f.
Kriminalität 100, 105, 128, 165, 191
Krum, bulg. Chan 21, 43 f.
Kumanen 38, 51, 53
Kyrill und Method 45, 47 f. (Abb.), 188
Kyrilliza s. Schrift

Lamartine, Alphonse de 12, 31, 156
Landflucht 80, 133, 166
Landreform 93, 134 ff.
Landwirtschaft 68, 71, 79, 82, 109, 113, 118, 124, 133–137, 194
Lazarov, Risto 144
Leigh, Kenneth 124
Leipzig 72, 169
Lenin, Vladimir I. 97
Leseräume 63, 182
Levski, Vasil 64, 188, 191
Libyen 140
Lilov, Aleksandăr 84, 96, 98, 103
Löhne und Gehälter 101, 103, 105, 112 f., 128, 131
Loveč 61, 78, 90
LPGs s. Genossenschaften
Ludžev, Dimităr 146
Lukanov, Andrej 90 ff., 93, 96–99, 103 ff., 120, 127
–, Karlo 89

Madara 21, 44, 53
Madjaren 45
Mähren 45 f.
Makedonien 16, 26, 29, 34, 44, 48, 50 f., 55, 63, 67, 69 f, 73 f., 140, 143–146, 152, 195
–, Pirin- 29, 195
Maksim, Patriarch 93, 159, 189 f.
Malerei 24, 170 f., 177, 179, 193
Marazov, Ivan 105
Maria, rumän. Königin 36 f.
Marica 16, 54 f.
Mark Aurel 30
Markov, Georgi 11, 174
Marx, Karl 96 f.
Masur, Kurt 172
Maxwell, Robert 127
Medien 185 ff., 196
Mehmed II., Sultan 55
Melnik 17, 29
Menschenrechte 76, 85, 161, 165, 185 f.
Mesta 86
Mihailov, Spas 190
Millet-System 56
Milošević, Slobodan 147
Minčev, Ognjan 153
Minderheit, albanische 19, 70
–, armenische 18 f., 35, 158
–, gagausische 36
–, griechische18, 29, 34 f., 70
–, jüdische 18 f., 28, 35, 70, 74, 158
–, krimtatarische 20, 40
–, makedonische 158
–, pomakische 31, 62, 94, 155, 158, 160, 162 f.
–, Roma- 19, 70, 155, 158, 163–167 (Abb.), 173, 186, 191
–, tatarische 35 f.
–, türkische 18 ff., 29, 32, 36, 70, 83 f., 88, 92, 94 ff., 149, 155 f., 158–163 (Abb.)
Minderheiten(politik) 35 f., 70, 84, 158, 186
Mineva, Stefka 178
Mladenov, Petăr 83, 98
Moesien 16 f., 35

Moldau 17, 55
Mollov, Valentin 132
Momčilov, Petko, 25 f.
Montague, Lady Mary 12
Moskau 72 f., 77 f., 83, 89, 98, 120, 139
Multigroup 89, 99, 127
Murad I., Sultan 54 f.
– II., Sultan 30, 55 f.
Museen 34, 177
Musik, Folklore- 172 f. (Abb.)
–, kirchliche 174 f.
–, klassische 172, 178 f.
–, moderne 174
Mutter, Anne-Sophie 172

NATO 13, 102, 138 f., 142, 147, 149, 151 f.
Naum 188
Nesebăr 32, 34, 44, 52 (Abb.)
Neuman, Vaclav 172
NGOs 102, 185 ff.
Nikophoros, byzant. Kaiser 44
Nikopol 20, 55
Niš 17, 143
Nogaj, Tatarenchan 54
Nomaden 38, 41 ff.
Normannen 51
Novi Pazar 165

Obrohište 36
Odessa 63, 72
OG s. Soros-Stiftung
Ohrid 47, 50
Ohridsee 44
Ökoglasnost (Ekoglasnost) 85, 117
Omurtag, bulg. Chan 43 f.
Orpheus 16, 31
Osmanisches Reich 18, 22–26, 30, 33 ff., 38 f., 54–62, 64 f., 68 f., 188
Österreich 150, 181
Otvoreno Obštestvo (OO, Offene Gesellschaft) s. Soros-Stiftung
Özal, Turgut 147

Paisij Hilendarski 61, 188
Pamporovo 31
Panagjurisčte 23 f., 64
Panev, Ivan 183
Papst 11, 45 f.
Partisanen 73, 160
Pavlov, Ilija 127
Pazardžik 17, 29, 161
Pazvandoğlu 60
Păranov, Georgi 106
Penev, Bojan 169
Perestroika 82, 85 f., 95, 129, 170, 177
Perser 38, 41 f.
Petăr I., bulg. Zar 43
– II., bulg. Zar 51
Petkov, Nikola, 11, 77
Petrič 29, 195
Petscheneggen 38
Peyssonnel, Charles de 12
PHARE-Programm 150 f.
Philipp von Makedonien 29, 197
Piringebirge 16, 28
Pirinski, Georgi 96 ff.
Pliska 21, 43 f., 47
Plovdiv 17, 29 ff. (Abb.), 40, 72, 86, 104, 142, 156, 166
Podkrepa s. Gewerkschaften
Polen 76, 83, 99, 136, 185
Polizei 100, 107, 130, 165, 174, 189
Popov, Dimităr 91
Poulton, Hugh 158
Pravec 84
Preise 80, 101, 103, 111, 123, 137
Preslav 21, 44, 50
Prespasee 44
Privatisierung 25, 100, 103, 124 ff., 128 f., 132, 134
Prokopius 20
Protobulgaren 21, 38, 42, 45, 48, 159

Raičev, Andrej 105
Rakovski, Georgi Stojkov 141
Rastislav, mähr. Fürst 46

Razgrad 104, 155
Reed, John 15, 18, 24, 70
Reichstagsbrand 72
Religion, christlich-orthodoxe 28, 53, 189, 191, 193–196
–, christliche, 41, 45–48, 50, 55 f., 61, 155
–, islamische 61, 155, 162 f.
–, jüdische 45, 56, 61
–, vorchristliche 16
RGW (Comecon) 80, 88 ff., 113 f., 116, 118, 135, 140, 163
Rhodopen 16, 30 f., 64, 155
„Ringer" (borci) 25, 107, 127, 130
Rila 28, 86, 173
Rohstoffe 80, 113 f., 118, 127, 142
Rom 45 f.
Römisches Reich 33, 35, 38–42
Rothschild, Joseph 75
Rumänien 18 f., 35 ff., 81, 88, 99, 123, 136, 147, 150
Rumelien 39, 58, 61, 64, 67
Runder Tisch 88 f., 115, 167
Ruse (Rustschuk) 17 ff., 85, 166
Rusev, Svetlin 195
Rußland 19, 33, 35, 59, 63, 65, 67, 102, 127, 138, 140 ff., 147, 170, 181

Sachsen-Coburg, Ferdinand von 68 f.
Sakuzov, Jonko 63
Samokov 29
Samuil, bulg. Zar 43, 50
San Stefano, Vorfriede von 65, 69
Sandanski 29
Sarajevo 74
Säuberungen, ethnische 35 f., 74, 157, 160
–, politische 72, 77 f., 183
Săbev, Kristofer 93, 190
Schengener Abkommen 153
Schmidt, Helmut 14
Schrift, glagolitische 45, 48
–, kyrillische 46 ff.
Schriftsteller 170, 174 ff., 179
Schulen 23, 181 f.
Schwarzes Meer 17, 20, 32 ff., 36, 38, 42, 44, 138, 140
Schwarzmeerkooperation 147
Sekten 190 f.
Serbien 45, 49, 51, 53 ff., 57, 69 f., 73 f., 141, 143 f., 146, 148, 157
Silistra 20, 36, 49
Simeon, bulg. König 190
–, bulg. Zar 21, 48 f.
Šipkapaß 23
Šišman, bulg. Zar 54 f.
Sitwell, Sacheverell 35
Sklavenhandel 57
Skopje 55, 144 f., 148
Skythen 12, 38
Slatinski, Nikolaj 191
Slavejkov, P. 169
Slawenmission 45 f.
Sliven 166
Slivnica 148
Sofia 12, 17 f., 23–28, 40, 42, 64, 69, 73 f., 82, 84–87, 89, 97, 100 f., 104, 106 f., 142, 144 f., 157, 164, 166, 168, 179, 183, 187, 189
Sofjanski, Stefan 99, 107
Soros, George 25
Soros-Stiftung 177, 179, 186
Sowjetunion 73, 76 f., 79–83, 85, 89, 113, 139 f., 157
Sozopol 32, 34
SP (Sozialdemokratische Partei) 91
Spaniolen, s. Minderheit, jüdische
Sport 130, 172, 184
Sprache, (kirchen)slawische 45, 48
–, bulgarische 63, 162 ff., 167, 169
–, griechische 44 f., 50
–, Judeospanol (Ladino) 74
–, protobulgarische 41, 48
– Romani- 163, 165, 167
–, türkische 36, 157, 159 f., 162, 167
St. Petersburg 72
Staatsbetriebe 111 f., 116, 119, 122–127, 129, 131 f., 136

Staatssicherheit 99, 130, 176, 183
Stalin, Iosif V. 78, 83, 157
Stamboliski, Aleksandăr 71, 73
Stambolov, Stefan 69
Stara Zagora 64, 165
Stefan Nemanja, serb. Herrscher 51
Stojanov, Petăr 95, 105 ff., 152, 187
Stojlov, Georgi 117
Straflager 78, 90
Streik 84, 92, 94, 161
Suleiman I., Sultan 55, 57
Šumen 21, 72, 155, 160, 165
Svetoslav, Teodor 54
Svistov 63
Svjatoslav, Kiever Herrscher 49

Tanzimat 61 f.
(Veliko) Tărnovo 21 ff., 51, 53 ff., 58, 60 (Abb.), 67, 78, 84, 137
Tatarčev, Ivan 93
Tataren/Mongolen 38, 53 f.
Tervel, bulg. Chan 21, 43
Theater 174, 177 f.
Thessaloniki 48, 51, 55, 74
Thrakien 16 f., 32, 34, 38, 40, 42, 44, 51, 54, 73
Todorov, Stanko 160
Tolbuchin, sowjet. General 77
Toševa, Stanka 139
Totenkult 194
Tourismus 34, 37, 127, 173, 189
Treblinka 74
Trjavna 22 (Abb.)
Tschechische Republik 181
Tschechoslowakei 76, 81, 185
Türkei 36, 146, 148 f., 153, 158, 162

UDK (Union Demokrat. Kräfte) 86, 88, 91–96, 98–102, 104, 107 f., 110, 125, 130, 134 f., 138, 142, 147, 151, 156, 177, 183, 190
Ukraine 19, 33, 38, 147
Umweltschäden 18 f., 32 f., 85
Umweltschutz 85 f., 185 f.
Ungarn 53, 76, 83, 136, 185
UNO 143, 152
USA 152, 187

Vanga, Seherin 29, 195
Varna 17, 32–36, 55 f., 62, 68, 72, 78, 104, 127, 166, 184, 186
Vălkanov, Vălko 96, 156
Verfassung 67, 69, 73, 91, 93, 170
Vertrag von Akkerman (1826) 65
– von Karlowitz (1699) 59
– von Kücük Kaynarja (1774) 59
– von San Stefano (1878) 65, 69
Videnov, Žan 82, 89, 96–99, 103, 105 f., 113, 120, 122, 129, 131, 139, 148, 152, 187
Vidin 20, 54, 60
Vladimir, Kiever Herrscher 49
Vulcev, Todor 112

Währungspolitik 81, 103, 120 f.
Walachei 17, 51
Warschauer Pakt 116
Weltbank 117, 120 f., 123, 126, 131, 151 f.
Weltkrieg, Erster 24, 70 f., 75
–, Zweiter 27, 35 f., 73 ff., 143
WEU 143
Wien 18 f., 55, 57
Wilton, John 131
Wlachen 42, 51, 70
Wulfila der Gote 20
Władysław, König 56

Zigeuner s. Minderheit, Roma-
Zirkassier 20, 40
Zograf, Zaharij 32
Zveno 73
Želev, Želju 15, 78, 142, 144–147, 149, 151, 156, 177, 187
Željaskova, Antonina 186
Živkov, Todor 23, 78–84, 90, 113, 115 ff., 157 ff., 161, 173 ff., 189
Živkova, Ludmila 23, 39, 159

Fiume
Kroatien-Slawonien
1868 Union mit Ungarn
Esseg
Temesvár
Hermannstadt
Kronstadt
Donaudelta
1829 russ.
1856 türk.
1878 rum.
Save
Bosnien-Herzegowina
1878 von Öst.-Ung. besetzt
Sarajewo
Mostar
Belgrad
SERBIEN
1817 tribut. Fsm.
1878 unabh.
Walachei
RUMÄNIEN
1878 unabh.
Dragaschan
Krajowa
tribut. Fsm.
Bukarest
Donau
Dobrudscha
1878
Silistria
Widin
Dalmatien
Spalato
Lissa
MONTENEGRO
Sandschak Nowipasar
Morava
1878
Nisch
Pirot
Sistowa
Plewna
BULGARIEN
1878 tribut. Fsm.
Tirnowo
Schipka-Paß
Schumla
Kulewtscha
Warna
Schwarzes Meer
1856–71 neutralisiert
Sofia
Ostrumelien
Burgas
1878 autonom. Prov.
Adriatisches Meer
Ragusa
Cattaro
Cetinje
Antivari
Skutari
Üsküb (Skoplje)
Philippopel
Maritza
Adrianopel
Midia
Hunkiar
Bosporus
Rumelien
Durazzo
Wardar
Ochrida
Makedonien
Bari
Tarent
Valona
Albanien
Kavala
Thasos
Rodosto
S. Stefano
Marmara M.
Gallipoli
Saloniki
Athos
Imbros
Lemnos
Besika B.
Dardanellen
Brussa
OSMANISCHES REICH
Korfu
Ionisches
Ionische
1815 Rep.
Sulioten
Janina
Epirus
Larissa
Volos
Ägäis
Arta
Thessalien
Klephten
Kutahia
Bergama
Mytilene
Anatolien

© Verlag C.H.Beck (1997)